DANS LE LIT DE L'ENNEMI

Hal Vaughan

DANS LE LIT DE L'ENNEMI

Coco Chanel sous l'Occupation

Traduit de l'anglais (États-Unis)
par Guillaume Marlière

Albin Michel

Ce livre est dédié aux Françaises et aux Français qui,
malgré le joug nazi, refusèrent de collaborer.
Et, comme toujours, à Phuong.

Je languis d'entendre l'histoire de votre vie ;
Elle doit intéresser étrangement l'oreille qui l'écoute.

Shakespeare, *La Tempête*

Prologue

Malgré son âge, elle scintille ; dernier volcan d'Auvergne qui ne soit pas éteint… la plus flamboyante, la plus impétueuse, la plus splendidement insupportable des femmes[1].

Paul Morand

Gabrielle Chanel repose à peine dans son élégante tombe de Lausanne, en Suisse, lorsque la ville de Paris annonce que la première dame de France, la femme du président Georges Pompidou, cliente et admiratrice, va lancer en octobre 1972 une exposition officielle célébrant la vie et le travail de la créatrice. Peu de temps auparavant, Hebe Dorsey, la légendaire rédactrice de mode de l'*International Herald Tribune*[2], affirmait que « l'hommage rendu à Chanel » serait probablement annulé ou, tout au moins, reporté. Dorsey révélait que Pierre Galante, journaliste à *Paris Match*, allait dévoiler des documents accablants tirés des archives du contre-espionnage français. Dorsey prétendait que, durant l'Occupation, Chanel avait entretenu une liaison avec le baron Hans Günther von Dincklage, « un dangereux agent des services de renseignements allemands – appartenant sans doute à la Gestapo[3] ».

Certes, depuis des années, le milieu parisien de la mode bruissait de la rumeur selon laquelle, pendant l'Occupation, Chanel avait fréquenté un Allemand au très chic hôtel Ritz où les hiérarques du régime nazi se faisaient dorloter par la direction suisse de l'établissement. Mais la Gestapo ? Chanel n'habillait-elle pas Mme Pompidou ? N'avait-elle pas connu les honneurs du palais de l'Élysée ? N'incarnait-elle pas l'un des grands mythes français ? Difficile à croire. La date choisie pour cette célébration nationale de la vie et de l'œuvre de Chanel n'aurait pu tomber plus mal. Comble de malchance, l'éditeur américain Alfred A. Knopf vient de publier *Vichy France : Old Guard and New Order, 1940-1944*[4], écrit par l'historien américain Robert O. Paxton. Cette étude du régime de Vichy sous les ordres du maréchal Pétain chagrine de nombreux universitaires français, éclipsés sur leur propre terrain. Fondé sur des archives allemandes – le gouvernement français lui ayant interdit l'accès à celles de Vichy –, l'ouvrage de Paxton prouve que la collaboration de Pétain avec la frange la plus virulente du nazisme avait été volontaire plutôt que forcée.

Pour la machine politique pompidolienne, qui doit affronter les urnes moins de vingt-quatre mois plus tard, et pour la Maison Chanel, confrontée à ces allégations, ajourner « l'hommage à Mademoiselle » s'avère l'unique option.

Le Tout-Paris évoque le livre avant même sa publication. Edmonde Charles-Roux, romancière, prix Goncourt, s'indigne des révélations de Galante. Elle assure qu'il s'agit d'absurdités : l'amant de Coco Chanel « n'appartenait pas à la Gestapo[5] ». Ils n'étaient liés, maintient-elle, que par une amitié amoureuse. À l'époque, Mme Charles-Roux écrivait également une biographie de Chanel et n'avait probablement pas eu accès aux sources de Galante.

Interrogée par le *Women's Wear Daily*, la revue de l'industrie du vêtement new-yorkaise, en septembre 1972 : « Chanel, la plus grande couturière parisienne, était-elle un agent de la Gestapo ? », Charles-Roux rétorque : « [Dincklage] [...] était attaché à une commission ici [à Paris] et il transmettait en effet des informations. Il faisait un sale boulot. Mais nous devons nous rappeler que c'était la guerre et qu'il avait le malheur d'être allemand. » Des années plus tard, Charles-Roux a fini par apprendre qu'elle avait été bernée, manipulée par Chanel et son avocat, René de Chambrun[6].

J'ai voulu raconter dans ce livre ces années incroyables où l'élite française, du moins la plus grande partie, s'est compromise avec l'occupant. Or elle n'y était pas toujours obligée. Ainsi Chanel, lorsque la guerre éclate, était-elle déjà une personnalité considérable à Paris et même au-delà, jusqu'aux États-Unis. Riche, mondaine, créative, celle qui va réinventer la mode « so french » n'a pas besoin de se compromettre. Elle va le faire en fréquentant de plus en plus assidûment une bande très parisienne de collaborateurs, grandes figures du régime de Vichy mais aussi entremetteurs, diplomates ou – c'est le plus grave – espions à la solde du IIIe Reich. Elle l'a fait, c'est ce que j'ai découvert, pour des motivations tenant à la fois de l'idéologie et du coup de foudre. Pourquoi pas ? Encore fallait-il ne pas le cacher, ne pas faire disparaître des documents et, finalement, ne pas falsifier l'Histoire. Chanel, *monstre sacré** de la mode du XXe siècle, sera désignée à la vindicte publique, à l'*épuration** – une purge, le nettoyage des blessures de la France, après tant de souffrances et de morts.

Dans les jours qui suivent le départ du dernier soldat allemand de la capitale, Chanel se hâte de distribuer des bouteilles de Chanel N° 5 aux GI américains. Puis les FFI l'arrêtent. Des jeunes gens agressifs l'escortent pour l'interroger.

Chanel est relâchée quelques heures plus tard. Sauvée ! Par qui ? Par l'intervention de Winston Churchill en personne qui a mandaté Duff Cooper, l'ambassadeur britannique auprès du gouvernement provisoire de De Gaulle[7]. Peu après, elle s'enfuira à Lausanne, en Suisse, où la rejoint son bel amant. Chanel a soixante et un ans.

Il faut attendre deux ans après la Libération pour qu'une cour française délivre un mandat d'amener « urgent » à l'encontre de Chanel. Le 16 avril 1946, un juge d'instruction, Roger Serre, ordonne à la police et à la douane françaises de la faire regagner Paris sous escorte afin de l'interroger. Un mois plus tard, il diligente une enquête approfondie sur les activités de Chanel durant la guerre.

---

* Les mots en italique suivis d'un astérisque sont en français dans le texte. (*N.d.T.*)

Cependant, ce n'est pas la relation entre Chanel et son amant sulfureux qui attire l'attention du juge. Il découvre qu'elle a coopéré avec le renseignement militaire allemand et fait équipe avec un traître bien connu, déjà identifié par la police française comme agent allemand en temps de guerre[8]. Il s'agit d'un « *V-Mann* » dans les documents de l'Abwehr, c'est-à-dire un « homme de confiance » pour la Gestapo et les autres services allemands.

À partir de là, tout bascule. On passe de l'égarement amoureux à l'histoire d'une aventurière.

Il semble peu probable que le juge Serre ait appris l'étendue et l'ampleur de la collaboration de Chanel avec les autorités nazies. Il ignore sans doute le rapport du renseignement britannique sur les confessions du comte Joseph von Ledebur-Wicheln, agent de l'Abwehr ayant fait défection, recueillies par le MI6 en 1944. Dans ce dossier, cet aristocrate explique les coulisses d'une extraordinaire dérive qui mènera Chanel de Berlin à Madrid, où elle cherchera à inverser le cours de la guerre.

Après avoir exhumé les archives disponibles, dont certaines inédites, et avoir rencontré les témoins encore vivants*, c'est cette extraordinaire histoire que je vais maintenant vous raconter.

---

* Entre 2009 et 2010, l'auteur a eu quatre entretiens avec la nièce de Coco Chanel, Mme Palasse-Labrunie, chez elle à Yermenonville, destinés à vérifier un certain nombre de faits et à cerner au plus près la personnalité de la célèbre créatrice de mode. Elle s'est montrée accueillante, mettant de surcroît à ma disposition deux photos. La parution de mon livre aux États-Unis, aux éditions A. Knopf, en août 2011, n'a suscité aucun commentaire ni réserve de sa part. À la veille de la parution de l'édition française, le 11 juin 2012, elle m'a adressé une lettre me demandant de ne pas utiliser de nouveau les clichés qu'elle m'avait aimablement remis. Elle y ajoutait une « interdiction » de reproduire les propos qu'elle m'avait tenus, précisant notamment que le livre « porte non seulement atteinte à mes droits à l'image mais aussi porte préjudice à ma réputation et à celle de ma famille [...] les propos et faits [rap]portés dans ce livre sont pour moi erronés et diffamatoires [...] ». L'auteur considère que ce qui lui a été confié et qui était vrai pour l'édition américaine l'est évidemment tout autant pour l'édition en France. Par souci d'informer complètement le lecteur, il lui est cependant apparu utile de faire état de cette contestation.

1.

QUAND GABRIELLE DEVIENT COCO

Si vous êtes née sans ailes, ne faites rien pour les empêcher de pousser…
Levez-vous tôt, travaillez dur, très dur. Cela ne vous fera pas de mal car votre esprit sera ainsi occupé et, à son tour, aidera votre corps à garder sa vivacité[1]*…*

COCO CHANEL

GABRIELLE CHANEL, qui deviendra l'essence du chic français, est née dans un foyer de Saumur, au cœur des pays de la Loire, par un après-midi caniculaire d'août 1883. Elle descend d'une famille de paysans cévenols qui vivaient à l'orée d'une forêt de châtaigniers, devenus camelots en raison des disettes régulières. Son extrait de naissance orthographie son nom « Chasnel ». Il s'agit peut-être d'une erreur ou, plus probablement, d'une ancienne orthographe. (Ce « s » supplémentaire provoquera par la suite une certaine confusion dans les documents de la police.)

Sa mère, Jeanne Devolle, célibataire quand elle accouche, et son père, Albert Chanel, colporteur, finissent par se marier quelques années plus tard. Pendant les douze ans qui précèdent la mort de Jeanne, la famille – trois sœurs, Julia-Berthe, Gabrielle et Antoinette, et deux frères, Alphonse et Lucien – vivote ici et là dans des conditions misérables, tandis qu'Albert conduit son chariot d'un marché à l'autre. Après la mort de Jeanne, à trente-trois ans, en 1895, Albert place ses deux fils dans une ferme et envoie Gabrielle, douze ans, et ses deux sœurs en Corrèze, au cœur de ce rude département du centre de la France. Dans l'orphelinat de l'abbaye d'Aubazine, fondé au douzième siècle par Étienne d'Obazine, les sœurs Chanel sont placées sous la tutelle des religieuses.

Des années plus tard, lorsqu'elle revient sur ses humbles débuts au couvent, Chanel se rappellera : « Je le sais depuis mon plus jeune âge. On m'a tout arraché et je suis morte… J'ai connu ça à douze ans. On peut mourir plusieurs fois au cours d'une vie, vous savez[2]. »

Aucun de ses biographes ne l'a jamais interrogée pour savoir ce qu'à douze ans la jeune fille pensait de la vie au couvent. Elle n'évoque pas son séjour à l'orphelinat, les longues années de discipline catholique – le dur labeur, la vie frugale. À cette époque, la doctrine et la théologie catholiques insistent sur le péché, la pénitence et la rédemption. À la fin du dix-neuvième siècle, les institutions catholiques, telle Aubazine, endoctrinent les jeunes dans la haine du juif. Chanel n'y fait pas exception. Elle est souvent sujette à des accès antisémites. Marcel Haedrich, écrivain, journaliste et célèbre rédacteur en chef de *Marie-Claire,* raconte une conversation avec Chanel au sujet du livre qu'il venait d'écrire, *Et Moïse créa Dieu*. Celle-ci lui demanda : « Pourquoi Moïse, mon cher ? Vous croyez que ces vieilles histoires intéressent encore les gens ? Vous croyez que ça plaira aux juifs, votre livre ? Ils ne l'achèteront pas[3]. » Lorsque la conversation dévie sur la prolifération des nouvelles boutiques de mode à Paris, Chanel déclare : « Je n'ai peur que des juifs et des Chinois […] et davantage des juifs que des Chinois[4]. » Haedrich analyse : « Il lui arrivait […] de manifester un antisémitisme passionnel, parfaitement démodé et bien souvent embarrassant pour elle. Comme les enfants de son temps, elle l'avait absorbé au catéchisme. Les juifs n'avaient-ils pas crucifié Jésus ? »

Pendant des siècles, les chrétiens ont tenu les juifs pour responsables de la mort du Christ. À partir du Moyen Âge, on prêche en Europe que « les juifs portent malheur » et on les exclut de certaines professions et corporations. Les juifs, chassés d'Angleterre au temps de Shakespeare, sont considérés comme socialement inférieurs et seulement bons à collecter l'impôt, ce qui ne pouvait leur attirer les faveurs de familles paysannes telles que les Chanel. Plus tard, les nazis et de nombreux Européens beaucoup moins fanatiques vont croire fermement au complot judéo-bolchevique et accusent les juifs d'avoir inventé le communisme.

À dix-huit ans, Chanel déménage dans une pension de jeunes filles à Moulins. La France polémique encore sur l'affaire Dreyfus qui a divisé le pays pendant une dizaine d'années. En 1894, sur la base de fausses preuves, le capitaine Alfred Dreyfus, jeune officier d'artillerie issu d'une famille juive alsacienne, est arrêté, inculpé de haute trahison, puis traduit en justice. Condamné, il est déporté au bagne de l'île du Diable en Guyane ; plus tard il est gracié et définitivement réhabilité en 1906. Il réintègre l'armée française avec le rang de commandant, sert durant la Première Guerre mondiale et termine sa carrière militaire au grade de colonel.

L'affaire Dreyfus met à nu les passions antisémites de l'époque et l'influence décisive de l'Église catholique et de ses alliées monarchistes et nationalistes. Durant l'adolescence de Chanel dans l'orphelinat du couvent et, plus tard, au sein de la communauté catholique de Moulins, « l'antisémitisme bouillonne ». Le quotidien *La Croix*, catholique assomptionniste, « s'enflamme contre les juifs ». Le père jésuite Stanislas du Lac sert de porte-parole à l'Église et officie comme guide spirituel du journaliste Édouard Drumont, auteur de *La France juive*, qui invente le slogan « La France aux Français ». Ce mot d'ordre résonne encore dans la politique française, en particulier à l'extrême droite. Chanel ne peut échapper à cette propagande.

À l'âge de vingt ans, elle devient couturière et, pendant son temps libre, elle chante dans un café surtout fréquenté par des officiers de cavalerie. C'est là qu'elle devient « Coco », en raison d'une chanson peut-être, ou parce qu'il s'agit d'un diminutif de *cocotte**, la « poule », la femme entretenue.

Ses yeux noirs incandescents, sa silhouette étourdissante et sa minceur juvénile gagnent le cœur d'un ancien sous-officier de cavalerie fortuné, Étienne Balsan. Chanel met soudain de côté ses aiguilles, ses fils, sa coquetterie de bistrot et une vie besogneuse. À vingt-trois ans, elle devient sa maîtresse et vit les trois années suivantes dans son château et ses écuries de courses près de Compiègne, à soixante-quinze kilomètres au nord de Paris. À travers la forêt touffue, la lande et la bruyère, les étangs et les marais, Chanel, son amant et ses amis chevauchent sur les chemins de chasse empruntés jadis par les rois de France.

Une fausse scène de jalousie : de gauche à droite, Boy Capel, en kimono de satin, menace Léon de Laborde qui fait rempart de son corps à une Chanel tout ensommeillée, vêtue d'un peignoir. Vers 1908.

Balsan, héritier d'une riche famille d'industriels du textile qui fournissait les uniformes de l'armée française, veille à développer les talents de cavalière de Chanel – à califourchon et en amazone – et lui enseigne la gestion d'une écurie. Des photographies montrent son fier maintien ; sur l'une d'elles, en particulier, elle monte un grand cheval de chasse bai, coiffée d'un chapeau sur ses cheveux nattés, la poitrine gonflée de confiance et d'assurance. Son amour des chevaux et ses dispositions serviront plus tard ses intérêts.

La vie de Coco change en quelques mois. Il suffit d'observer les photographies prises à cette époque : Chanel à cheval ; dans les bras de Léon de Laborde, sous les yeux d'Étienne Balsan ; avec Arthur Capel (son futur amant), vêtu d'un kimono de satin, qui brandit un long bâton devant Laborde en pyjama. Celui-ci s'amuse à protéger Chanel de l'attaque feinte. Sur cette photographie, elle adopte l'apparence d'une jeune fille à peine sortie du lit ; ses cheveux de jais flottent à hauteur d'épaule sur son peignoir blanc. Une autre, prise au petit déjeuner, lors de cet été 1912, montre le clan Balsan vêtu de pyjamas légers et de robes de chambre : Capel, Laborde, Gabrielle Dorziat, Balsan, Chanel, Lucien Henraux et Jeanne Léry.

En 1908, Chanel tombe amoureuse du compagnon de chevauchée et ami de Balsan. Surnommé « Boy », Arthur Capel appartient à la bonne société anglaise – c'est un bel homme, riche et fantasque. En 1908, il l'installe dans un appartement parisien et l'aide à lancer son affaire de modiste. Balsan perd peut-être une maîtresse – il en a eu beaucoup –, mais il gagne une amie pour la vie.

Boy Capel et Chanel, quant à eux, deviennent intimes. Gabrielle se découvre une âme sœur. Toujours aussi généreux, Capel permet au neveu de sa maîtresse, André Palasse, d'intégrer une pension britannique privée après le suicide de sa mère, la sœur aînée de Chanel, Julia-Berthe. Plus tard, quand Coco se lancera dans la mode féminine, Capel financera ses boutiques à Paris, Deauville et Biarritz.

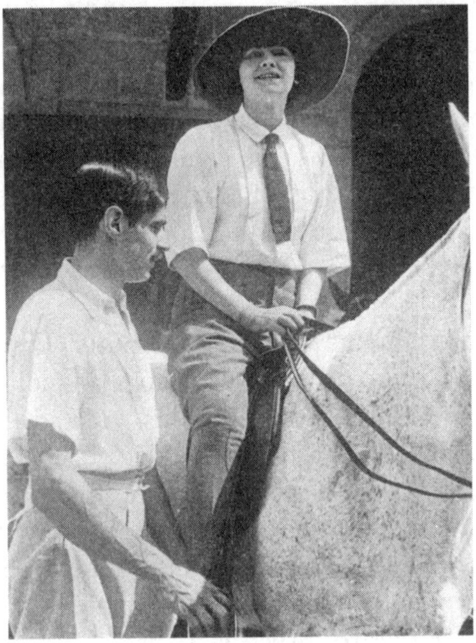

Arthur « Boy » Capel avec Chanel à cheval devant le château de Royallieu qui appartient à Balsan, non loin de la forêt de Compiègne. En 1908, une idylle de onze ans débute.

Entre 1914 et 1918, pendant la Grande Guerre, Chanel s'installe dans un appartement qui donne sur la Seine et le Trocadéro ; elle va bientôt acquérir une fortune fabuleuse. Elle emploiera jusqu'à trois cents petites mains qui confectionneront une ligne de robes en jersey. Plus tard, elle ouvrira sa boutique au 31, rue Cambon, derrière la place Vendôme. Elle y fondera la Maison Chanel et en fera le symbole du style, du raffinement et de l'art français. Tandis que ses affaires prospèrent, elle crée aussi la société des Tissus Chanel qui lui permet de produire ses propres étoffes d'une grande qualité.

Pendant onze ans, Boy Capel et elle jouissent d'un amour et d'une amitié partagés, mais en raison de ses origines modestes, elle ne peut prétendre devenir l'épouse d'un Britannique de la

Illustration de Sem : Chanel à la merci de Boy Capel, vers 1910.

haute société. En 1918, Boy épouse la fille d'un lord. Mais Chanel et lui restent amants. Peu avant Noël 1919, Arthur Capel décède dans un accident de la route alors qu'il rejoint sa femme et sa fille, née au printemps. Anéantie par la mort de Boy, elle découvre en outre qu'elle n'est pas sa seule maîtresse. Le *Times* révèle en février 1920 comment Capel a quitté Chanel et une comtesse italienne. Hantée par le sentiment d'avoir été trahie, Chanel traverse une longue période de deuil. Vingt-cinq ans plus tard, exilée en Suisse, elle confiera à son ami et biographe Paul Morand : « Sa mort fut pour moi un coup terrible. Je perdais tout en perdant Capel [...] ce qui suivit ne fut pas une vie heureuse, je dois le dire[5]. »

2.

Le parfum d'une femme

Une femme qui ne porte pas de parfum n'a aucun avenir.

Paul Valéry

Marie Sophie Olga Zénaïde Godebska – « Misia » pour l'élite de la bohème parisienne – a connu, comme Chanel, l'orphelinat catholique à l'âge de dix ans. Enfant, ses talents au piano ravissaient des compositeurs tels que Franz Liszt ou Gabriel Fauré. Avec le temps, sous la férule de religieuses exigeantes, Misia devient une pianiste accomplie. « L'indifférence à son égard lui enseigna l'indépendance, et la solitude, le courage[1]. »

Malheureuse, frustrée par sa vie au couvent, Misia s'échappe de Londres à l'âge de dix-huit ans et s'entiche d'hommes plus âgés. Elle finit par rejoindre sa famille en Belgique où, à vingt ans à peine, elle hérite d'un riche oncle. Un an plus tard, Misia épouse Thadée Natanson, vingt-cinq ans. Le couple emménage à Paris. La beauté de Misia, associée à une « attitude iconoclaste, désinvolte » et mordante, lui permet, en cette fin de siècle, d'entrer au pas de charge dans la vie facile et libre de la bohème. Les années suivantes, Misia mène une existence mouvementée, « ses propos sont pimentés de gros mots », et elle subjugue la plupart des artistes vivant à Paris[2]. Marcel Proust la dépeint sous les traits de la princesse Yourbeletieff qu'il trouve aussi lumineuse et séduisante que les Ballets russes eux-mêmes. Misia et son époux Thadée rejoignent vite une bande d'artistes rebelles. Elle devient l'un des modèles favoris de Vuillard, Bonnard, Toulouse-Lautrec et Renoir. Aujourd'hui, les portraits de Misia au piano, à table ou au théâtre ont leur place dans les plus grands musées de la planète. Attirée par le spectacle vivant, Misia s'investit dans le monde du théâtre et des ballets et se lie intimement avec l'imprésario Serge de Diaghilev. Les biographes de Misia la décrivent « trôna[nt] au côté de [Diaghilev], *éminence rose** des Ballets russes[3]. »

Le visage qui fascine des peintres français connus dans le monde entier : Misia Godebska, 1905.

Après la Première Guerre mondiale, connaître Misia revient à être admis dans le cercle des intimes de Diaghilev et dans l'élite parisienne. Mais elle n'est pas la princesse décrite par Proust. Elle contracte trois mariages et devient successivement Mme Thadée Natanson ; Mme Alfred Edwards (son mari est un homme d'affaires très fortuné et coprophile notoire qui force Natanson à lui céder Misia en paiement d'une dette !) ; et enfin, la femme du peintre espagnol José-Maria Sert.

Igor Stravinski et Vaslav Nijinski au théâtre du Châtelet à Paris lors de la première du ballet *Petrouchka* produit par Diaghilev en 1911.

Chanel croise Misia lors d'un dîner donné par Cécile Sorel, la célèbre sociétaire de la Comédie-Française. Des années plus tard, Misia se souvient de cette première rencontre et décrit l'événement dans ses Mémoires inédits.

À table, mon attention fut tout de suite attirée par une jeune femme très brune et dont, malgré qu'elle ne prononçât pas une parole, émanait un charme que je trouvais irrésistible [...] j'appris qu'elle s'appelait Mademoiselle Chanel [...].

Ces deux femmes admirables se sont trouvées. Gabrielle Chanel et Misia Sert ont, comme on dit, des atomes crochus. À propos de Misia, Chanel confie : « Moi, je suis restée un mystère pour elle ; d'où une fidélité toujours démentie, mais qui, après des écarts, revient à sa constante. C'est un être rare qui ne saurait plaire qu'aux femmes et à quelques artistes. Misia est à Paris ce que la déesse Kâli est au panthéon hindou. C'est à la fois la déesse de la destruction et de la création[4]. »

Misia, vers 1910.

Les biographes de Misia, Arthur Gold et Robert Fizdale, résument ce qui, chez Coco, a fasciné Misia au début de leur amitié. Chanel gagne des millions en imposant des créations fondées sur une simplicité coûteuse – son « genre » pauvre pour des femmes riches. Son génie, sa générosité, sa folie, associés à son esprit caustique, ses sarcasmes et ses penchants destructeurs, intriguent autant qu'ils séduisent.

Au fil du temps, leur amitié connaît des hauts et des bas ; néanmoins, le couple continue à partager d'innombrables secrets, en particulier la morphine qui leur permet non de vivre mais de survivre, de tenir.

Alors que l'ancien monde, celui d'une aristocratie privilégiée, touche à sa fin, Chanel incarne le symbole d'une époque nouvelle. À trente-cinq ans, elle invente Coco – la femme des Années folles. Elle lance sa « ligne pauvre », disons sobre, pour de riches clientes : tailleurs en jersey, cardigans, robes sport et petits talons.

Les magazines publient ses créations. Quand l'Amérique découvre Chanel, on ne parle plus que de jersey. En 1918, la créatrice s'offre une somptueuse villa à Biarritz pour trois cent mille francs-or (environ quatre cent soixante mille euros actuels)[5] ; elle deviendra son quartier général pour le sud de la France. Dès 1915, *Harper's Bazaar* affirme : « La femme qui n'a pas au moins un Chanel est désespérément démodée... Cette saison, le nom de Chanel est sur toutes les lèvres[6]. »

Si les journalistes de mode s'intéressent à Chanel, la victoire sur les *Boches** demeure la principale préoccupation des Alliés. Le président américain Wilson entame son deuxième mandat en mars 1917 et persuade le Congrès de déclarer la guerre à l'Allemagne en avril. Les *Teddies*, surnom des soldats yankees sous les ordres du général John J. « Black Jack » Pershing, embarquent pour la France tandis que les riches Parisiens s'enfuient à Deauville ou à Biarritz et affluent dans les boutiques de Chanel pour essayer ses modèles.

Des événements considérables secouent l'Europe. La révolution d'Octobre 1917 amène les bolcheviks au pouvoir ; la Turquie capitule ; chez eux, les Allemands meurent de faim. En 1918, les Alliés, renforcés par les troupes américaines, arrêtent l'offensive printanière du Kaiser sur le front Ouest. Le 11 novembre 1918, ils signent un armistice avec l'Autriche-Hongrie et l'Allemagne. La Grande Guerre s'achève.

Tandis que les troupes allemandes démobilisées reprennent le long chemin de retour vers leurs foyers, les bouchons de champagne sautent à Paris. Chanel porte des « jerseys amples, aussi simples que des blouses de jeunes filles dans un pensionnat, mais extraordinairement chic[7] ». Elle roule à bord d'une Rolls-Royce avec chauffeur tandis que ses clientes paient sept mille francs une robe[8], c'est-à-dire plus de dix mille euros actuels.

Mais, en Europe, la menace inflationniste hante les institutions financières. En d'autres termes, le prix du pain a doublé en Allemagne entre 1914 et 1919 et continue d'augmenter pour bientôt atteindre des niveaux inconcevables[9]. L'économie allemande s'enfonce dans une crise dévastatrice.

Deux officiers de cavalerie allemands, à des milliers de kilomètres de Paris, s'efforcent de rentrer chez eux[10]. Les lieutenants Theodor Momm et Hans Günther von Dincklage, amis et compagnons ayant servi au sein d'un régiment de uhlans venus du Hanovre, comme des millions d'autres soldats allemands et autrichiens vaincus, tentent de refaire leur vie après quatre ans de guerre. Ils ont chevauché sur le front de l'Est, puis ont connu la boue et le sang des tranchées[11]. Ils reviennent dans une patrie défaite, en proie au chaos. La révolution bolchevique en Russie et une mutinerie à la base navale de Wilhelmshaven menacent le pays et contraignent le Kaiser Guillaume II à l'abdication. Un blocus britannique affame la nation.

En juin 1919, la nouvelle République accepte les termes du traité de Versailles dictés par la Grande-Bretagne, la France, l'Italie et les États-Unis. Les Allemands ne tardent pas à penser que les réparations exigées par les vainqueurs sont la cause des épreuves économiques et financières dévastatrices qui s'annoncent. Hitler va jeter ce traité aux orties en arrivant au pouvoir dans une Allemagne ravagée par la défaite, mais qui ambitionne de retrouver sa grandeur.

Avant guerre, la riche famille de Theodor Momm possédait une affaire de textile prospère en Allemagne et en Belgique[12]. De retour à la vie civile, début 1919, il reprend avec succès la firme bavaroise. Après l'accession de Hitler au pouvoir, Momm adhère au NSDAP, le Parti national-socialiste des travailleurs allemands, le parti nazi. Il en devient membre et soutient financièrement la *Schutzstaffel* (SS) dès 1938[13].

Le baron Dincklage, descendant de deux générations d'officiers allemands, s'engage quant à lui dans le renseignement militaire allemand[14]. Son grand-père, le lieutenant-général Georg Karl, avait combattu lors de la guerre de 1870[15] au cours de laquelle les armées allemandes culbutèrent les forces de Napoléon III et annexèrent l'Alsace et la Lorraine. Le père de Dincklage,

Le lieutenant Hans Günther von Dincklage (au centre) et d'autres officiers sur le front russe, vers 1917.

Hermann, major de cavalerie, avait également affronté les Alliés pendant la Première Guerre mondiale – au moment même où son fils écumait le front russe avec son régiment de uhlans. La mère de Dincklage, anglaise de naissance, Lorry Valeria Emily, était la sœur d'un officier de marine allemand, l'amiral William Kutter[16]. Les Dincklage partagent avec nombre d'Allemands, et en particulier la hiérarchie militaire, les idées du *Völkisch* – un mouvement à la fois belliciste, nationaliste et raciste, dont le traumatisme de 1914-1918 amplifie l'audience[17].

Après l'exécution du tsar Nicolas II et de sa famille dans la Russie soviétique, un parti communiste révolutionnaire est fondé à Berlin. Dincklage, quant à lui, rejoint les membres d'un *Freikorps*, corps franc d'extrême droite, pour combattre le communisme. En 1919, ces corps francs assassinent Rosa Luxemburg, militante et intellectuelle, l'un des chefs de la révolution spartakiste. Plus tard, Hermann Göring décernera aux *Freikorps* le titre de « premiers soldats du Troisième Reich ». Quand Himmler dirigera la SS, il leur rendra hommage lui aussi en affirmant que leurs membres étaient en communion spirituelle avec ses SS[18].

Selon le contre-espionnage français[19], peu après 1919, le renseignement militaire allemand recrute Dincklage, l'agent 8680F, pour le compte de la République de Weimar. Ce régime parlementaire tient jusqu'en mars 1933, au moment des élections après lesquelles Hitler se fit conférer les pleins pouvoirs, mettant ainsi fin à la République.

Dincklage s'avère le parfait candidat pour une carrière dans le renseignement militaire et le travail clandestin. Il parle couramment anglais et français, arbore les manières impeccables de l'aristocratie, sait comment manipuler sans scrupule les hommes et séduire les femmes. Il transforme ses recrues en informateurs et en agents. Blond, les yeux bleus, de taille moyenne (un mètre soixante-douze), avenant et urbain, Spatz Dincklage possède un charme vénéneux et une personnalité chaleureuse, extravertie, qui attirent les deux sexes. En revanche, il n'a rien du play-boy aryen que certains biographes dépeignent[20]. À Berlin, ses maîtres lui enseignent le métier d'espion : ingéniosité, observation, calme, sensibilité, empathie et capacité de se fondre dans le paysage. Il sait cacher son objectif final. Il conduit ses cibles à trahir leur pays en recueillant des informations stratégiques, des documents utiles au renseignement militaire allemand.

Bien qu'espion, Dincklage ne connaît jamais de véritable danger dans la France d'avant guerre ou, plus tard, en Pologne et en Suisse. Opérant en tant que diplomate, il bénéficie de l'immunité. En temps de paix, au pire, il risque l'expulsion. Toutefois, ni la France ni la Suisse n'ont intérêt à provoquer des remous auprès d'un régime nazi ombrageux en expulsant l'un de ses diplomates.

Au cours de l'hiver 1919-1920 et du printemps, la splendeur de Venise envoûte Chanel. Avec ses canaux sinueux et ses ruelles donnant sur des *piazze* et des *campi* ensoleillés, Venise reste un lieu magique en toute saison. Misia et José Maria Sert se rappelleront les prières et les pleurs de Chanel, bouleversée par le chagrin et l'humiliation de n'avoir pas été la seule à jouir de l'affection de Boy Capel. Isabelle Fiemeyer décrit comment Chanel, à l'instar, sans doute, de sa rivale italienne, s'agenouille devant le regard attentif des cinq saints du Titien, sous le dôme de Santa Maria della Salute, une église du dix-septième siècle, tandis qu'un millier de chandelles brûlent et vacillent dans l'obscurité[21].

Alors que l'hiver recule devant le printemps, Chanel reprend le dessus. Enchantée par la bonne humeur des Sert et ensorcelée par la ville, elle sort de la nuit et de l'humeur sombre qui l'avaient possédée.

Lors de la transition turbulente entre la guerre et la paix, l'automobile devient un jouet abordable pour les riches et un véritable danger pour les piétons. Tandis que le président Woodrow Wilson reçoit le prix Nobel de la paix, les lois de la Prohibition entrent en vigueur aux États-Unis ; des hordes d'Américains fortunés débarquent à Paris ; Mussolini fait son apparition dans la politique italienne ; le spectre du communisme et de la révolution soviétique plane sur l'Europe et terrifie les classes moyennes et la bourgeoisie. Et pendant ce temps, dans un hôpital militaire allemand de Poméranie, un petit homme à la moustache en brosse se remet de ses blessures aux yeux que les gaz anglais lui ont infligées à Ypres. Il s'appelle Adolf Hitler.

Paris représente l'épicentre du séisme culturel de l'après-guerre – les Années folles. F. Scott Fitzgerald évoque cette période sous le nom de *Jazz Age* ; Gertrude Stein et Ernest Hemingway parlent de la « génération perdue ». Le biographe de Chanel, Pierre Galante, déclare : « Époque inouïe qu'on ne reverra plus, manifestation soudaine de toutes les forces survivantes au sortir du massacre. On saluait la vie retrouvée et on avait soif de gloire, de jouissance, de création[22]. »

En 1920, Paris est une véritable Mecque pour tous ceux qui écrivent, peignent, composent et sculptent. La ville, débordante de joie, attire artistes, musiciens, compositeurs et écrivains. Chacun veut faire partie de cette nouvelle ère : boire et goûter la vie qui regorge d'allégresse, de plaisirs, d'inventions et de créations. La bonne société parisienne se retrouve dans les cafés, les ateliers et les soirées émaillées de conversations brillantes, de musique et de la passion des arts. La ville « oublie les années noires[23] ». Natifs et expatriés, tel Hemingway, réclament à cor et à cri la nouveauté. Dans la peinture, la sculpture, l'art de la conversation et la littérature, on cherche à tout prix l'originalité. Des peintres comme Picasso, Modigliani, Braque et Marie Laurencin incarnent la relève. Le Corbusier promeut des innovations architecturales ; Ravel et Stravinski, musicales ; Diaghilev et Nijinski, chorégraphiques ; Gide, Cocteau, Mauriac, littéraires. Le jazz symbolise la gaieté insouciante de ces Années folles ; et avec la naissance de l'industrie de masse, des automobiles, des garçonnes, de la radio et des sports populaires, un parfum d'utopie flotte. Les Européens fortunés adhèrent à un credo associant le progrès, l'individualisme forcené et l'extravagance. L'argent est dans les poches de la bourgeoisie qui ne demande qu'à le dépenser. À Montmartre et Montparnasse, Hemingway boit et dîne avec son compatriote Henry Miller, lui aussi expatrié, et ces instantanés de vie, l'ambiance de la capitale transpirent dans leur œuvre. F. Scott Fitzgerald et sa femme séjournent en France en 1921, mais s'y ennuient. Ils n'ont appris que quelques mots de français. Zelda et Scott retournent chez eux et leur bébé naît aux États-Unis, en octobre 1921. Ils repartent en avril 1924. Une année plus tard sort *Gatsby le magnifique* et le couple s'installe à Paris où il rencontre Hemingway en mai 1925.

La décennie dispense la joie pour certains et la terreur pour d'autres. Pour Chanel, les années vingt commencent par une tragédie familiale. Dans une lettre envoyée depuis le Canada, sa sœur cadette, Antoinette, exprime son désespoir, son mariage raté avec un officier canadien enjôleur. Le militaire l'a arrachée à la France pour lui faire mener une vie misérable au cœur de l'Ontario. Adorée par Chanel, la délicate et fragile Antoinette l'a aidée à lancer ses premières boutiques. Désormais, elle la supplie de lui envoyer de l'argent pour revenir à Paris. En dépit de la tristesse manifeste d'Antoinette, Chanel la presse de ne pas renoncer à son mariage.

Mais Antoinette fugue alors avec un jeune et séduisant Argentin – un homme que Chanel a connu à Paris et recommandé à la belle-famille canadienne de sa sœur, qui l'a accueilli. Antoinette et lui s'enfuient à Buenos Aires en 1920. La même année, elle y meurt de la grippe espagnole qui emportera plus de cinquante millions de personnes dans le monde.

De retour de Venise avec Misia, à l'automne 1920, Chanel devient bientôt la locomotive de la haute couture dans cet *Âge du jazz*, résolue à révolutionner la mode féminine. Elle souhaite transformer les femmes d'objets de glamour poudré en silhouettes graciles portant de courtes robes noires et des accessoires, tel le boa. Elle va faire fortune en tant que phare des ambitions et de l'émancipation féminines : libres de gagner de l'argent, d'aimer, de vivre comme elles le souhaitent ; et non sous le joug de l'homme – « affranchies des préjugés, ne dédaignant pas les aventures saphiques[24] ». Ses créations inspirent les garçonnes qui se mettent à porter des robes à manches courtes, voire sans manches,

Chanel en 1920, année durant laquelle sa sœur cadette, Antoinette, meurt de la grippe espagnole.

et à rouler leurs bas sous le genou. Les magazines de mode américains ou français, tels que *Mademoiselle*, *Femina* et *Minerva*, encensent ses modèles : « Chanel lance pour le sport ce ravissant costume en jersey vert foncé […] Chanel lance une robe faite de longues franges de soie noire […] lady X […] portait au Ritz une robe en mousseline de soie grège, signée Chanel […] Une autre création de Chanel pour le soir : fourreau de satin blanc recouvert d'une casaque brodée et perlée[25]. » Parfois, les critiques s'avèrent féroces : « Les femmes n'existent plus… Il ne reste plus que des garçons créés par Chanel[26]. »

Harper's Bazaar montre Mademoiselle couverte de perles (cadeau du grand-duc Dimitri Pavlovitch), vêtue d'une courte tunique sombre et d'une jupe plissée. Sur une autre photographie, elle exhibe un pyjama de soie noire et mord une des perles de son collier ; sur une autre encore, elle les fait passer entre ses lèvres sensuelles, allongée dans le décor exotique qu'elle affectionne :

paravents en laque de Coromandel, cuir, soies et satins, sous le regard d'un faon chinois et d'un lion en bronze.

Toujours à la recherche de conquêtes masculines, Chanel jette son dévolu sur Igor Stravinski, Pablo Picasso, le grand-duc russe Dimitri Pavlovitch et l'homme qu'elle aimera toute sa vie, Pierre Reverdy. Il est bien dommage que Chanel et Hemingway ne se soient jamais fréquentés. Les ongles acérés de la créatrice auraient dégonflé l'ego surdimensionné de *Papa**. Malgré son indépendance, Chanel, cette femme passionnée, a besoin d'admiration et d'amour. Il lui faut un homme à ses côtés. Elle cherche l'amour sans cesse. Selon l'une des maximes qu'elle écrit : « Quel que soit votre âge, ne pas se sentir aimé, c'est se sentir repoussé[27]. »

Misia Sert juge son amie énigmatique : « Elle voyait Chanel imposer une luxueuse simplicité, une allure presque pauvre, aux femmes les plus riches – tout en récoltant des millions. Le génie, la générosité, le côté self-made-woman de Chanel, son esprit dévastateur, sarcastique, et sa férocité destructrice intriguaient et terrifiaient tout le monde[28]. »

Terrifié ou non, Paris célèbre son génie, ses créations de haute couture, ses costumes de ballets et de spectacles ; ses décors, ses bijoux. Toujours novatrice, Chanel invente un personnage féminin encore jamais vu dans la bonne société parisienne.

Elle maîtrise l'art de l'ascension sociale et les Parisiens s'en délectent. « Une orpheline sans foyer, sans amour, sans père et mère [...]. Ma solitude m'a donné un complexe de supériorité ; la dureté de la vie m'a donné force et fierté ; l'envie de gagner et la passion de la grandeur [...]. Et lorsque la vie m'a apporté l'élégance fastueuse et l'amitié d'un Stravinski ou d'un Picasso, je ne me suis jamais sentie ni stupide ni inférieure. Pourquoi ? Parce que je savais que la réussite vient d'être avec ce genre de personnes[29]. » Voici l'image que Coco dresse d'elle-même et la légende qu'elle veut faire croire au monde entier : celle d'une Cosette affrontant avec audace un destin contraire pour parvenir à la célébrité, à la richesse et au pouvoir, et gagner le respect de l'élite.

Serge de Diaghilev avec Igor Stravinski à Séville lors de leur collaboration pour les Ballets russes, vers 1923.

Au début des années vingt, Chanel se débarrasse du statut de commerçante célèbre pour acquérir celui de protectrice des arts. Elle soutient financièrement *Le Sacre du printemps*, ballet chorégraphié et produit par Serge de Diaghilev, et accueille la famille d'Igor Stravinski dans sa nouvelle maison, Bel Respiro, à Garches. Quand Chanel ne badine pas avec Misia dans son nouvel appartement, à deux pas des Champs-Élysées, elle flirte avec Stravinski. Le logement fastueux du 29, rue du Faubourg-Saint-Honoré, est décoré par Chanel et Misia dans des tons « beige, blanc et "tête-de-nègre"[30] ». De cette résidence au design soigné dont les jardins s'étendent jusqu'à l'avenue Gabriel, Chanel fait un centre de la vie culturelle parisienne – bien loin de l'époque où elle jouait la fille facile dans les mises en scène extravagantes d'Étienne Balsan à Royallieu. L'élite – artistes, aristocrates, des personnages fortunés et parfois célèbres du demi-monde – se mêle lors de déjeuners, dîners et soirées. La troupe de Chanel commence souvent la soirée en s'imbibant au Bœuf sur le toit, un cabaret situé rue Boissy-d'Anglas, rive droite, à quelques centaines de mètres de la résidence de Chanel. Dès l'ouverture en 1922, c'est le lieu où il faut aller, et malgré, ou grâce à, son exiguïté, on y trouve « la plus grande concentration de personnalités au mètre carré[31] ». Le cabaret devient la Mecque de l'élite et de la création parisienne « où tout le monde se jette au cou de chacun en guise de salut et où l'on regarde par-dessus l'épaule de l'autre pour voir qui est déjà arrivé… l'esprit y est aussi obligatoire que le champagne : "Un cocktail et deux Cocteau". » Ensuite, Chanel emmène sa cour dîner chez elle ou danser chez le comte de Beaumont[32]. « Les idylles se nouent et se dénouent au gré des soirées entre écrivains et artistes (vrais ou faux) et milliardaires. On boit, on danse, on s'aime[33]. » Et Chanel connaît des aventures parmi les Sert, les Beaumont, Stravinski, Picasso, Cocteau, Diaghilev. Sans oublier Pierre Reverdy, ce poète déshérité admiré par les artistes et écrivains les plus divers : Cocteau, Max Jacob, Juan Gris, Braque et Modigliani. Les nouveaux amis de Chanel apprécient « son talent, son esprit et son intelligence… Son concept minimaliste de la mode se rapprochait de leurs idées d'un art abstrait[34] ». Entre 1921 et 1926, Chanel entretient une liaison intermittente avec Pierre Reverdy. En fin de compte, leur relation va mûrir et se transformer en une profonde amitié qui durera plus de quarante ans. Elle devient la muse du poète : « Vous ne savez pas, chère Coco, que l'ombre est le plus bel écrin de la lumière. Et c'est là que je n'ai jamais cessé de nourrir pour vous la plus tendre amitié. P.[35] »

Mais Reverdy, l'esthète, le poète des poètes dont les formules envoûtent Chanel, comme : « Que deviendrait la rêverie si l'on était heureux dans la réalité[36] », ne peut supporter le monde matérialiste de Chanel. Le 30 mai 1926, après avoir brûlé de nombreux manuscrits devant quelques amis, il se retire dans une modeste maison, près de l'abbaye bénédictine de Solesmes, où il vivra une trentaine d'années avec sa femme, Henriette.

Le poète, scénariste et réalisateur Jean Cocteau (au centre) avec (de gauche à droite) Lydia Sokolova (née Hilda Munnings), Anton Dolin, danseur et chorégraphe britannique, Leon Woizikowski et Bronislava Nijinska après la première représentation du *Train bleu* en Grande-Bretagne, au Coliseum Theatre de Londres. Costumes créés par Chanel.

Chanel l'aime et il aime Chanel. Edmonde Charles-Roux pense que Reverdy, converti au catholicisme, s'exile en quête de Dieu, mais également de l'inspiration. La séparation avec Chanel se révèle alors inévitable.

Le poète Pierre Reverdy en 1940 – que Chanel aime profondément. Leur amitié durera plus de cinquante ans.

Chanel est blessée, mais elle finira par accepter la décision du poète. Toutefois, elle ne le perdra jamais réellement. Il reviendra de temps en temps à Paris, se rendant disponible.

Au cours de leur longue amitié, Chanel apporte force, confiance dans son talent et soutien matériel à Reverdy. Généreuse et pleine de tact, elle achète ses manuscrits en secret, intervient auprès des éditeurs et appuie financièrement son œuvre[37]. En dépit du succès qu'elle connaît, les peurs les plus obscures et le pessimisme de Reverdy font résonner une corde sensible chez elle – un souvenir de son enfance. Car Reverdy, fils de viticulteur, est de son espèce. Malgré la vie quasi monacale qu'il mène, leur aventure ne s'achèvera jamais.

Lorsque Reverdy n'est pas libre, le grand-duc russe Dimitri Pavlovitch, lui, le devient. En 1916, il tombe en disgrâce et son cousin germain, Nicolas II, empereur de toutes les Russies, le bannit de sa cour. Le tsar ne goûte guère sa dernière plaisanterie : Dimitri, officier de la garde, entretient une relation homosexuelle avec son cousin, le prince Félix Youssoupov, un bel homme bisexuel aimant se travestir. Le prince Félix avait d'ailleurs choisi Dimitri pour l'aider à assassiner Raspoutine, le moine russe dont l'influence sur la tsarine inquiétait à la fois la cour et la Douma[38]. Il est exilé sur le front perse au début de la Première Guerre mondiale : une véritable grâce, en fin de compte, qui lui sauvera sans doute la vie en lui épargnant les ravages de la révolution bolchevique de 1917. Dimitri fuit en France avec de maigres biens, mais il n'oublie pas ses bijoux, dont de somptueux colliers de perles. Certains finiront autour du cou de Chanel qui s'en inspirera pour lancer une nouvelle mode : les bijoux fantaisie.

Arrivé en France, Dimitri Pavlovitch, prétendant au trône, grand, élégant et alcoolique, porte le deuil de la famille Romanov avec d'autres exilés russes. Mais il sait s'enthousiasmer et adore s'amuser. Bel homme aux yeux verts, aux longues jambes caractéristiques des Romanov, il séduit Chanel. C'est exactement ce qu'il lui fallait après l'intensité d'un Reverdy et une brève incartade avec Stravinski. Fin 1920, lorsque le grand-duc entre dans l'intimité de Mademoiselle, les plaisantins du Tout-Paris baptisent cette aventure « la période slave » de Chanel. En l'honneur de son nouvel amant, Coco veut créer une authentique ligne russe. Elle engage la sœur de Dimitri, la grande-duchesse Marie, et d'autres Russes blancs. Les anciennes dames d'honneur de la tsarine produisent des broderies et des perlages dont les coûts sont bien inférieurs à ceux des artisans français. Elles confectionnent des mélanges étonnants de fourrure et de travaux d'aiguille,

Le grand-duc Dimitri, l'amant de Chanel, va l'aider à lancer son parfum à succès, le Chanel N° 5.

comme le manteau de Chanel, brodé et orné de zibeline, présenté dans un numéro du magazine *Vogue* de 1920.

Chanel étoffe sa collection slave en y incluant des pièces jamais vues en Occident, inspirées des robes des paysannes russes, portées avec des rangs de perles, des blouses à encolure carrée, des manches courtes, des broderies orientales, des chapeaux cloches en chenille. Pour ses clientes classiques, elle propose une ligne plus moderne : tricots de laine, robes en mousseline de coton, tulle pour le jour et lamé pour le soir. C'est somptueux. Comme ses jerseys auparavant, sa « ligne russe » connaît un énorme succès. Elle se vend si bien que Chanel doit bientôt engager cinquante brodeuses russes en plus de ses couturières et des stylistes ; elles travailleront sous son regard attentif dans l'atelier agrandi de la rue Cambon.

Le grand-duc lui apporte quelque chose de rare et de plus précieux que ses rangs de perles. À l'instar des tricots anglais de

Boy Capel qui l'avaient inspirée, Pavlovitch lui souffle l'idée de sa collection russo-slave, mais également le projet de se lancer dans les parfums.

Pendant la Grande Guerre, les femmes se fiaient entièrement aux savons à la soude de leurs grands-mères pour leur hygiène personnelle. Plus tard, elles utilisent des extraits de fleurs – violette, rose, fleur d'oranger, jasmin – ou des extraits d'origine animale. Pour la soirée, les femmes les plus raffinées se poudrent et vaporisent sur elles des essences florales. Les hommes préfèrent les eaux de Cologne Bay Rum ou Roger & Gallet dont ils s'aspergent pour masquer des odeurs corporelles déplaisantes. Mais le bruit court : Chanel va lancer une eau merveilleuse et secrète[39]. Le secret, d'après la rumeur parisienne, était déjà connu par la famille Médicis. Le précieux liquide parfumé préserve la peau des femmes et calme le feu du rasoir chez les hommes.

À cette époque, les jeunes filles se mettent déjà à porter les petites robes noires Chanel, ses gilets et ses jupes courtes plissées. Alors, pourquoi ne pas marier une nouvelle fragrance à des créations déjà à la mode ? Lorsqu'il s'agit de poser une goutte de parfum derrière l'oreille d'une femme, sur un poignet ou dans le creux du cou, on flaire tout de suite l'odeur du succès ; d'ailleurs, d'après Paul Valéry, « Une femme qui ne porte pas de parfum n'a aucun avenir ». Mais il s'agit également de savoir comment se vêtir, comment avoir l'allure d'une Parisienne.

Avec l'aide de Dimitri et d'un ami chimiste russe, Chanel se lance dans la création d'une essence qui fera bientôt partie de la légende de l'entre-deux-guerres : l'emblème parfumé des *garçonnes**, ces femmes émancipées à l'allure androgyne qui dansent le tango et le charleston, fument parfois de l'opium et apprécient Cocteau et Picasso. Elles exhibent des cheveux courts, portent des vestes masculines, des cravates, des jupes-culottes et des robes sans manches qui remontent scandaleusement au-dessus des genoux, affublées de franges « charleston ». Il faut un parfum pour accompagner le maquillage. Et des voitures rapides, du sport, des voyages et la danse !

Lorsque Dimitri présente Chanel à Ernest Beaux, son ami russe exilé qui fournissait la cour de Russie, elle se lance dans une nouvelle aventure. Beaux, né à Moscou, a fui Saint-Pétersbourg après la révolution bolchevique pour combattre les « Rouges ». Il rallie les armées blanches antibolcheviques et se retrouve dans le Nord, près du cercle polaire, où le soleil de minuit brille sur des lacs et des rivières qui exhalent un parfum rafraîchissant. En France, il devient vite un chimiste et un spécialiste respecté de la création de parfums exotiques ; il se met à expérimenter des composants synthétiques pour rehausser ses mélanges naturels. Dans son laboratoire du sud de la France, à Grasse, le centre mondial de la parfumerie, sous l'œil attentif et l'odorat très fin de Chanel, l'homme distille sa magie.

Chanel trouve d'une banalité confondante les parfums de l'époque, avec leurs extraits naturels de violette, de rose ou de fleur d'oranger, et leurs flacons extravagants. Elle insiste auprès de Beaux : son parfum doit être un tout, il doit évoquer la femme et sa féminité. Son génie consiste alors à ajouter des aldéhydes pour mettre en valeur les essences naturelles et stabiliser la fragrance afin que le parfum persiste sur la peau – contrairement aux composés naturels.

En 1921, il présente deux séries d'échantillons, numérotées de 1 à 5 et de 20 à 24. Chanel choisit le numéro vingt-deux qu'elle mettra en vente un peu plus tard et le numéro cinq qui l'enthousiasme au point de vouloir le lancer au plus vite avec sa nouvelle collection. Elle lui trouve un nom : Chanel N° 5.

À l'exception d'une poignée d'initiés, la formule du N° 5 reste secrète. On sait seulement qu'elle est extraordinairement complexe. Le parfum contient environ quatre-vingts composés, dont le plus important semble un jasmin de qualité exceptionnelle qu'on ne trouve qu'à Grasse.

Chanel exclut l'idée d'un flacon rococo ressemblant à ceux de la concurrence – pas de fleurs ni de chérubins ciselés. Elle choisit une forme géométrique, un parallélépipède minimaliste – son concept éminemment moderne de packaging.

L'emblématique flacon du Chanel N° 5, illustré par le dessinateur français Sem (Georges Goursat), vers 1921. Il est entré au musée d'Art moderne de New York en 1959.

Le nom qu'elle adopte, son chiffre fétiche, est révolutionnaire. Il ondule comme un serpent, rappelle les cinq têtes de l'hindouisme ou les cinq visions de Bouddha. Chanel continuera de commémorer le chiffre 5. Elle présentera ses collections chaque année le 5 février ou le 5 août.

Pour promouvoir cette nouvelle création, Chanel – dotée d'un solide bon sens paysan – croit au bouche à oreille. Elle la teste en invitant à dîner des amis dans un restaurant huppé de Grasse. En cachette, elle parfume les convives passant près de sa table : ils sont à la fois surpris et enchantés. Ravie de ce premier résultat, Chanel retourne à Paris et lance discrètement sa nouvelle entreprise. Elle ne fait pas d'annonce dans la presse. Elle le porte elle-même et en parfume ses cabines d'essayage, offre quelques flacons à de rares amis de la bonne société. Bientôt, tout le monde en parle à Paris.

Chanel charge alors Beaux d'entreprendre la production industrielle du N° 5. « Le succès dépassa toutes nos espérances, se souvient Misia Sert. C'était comme un billet de loterie gagnant[40]. » Le 5 mai 1921, le jus de Beaux, un parfum de femme à odeur de femme, présenté dans un flacon art déco portant un double C entrelacé et le nom « N° 5 », est lancé dans la boutique Chanel de la rue Cambon. Cette création résistera aux vicissitudes de la crise de 1929 et de la Seconde Guerre mondiale ! Il s'agit d'une fragrance que les grands-mères et les mères paient une fortune, et que les jeunes femmes espèrent un jour pouvoir acquérir.

Les trois années suivantes, avec l'aide du grand-duc Dimitri, Chanel réussit à faire du N° 5 un parfum de luxe. Elle réalise bientôt que pour suivre une demande croissante, sa modeste entreprise devra accroître la production.

Un dimanche, au début du printemps 1923, elle s'habille pour assister aux courses à Longchamp. À l'époque déjà, au cœur du bois de Boulogne, niché dans une boucle de la Seine, le Tout-Paris converge pour voir galoper les pur-sang et dîner après avoir parié sur quelque cheval.

Cet après-midi-là, cependant, c'est Pierre Wertheimer et son argent qui attirent Chanel à Longchamp. Théophile Bader, resté

Pierre Wertheimer, le frère cadet, en 1928. Les Wertheimer acquièrent la majorité du capital de la société des Parfums Chanel en 1924.

en contact avec le « monde des fanfreluches », a arrangé ce rendez-vous. Prince français du commerce de détail, fondateur des Galeries Lafayette, Bader veut s'assurer que les laboratoires de Beaux le fourniront régulièrement et en quantité suffisante pour satisfaire ses clients. « Mademoiselle, vous venez de fabriquer un parfum qui est excellent et je crois qu'il aura un destin beaucoup plus grand que celui d'être vendu dans une boutique, même aussi prestigieuse que la vôtre. Je vous présente Pierre Wertheimer qui a une des plus importantes usines de France et qui, par conséquent, a un réseau de distribution considérable[41] », a-t-il expliqué à Chanel. (On ignore en réalité si Bader lui avait révélé que les Wertheimer étaient ses partenaires.)

D'après tous les témoignages, le rendez-vous est bref et direct.

« Voulez-vous fabriquer et distribuer des parfums pour moi ? demande Chanel.

– Pourquoi pas ? répond Wertheimer. Mais si vous voulez que ce soit sous le nom de Chanel, il faut que nous fassions une société[42]. »

Le temps de rédiger les documents, Chanel cède les droits et la propriété des Parfums Chanel, ainsi que des formules et des méthodes de production développées par Beaux, à une nouvelle société : Les Parfums Chanel, S.A. Elle devient présidente de cette nouvelle entité et possède deux cents actions, valant chacune cinq cents francs (environ cinq cent vingt-cinq euros actuels), c'est-à-dire dix pour cent du capital. On lui accorde également dix pour cent du capital de toutes les sociétés produisant ses jus hors de France. Soixante-dix pour cent des parts reviennent à la famille Wertheimer qui financera la production et assurera la distribution mondiale des parfums depuis son siège social de New York. Les mandataires de Bader (Adolphe Dreyfus et Max Grumbach) reçoivent vingt pour cent du capital. On peut d'ailleurs se demander si Chanel savait que Bader touchait une sorte de prime en tant qu'intermédiaire.

L'insouciance de Chanel dans sa négociation avec Pierre Wertheimer – elle accepte notamment d'employer le même avocat, celui de l'homme d'affaires, pour rédiger les contrats – confine à l'imprudence. Il se peut qu'à la suite de son aventure sans espoir avec Pierre Reverdy et sa séparation d'avec le grand-duc Dimitri, son état psychologique l'ait empêchée de prêter une attention sérieuse à ces questions. En outre, entre 1923 et 1937, Chanel est entraînée dans un tourbillon d'activités. Elle dépense toute son énergie dans la création de costumes pour les ballets de Serge de Diaghilev – *Le Train bleu, Orphée, Œdipe roi* – entre autres productions théâtrales, chorégraphiés avec l'aide de Vaslav Nijinski. Ses costumes pour *Le Train bleu* cadrent parfaitement avec les subtiles transgressions sexuelles de la danse, les personnages jouant sur les stéréotypes de genre, l'androgynie et l'homosexualité. En l'occurrence, les femmes sont dotées de caractéristiques masculines. Cette production explore ouvertement les paradoxes de l'avant-garde et Chanel semble ravie d'y contribuer.

À la fin des années vingt, grâce aux capacités de production, au talent marketing et au vaste réseau de distribution des Wertheimer, le Chanel N° 5 devient un succès mondial – en particulier outre-Atlantique. Ce parfum reste le produit le plus lucratif et le plus durable de la carrière volcanique de Mademoiselle. Il drainera une rivière de profits qui rendra Chanel et les Wertheimer fabuleusement riches. Mais il faudra la crise de 1929 et la Seconde Guerre mondiale pour que Chanel comprenne la réelle portée économique de ce parfum et les complications de son partenariat avec les Wertheimer. Lorsqu'elle a signé le contrat, elle ne pouvait imaginer que Chanel N° 5 serait une telle réussite commerciale.

Mais qui sont les Wertheimer ?

La défaite de la France en 1870 sépare cette famille juive alsacienne. Émile reste en Alsace, maintenant rattachée au IIe Reich, tandis que Julien et Ernest Wertheimer optent, comme quinze pour cent d'Alsaciens, en faveur de la nationalité française. Or c'est Ernest le « nez ». En 1898, il fonde E. Wertheimer & Cie, avec Julien, et rachète la majorité du capital de A. Bourjois & Cie qui produit la *poudre de riz** Bourjois, des savons et autres produits de beauté distribués dans le monde entier. Ils s'offrent également une usine près de Pantin, non loin des abattoirs de La Villette, la « cité du sang ».

Très vite, les frères rejoignirent d'autres investisseurs dans les Galeries Lafayette, grand magasin qui sera dirigé avec succès par Théophile Bader, d'abord boulevard Haussmann, puis dans d'autres villes françaises. On trouvera désormais les produits Bourjois dans les rayons des Galeries Lafayette.

Chanel n'est pas une femme d'affaires avisée. Elle trouve « ennuyeuse à mourir » la simple idée du commerce, des contrats et de la paperasse. Durant toute sa vie, elle entretiendra une relation chaotique faite d'amour et de haine avec Pierre Wertheimer, ce businessman averti. Elle finit par avoir la conviction qu'il l'exploite : « Il me roule[43] ! », se lamente-t-elle. Mais, dans un murmure qui lui est caractéristique, Chanel ajoute : « Ce très cher Pierre ». Quatre ans après avoir signé le contrat avec la couturière soupe-au-lait, les Wertheimer engagent un avocat afin de traiter avec elle. Ils maintiennent ainsi une relation à distance.

Cependant, l'orpheline déshéritée des sœurs de la congrégation du Sacré-Cœur creuse une mine d'or pour Paul Wertheimer, quarante et un ans, et son frère Pierre, âgé de trente-six ans. Entre 1905 et 1920, ils vont conclure plus d'une centaine d'accords de distribution pour leurs produits dans le monde entier.

Si elle jouit de sa nouvelle célébrité et de sa fortune, Chanel n'est pas encore acceptée par l'élite de la société française ; elle doit encore être « anoblie » par la « famille royale » britannique. Sa vie privée, jugée dévergondée, la tient encore à l'écart de la bonne société – même si « elle révolutionne la mode française » depuis 1910[44]. Ses diverses aventures ne dérangent pas Pierre Wertheimer. Il connaît tous les ragots qui la concernent. En réalité, il s'entiche de Gabrielle Chanel, toujours irrésistible à quarante-quatre ans : elle en paraît dix de moins. Malgré leurs futurs conflits, disputes et batailles juridiques, Pierre restera épris de Chanel jusqu'à la fin de ses jours.

Pendant les vacances d'hiver 1924-1925, Chanel descend à Monte-Carlo en voiture avec Sarah Gertrude Arkwright Bate. Sarah, que tout le monde appelle Vera, orpheline de mère, a été recueillie par Margaret Cambridge, marquise de Cambridge, fille du duc de Westminster et parente du roi Édouard VII et de Winston Churchill. Depuis son enfance, Vera est donc liée à la famille royale britannique. Sa beauté, sa peau lumineuse, sa silhouette sculpturale et ses relations avec la couronne ont séduit Chanel. La bonne société londonienne prodigue à la jeune femme toutes ses attentions… Vera connaît nombre de soupirants, une ribambelle de Archie, Harold, Winston ou Duff. Mademoiselle engage alors la favorite de la monarchie britannique, âgée de trente-cinq ans, pour représenter la Maison Chanel à Londres et Paris.

La Côte d'Azur est un lieu animé et effervescent pour passer les vacances de Noël et du nouvel an. De riches continentaux se frottent à l'élite anglaise ; les Churchill et les Grosvenor, grâce au boom économique des années vingt, jouissent d'un luxe inouï dans les stations balnéaires de Monte-Carlo, Deauville et Biarritz. Les Wertheimer, Pierre et Paul, préfèrent les courses au Tremblay, à Ascot ou Longchamp. Il s'agit d'une année exceptionnelle pour les deux frères : leur investissement dans la société de l'avionneur Félix Amiot se révèle payant lorsque le gouvernement français nationalise la société et leur verse quatorze millions de francs de dividende. (De façon prophétique, Amiot, futur partenaire, protégera la fortune des Wertheimer pendant l'Occupation.)

Une année auparavant, en 1923, Hitler a fomenté le putsch de Munich. À la suite de son échec, il est arrêté, passe en justice et, reconnu coupable de haute trahison, il écope d'une peine de cinq ans de prison.

Dans la cellule numéro sept de la forteresse de Landsberg, Hitler dicte à ses codétenus un traité mi-biographique, mi-politique. *Mein Kampf* (*Mon combat*), paru début 1925, cette bible du NSDAP, devient le credo du nationalisme, de l'antisémitisme et de l'anticommunisme.

Quelques mois plus tard, il nomme Joseph Goebbels *Gauleiter* de Berlin, responsable régional du parti nazi. Tandis que la France et la Grande-Bretagne fêtent noël 1924 dans la joie et la bonne humeur, le chaos et l'hyperinflation déchirent le Reich. Des émeutes éclatent dans le pays alors que les économies de tout un peuple disparaissent en fumée. En 1919, un dollar vaut 5,20 marks ; en 1924, 4,2 milliards. En 1924, un pain coûte quatre cent vingt-neuf milliards de marks ; un kilo de beurre, six mille milliards de marks. Les retraites ne représentent plus rien. Les salariés veulent être réglés à la journée pour ne pas voir leur paie dévaluée le lendemain. Des milliers de citoyens perdent leur logement, la culture allemande s'effondre et, avec elle, la classe moyenne.

3.

Le duc en or de Coco

Mademoiselle est plus qu'une grande dame, c'est un monsieur.

Vogue, édition française, mars 2009[1]

L'affaire commence lorsque Vera Bate se met à jouer les Cupidon pendant les vacances de Noël 1923. Elle supplie Chanel de l'accompagner à bord du yacht appartenant à son ami d'enfance, le duc de Westminster, ancré dans le port de Monte-Carlo. (Un biographe affirme que le duc avait grassement rémunéré Vera pour lui être présenté[2].) Chanel refuse l'invitation, jusqu'à l'arrivée du grand-duc Dimitri qui la gourmande : « Moi, cela m'aurait bien amusé, si j'avais été invité, de voir ce yacht[3]. » Quelques nuits plus tard, Vera et Dimitri, avec Chanel dans leur sillage – qui feint peut-être de se faire prier –, montent à bord d'une goélette, le *Flying Cloud*. Si le yacht a été construit pour ressembler à un vaisseau pirate du dix-septième siècle, il est pour l'heure orné de décorations de Noël scintillantes.

Des violons tziganes, engagés pour l'occasion, jouent, tandis que le duc fait visiter à Chanel le quatre-mâts au pont en chêne blanc et aux voiles immaculées. À l'entrepont, les cabines ressemblent aux chambres cossues d'un cottage britannique avec leurs boiseries de pin et de chêne, leur mobilier de l'époque de la reine Anne, les tapisseries et rideaux tissés à la main. Sur les cloisons s'affiche une collection de toiles de maître et de gravures. Ce cadre sied à Bendor, alias Hugh Richard Arthur Grosvenor. Un mètre quatre-vingts, massif, Bendor est un héros de guerre, un cavalier, un chasseur, un tueur de cerfs et de sangliers, mais également un hôte aimable aux manières irréprochables et à l'immense fortune. Lentement, à dessein, le duc va conquérir le cœur de Chanel.

Il est aisé d'imaginer ce qui l'attire chez elle : menue, le teint mat, sexy, pleine d'esprit et d'intelligence, la langue bien pendue. À quarante-deux ans, elle joue au garçon manqué séduisant qui impose sa simplicité luxueuse toute personnelle. Chanel n'a pas de mal à subjuguer un homme qui se contente d'exercer son charme sur des ladies britanniques solennelles et des filles faciles.

Après un dîner somptueux suivi de danses tardives dans un night-club de Monte-Carlo, Bendor découvre une femme qui attire l'attention des hommes – ses narines frémissent d'un emportement soudain, sa voix rocailleuse s'élève, puis retombe dans une lassitude bienveillante. Parfois chaton, parfois vamp et souvent diablesse, Chanel a l'humeur changeante. Elle fait fondre Bendor. Plus tard, elle en parlera ainsi : « C'est un chasseur habile, sous des dehors maladroits. Il faut être habile pour me retenir dix ans. [...] Il est la courtoisie même, la gentillesse personnifiée. Il appartient encore à une génération d'hommes bien élevés. D'ailleurs tous les Anglais sont bien élevés, du moins jusqu'à Calais[4]. »

Chanel conçoit au même moment les costumes pour *Le Train bleu* – le ballet signé Milhaud et Cocteau et produit par Diaghilev, qui sera joué par les Ballets russes, à Paris. À bord du *Flying Cloud*, décoré pour Noël, Bendor et ses invités ont dû évoquer le train imaginaire de Cocteau. Le thème a en effet tout pour plaire au duc qui aime à la fois Paris et la Riviera. Quelques mois plus tard, d'ailleurs, il verra le ballet et admirera les costumes de Chanel.

Le vrai Train bleu offre des prestations luxueuses entre Calais et Vintimille, via Paris, aux élites britanniques et françaises qui tentent de fuir la grisaille britannique ou parisienne pour jouir du soleil de la Côte d'Azur. Le livret de Cocteau évoque des romances de vacances, des gigolos. Les femmes, habillées par Chanel, portent tenues de plage, de tennis ou de mer, pantalons de golf et marinières. La musique de Darius Milhaud est jouée devant un décor de plage signé Henri Laurens et le rideau de scène est une œuvre de Picasso. Cette production se révèle à la fois une plongée dans l'art contemporain et un divertissement.

Les vacances s'achèvent bientôt. Chanel et Vera reviennent à Paris pour préparer les collections de printemps et terminer les costumes du *Train bleu*. Coco insiste auprès de Vera, qui joue toujours les entremetteuses : elle n'a pas le temps de s'occuper de Bendor ! Du moins, c'est ce qu'elle prétend. Depuis Eaton Hall, son vaste domaine campagnard dans le village d'Eccleston, près de Chester, en Grande-Bretagne, le duc de Westminster couvre Chanel de billets doux, mais également de paniers de fraises, de crocus, de gardénias et d'orchidées qu'il cueille lui-même dans ses serres et ses jardins. Il lui envoie aussi – par avion – des saumons qu'il pêche dans ses propriétés.

Peu après leur excursion avec Bendor à Monte-Carlo et malgré la cour à distance du duc, Vera arrange un nouveau rendez-vous, cette fois entre Chanel et un bel homme aux yeux bleus, presque efféminé, ami de trente ans de Bendor, cousin et ami d'enfance de Vera : Édouard, prince de Galles. La veille du Vendredi saint, Chanel et le prince se croisent lors d'un dîner mémorable donné par le marquis Melchior de Polignac et sa femme Nina Crosby, chez Henri, un restaurant chic de l'Opéra, près du cercle Gaillon[5]. Chanel frappe de nouveau : Édouard, surnommé « David » ou « Bunny » par ses proches, s'éprend de Coco qu'il supplie de l'appeler David.

Le lendemain, quelques heures avant un nouveau dîner où tous deux sont invités, « David » passe chez Chanel pour un apéritif. Des années plus tard, Diana Vreeland, ancienne rédactrice en chef de *Vogue*, affirmera : Chanel, « passionnée, intense, farouchement indépendante, une femme réellement exceptionnelle », et le prince de Galles « vivent ensemble un moment d'un romantisme rare ».

Mais Bendor n'abandonne pas. Le duc, capable de vaincre l'adversaire le plus endurci, arrive à Paris quelques semaines plus tard. Une soir, au début du printemps, Joseph, le majordome de Chanel, ouvre la porte et découvre un énorme bouquet de fleurs qui dissimule le visage du livreur. La légende veut que le majordome, en cherchant une pièce, ait dit au messager : « Posez ça là[6]. » Au moment de lui donner un pourboire, Joseph reconnaît alors le duc de Westminster. Peu après, sans doute encouragé par Bendor, le prince de Galles se rend chez Chanel, dans son appartement de la rue du Faubourg-Saint-Honoré, pour plaider la cause du duc.

Chanel se méfie encore. Elle avouera à lady Iya Abdy : « Westminster me faisait peur. » Chanel connaît les nombreuses aventures du duc ; or elle voudrait être aimée comme une égale. « Je ne suis pas l'une de ces femmes qui appartiennent à plusieurs hommes[7]. »

Vera Bate présente alors Chanel à la brillante société qui gravite autour de la famille royale britannique : Westminster, Édouard, prince de Galles, Winston Churchill, ainsi qu'à la crème de l'élite anglaise qui fréquente Buckingham Palace. Chanel et Bendor, tous deux très différents, issus de mondes très éloignés, souvent antagonistes, ne tardent pas à s'engager dans une relation durable. Selon Serge Lifar, elle « allumait » les hommes : « Elle se faisait très chatte, elle ronronnait, elle laissait croire qu'elle était séduite, et puis pfitt ! tout d'un coup, plus personne ! Elle était un peu comme Cendrillon[8]. » Quant à Bendor, « c'était un boucanier du seizième siècle cherchant l'aventure [...]. Si Bendor aime sa femme, il aime avant tout *aimer*[9] ».

Chanel sait pertinemment comment la bonne société française, très conventionnelle, la juge et la calomnie, cette ancienne « demi-mondaine » qui fréquente le grand-duc Dimitri en même temps que des politiciens, le prince de Galles et, selon un rapport de la police française, Harold Harmsworth lord Rothermere, propriétaire, avec son frère Alfred, du *Daily Mail* de Londres[10]. D'humeur sarcastique, Chanel confiera à des amis : « Entre mes trois types, le prince de Galles, Dimitri de Russie et le duc de Westminster, je pris celui qui me protégerait le plus – l'homme le plus simple[11]. »

À la fin du printemps 1924, Bendor et Chanel montent en secret à bord du *Flying Cloud*, ancré au port de Bayonne. Elle dira plus tard de leurs premières journées passées ensemble : « Il avait un yacht et c'est ce qu'il y a de mieux pour fuir et se lancer dans une aventure. La première fois, on est maladroit, la deuxième, on se dispute un peu, la troisième, on peut s'arrêter dans un port[12]. » Ce début ne peut être que magique dans le monde enchanté créé par Bendor. Lorsqu'ils arrivent en Méditerranée, un orchestre de Monte-Carlo monte à bord afin qu'ils puissent danser toute la nuit, ce que le duc adore. Il couvre Chanel de joyaux et de cadeaux précieux. Et Chanel avoue à un confident : « Je l'ai aimé ou j'ai cru que je l'aimais, ce qui revient au même[13]. »

La fabuleuse richesse de Bendor contribue sûrement à la séduction qu'il exerce sur Chanel. Ce cousin de George V détient en totalité Eaton Hall, un domaine de près de quatre mille cinq cents hectares où des légions de jardiniers cultivent roses, œillets, orchidées, fruits exotiques et légumes toute l'année. Une voie ferrée connectée au réseau principal dessert la propriété. Bendor dispose en outre d'un train privé qui, de Eaton Hall, lui permet de rallier Londres où il possède Grosvenor House (plus tard loué aux États-Unis pour leur servir d'ambassade) et Bourdon House ; sans compter ses propriétés générant des revenus autour de Kensington Gardens à Londres, et de vastes domaines en Australie et au Canada.

Pour ses traversées, Bendor a le choix entre le *Cutty Sark*, un ancien contre-torpilleur, et la spacieuse goélette *Flying Cloud*. Il possède des écuries ; des pavillons de chasse en Écosse et en France ; des Rolls-Royce et des Bentley. Au nombre des bijoux de famille, on compte le diadème Westminster et les diamants Arcot.

L'Anglais, à l'instar de son ami Churchill, est né dans un monde où les nobles britanniques sont considérés (et se considèrent eux-mêmes) comme des dieux. Lui comme les autres descendants de l'aristocratie terrienne atteignent l'âge d'homme en sachant que leur destinée consistera à régner sur le plus grand empire que le monde ait jamais connu.

L'un de ses amis d'enfance, lord également, décrit le duc : « Un compagnon plein d'entrain, comme un chiot de Terre-Neuve, versé dans les distractions et les sports animés, avec chevaux, moteurs et femmes. Il aime la vie et la vitesse, et c'est un parangon de bonne santé et de force[14]. » Churchill estime qu'il « excellait à la chasse et n'ignorait rien du comportement du gibier... À la guerre comme dans le sport, un compagnon intrépide... Bien que peu habile à s'expliquer ou à parler en public, il réfléchissait profondément et possédait de rares qualités de sagesse et de jugement. J'ai toujours tenu son opinion en haute estime[15] ».

« On ne connaissait à ce bon géant que l'amour du jeu et des farces puériles : plonger dans son café un sucre prisonnier de son enveloppe et chronométrer le temps qu'il mettait à fondre, cacher des diamants sous l'oreiller de ses maîtresses [...]. Ce qu'on disait moins était qu'il les battait lorsqu'elles avaient cessé de lui plaire. [...] L'homme qui entrait dans la vie de Gabrielle était en vérité aussi victorien que l'avait été le premier duc [...]. » Un temps où les épouses n'avaient « d'autre justification que de procréer et de plaire à des maris qui, eux, n'avaient d'yeux que pour leur fusil, leurs chevaux et leurs chiens[16] [...] ».

Quelles que soient les idées de Chanel sur le bolchevisme avant 1925, Bendor lui enseigne les conséquences funestes du communisme et renforce son antipathie pour les juifs. Il prononce « marxisme » dans un murmure. Par ailleurs, il est notoirement homophobe. Lorsque son beau-frère homosexuel, membre du parti libéral, se fera l'avocat des syndicats libres, Bendor révélera son homosexualité au roi George V et ruinera sa carrière politique ainsi que le mariage de sa sœur[17].

Chanel rivalise d'homophobie avec le duc. Paul Morand la cite lors de son exil en Suisse à Saint-Moritz, durant l'hiver 1946 : « Les invertis sont toujours aux pieds des femmes : "Ma beauté, mignonne, mon ange, ma sublime..." Ils leur passent autour du cou des guirlandes de compliments, des colliers de flatteries fleuries, avec lesquels ils les étranglent. [...] La mort, la drogue, la laideur, le divorce, le scandale, rien n'est trop bon pour anéantir

Bendor, duc de Westminster, et Chanel sur le champ de courses Grand National, mai 1924. L'histoire d'amour entre Bendor et Chanel durera cinq ans, leur amitié toute la vie. Ils craignaient tous deux le communisme et se montraient antisémites et pro-allemands.

la concurrence et se venger de la femme. Les folles veulent être des femmes, mais sans y arriver[18]. »

Pendant l'été 1924, lorsque Violet Rowley se sépare officiellement de Bendor, celui-ci amène Chanel à Eaton Hall pour la saison : soirées, parties de tennis, chevauchées à travers la campagne anglaise et promenades dans ses splendides jardins. L'automne est consacré à la chasse en France et à la pêche au saumon en Écosse. Les photographies de cette période montrent

Chanel souriante (à gauche) et Vera Bate (plus tard Vera Lombardi), vers 1925, après une partie de pêche dans la propriété écossaise de Bendor. Vera racontera plus tard à Churchill comment elle a trahi Chanel en 1944.

Chanel mais, sur toutes, elle affiche un large sourire ; elle a quarante et un ans, lui quarante-sept. Elle porte sa version personnelle du pull shetland. Elle semble confiante en sa capacité de séduire la haute aristocratie britannique. Sur un cliché pris par le baron Adolf Gayne de Meyer, pionnier de la photographie de mode, Chanel pose avec un collier de perles « exquis » – cadeau de Bendor[19]. Sur une photographie de *Vogue*, en jersey avec un gilet, des rangs de perles autour du cou[20]. Sur un portrait assez rare, on la voit fumer : une habitude qu'elle ne perdra jamais[21]. (Elle fumait « sans cesse » des Camel, quand elle en trouvait.) Sur un autre encore, on découvre Chanel et Vera Bate, vêtues de pantalons larges et de vestes en tweed épais lors d'une partie de pêche[22]. Elles caressent un chien et Chanel tient une gaffe dont la pointe est protégée par un bouchon de liège. Une délicieuse image de novembre 1929 la montre avec Churchill, bras dessus bras dessous, lors d'une partie de chasse à Eaton Hall[23].

Bendor et Chanel viennent souvent à Paris assister à des soirées de gala et des représentations à l'Opéra. Lorsque le duc se présente au cours d'une répétition du *Train bleu*, en octobre 1924, un échotier du *Star* insinue : « On parle beaucoup de l'avenir d'un

Avec sir Winston Churchill à Eaton Hall, la propriété du duc de Westminster, au début de l'hiver 1929. Un ami fidèle.

duc, et non des moindres, dont les démêlés conjugaux ont récemment défrayé la chronique. Il y a quelques mois, on disait que la nouvelle élue serait une belle femme de bonne famille… Maintenant, les personnes bien renseignées affirment que la nouvelle duchesse sera une Française belle et brillante qui préside aux destinées d'une grande maison de couture parisienne[24]. »

Ce que le duc veut, il l'obtient, et il ne refuse rien à Chanel ! « Ma vraie vie a commencé avec Westminster, confiera-t-elle dans un moment de faiblesse. Enfin, j'avais trouvé une épaule contre laquelle me reposer… Il ne connaît pas le mot "snob". Il est la simplicité faite homme[25]. » Treize ans plus tôt, Chanel et Étienne Balsan parcouraient côte à côte les sentes de la forêt de Compiègne où elle avait vécu comme une courtisane dans le château de Royallieu. Désormais, Coco est devenue la maîtresse officieuse d'Eaton Hall. Vera Bate y paraît souvent et aide son amie en ce qui concerne la langue et les manières anglaises. Mais, typique de Chanel, elle force tout le monde à parler français – y compris Bendor avec son effroyable accent – tandis qu'elle étudie l'anglais en secret.

La vie avec Bendor, pour un temps du moins, évoque des vacances sans fin. Ils organisent des bals somptueux, comptant souvent cinquante ou soixante invités. Lors de ces dîners musicaux, un orchestre dont les membres sont vêtus de tuniques rouges et chaussés de mules en cuir verni joue jusqu'au bout de la nuit. Un régiment de valets et de femmes de chambre, de majordomes, de cuisiniers, de domestiques, de jardiniers, de serviteurs chargés de divertir les invités du duc, travaille vingt-quatre heures sur vingt-quatre : à Eaton Hall, aucun convive ne doit lever ne serait-ce que le petit doigt. Ses cinquante-quatre chambres, ses écuries, ses dix-sept Rolls-Royce sont sous la responsabilité de Percy Smith, intendant à la fois strict et autoritaire. Il s'occupe également du personnel, du château et de ses chefs-d'œuvre : Rubens, Raphaël, Rembrandt, Hals, Vélasquez et Goya, qui ornent les murs.

Chanel partage l'amour de Bendor pour l'équitation, la chasse, la pêche, la voile et les folles soirées. Dans leur quête effrénée du plaisir, Chanel et le duc de Westminster ignorent les troubles sociaux dans la classe ouvrière, dès le milieu des années vingt mais aussi pendant la grande crise de 1929 : tout cela leur semble bien trop ennuyeux. Après tout, désormais, elle fait partie de la classe privilégiée. Pour le duc, Chanel et leur cour, le spectacle continue ! Ils investissent parfois l'Embassy, un club ultrachic où ils dansent au son de l'Ambrose Orchestra. Le maître d'hôtel, Luigi, leur réserve toujours une table avec vue sur le balcon et l'escalier en bois.

En 1928, le conte de fées se poursuit. Chanel chasse le sanglier avec Churchill au pavillon de chasse de Westminster à Mimizan, au sud de Bordeaux. Churchill, alors chancelier de l'Échiquier, et son fils Randolph, apparaissent dans le *Daily Mail* avec Coco

Chanel en tenue de chasse avec Winston Churchill et son fils, Randolph, en France, en 1928. L'admiration et l'amitié de Churchill pour Chanel dureront près de trente ans.

qui porte un pardessus, un chapeau melon et tient en main une cravache. Elle se dresse comme une reine entre les deux Churchill, entourée par une meute de beagles. Un exemplaire de l'article est annoté de la main de Chanel : « Une photo très charmante… Manque la plume sur ton chapeau. *Daily Mail*, 11 janvier 1928[26]. » À cette occasion, Churchill écrit une lettre à sa femme, Clementine :

> La célèbre Chanel est arrivée et je me suis entiché d'elle. C'est une femme des plus compétentes et des plus agréables, de loin la plus forte personnalité à laquelle Benny [Bendor] ait eu affaire. Elle a chassé avec vigueur toute la journée, regagné Paris en voiture après le dîner et aujourd'hui elle est occupée à vérifier et améliorer des robes sur d'interminables files de mannequins. Elle doit achever deux cents modèles d'ici trois semaines. Elle fait tout de ses propres mains : elle épingle, coupe, coud. Certains seront modifiés une dizaine de fois. Avec elle, j'ai croisé Vera Bate, née Arkwright : Votre chef d'état-major ? Non. – Votre bras droit ? Non. Elle est là. Voilà tout[27].

Plus tard, Winston écrira de nouveau à Clementine, depuis Stack Lodge en Écosse : « Chanel est là. Elle remplace Violet [la deuxième épouse de Bendor]… Elle pêche du matin au soir et a pris cinquante saumons (certains de plus de dix kilos). Elle est très agréable. Elle fait toujours forte impression, elle semble capable de régner à la fois sur un homme et sur un empire. Benny a l'air heureux et je crois qu'il est ravi d'avoir trouvé une égale dont l'habileté équilibre sa puissance[28]. »

Chanel captive Churchill, qui la comprend parfaitement. Son énergie créatrice semble illimitée. Elle joue, chevauche, pêche, étanche les appétits de Bendor, puis retourne à ses mannequins afin de créer des tenues ravissantes, comme la célèbre, sexy et très simple « petite robe noire » saluée par tous les spécialistes de la mode. Parmi eux, Janet Wallach, une de ses biographes, écrit : « [Chanel] a créé des vêtements charmants et des compositions élégantes à la fois confortables, luxueuses et chic ; et elle jouit d'un nombre incroyable d'amis. Ses intérêts vont des sportifs aux intellectuels – elle [affirme également] avoir lu tous les livres de sa bibliothèque[29]. » En résumé, poursuit Wallach, « elle a l'esprit vif, une langue qui l'est encore plus et une intelligence capable d'égayer le plus blasé des hommes ».

Chanel a le génie de savoir exploiter tout et tout le monde. Elle ne tarde pas à s'inventer un style de vie fondé sur les manières et le dynamisme du duc de Westminster. Mais sa carrière et ses ambitions mettent son couple de côté. Chanel manque à Bendor et il déplore le temps qu'elle consacre à son travail. Son amie lady Iya Abdy expliquera : « Elle n'a vraiment eu qu'un amour total : c'était elle-même et tout ce qu'elle représentait, c'est-à-dire sa maison. Tout le reste ne fut que passions, faiblesses, aventures sans lendemain, mais surtout liaisons calculées[30]. »

Mademoiselle sait parfaitement que le désir de Bendor de « s'occuper d'elle » n'est qu'un euphémisme signifiant « vous n'aurez d'autre obligation que moi ». Frustré par ses absences, Bendor supplie Vera de l'aider à garder Chanel à Londres. Son plan : la convaincre d'ouvrir une boutique dans la capitale britannique, où elle aurait fort à faire – et surtout resterait près de lui[31].

À Londres, Chanel remporte un succès immédiat. La duchesse d'York, future reine d'Angleterre, et une foule d'aristocrates et de femmes du monde deviennent ses clientes. Le nom de Chanel est sur toutes les lèvres. Depuis ses ateliers de Paris, elle produit un chapeau, la fameuse cloche qui complétera parfaitement sa robe en crêpe de Chine noir à manches longues – la légendaire « petite robe noire ».

C'est pendant cette période londonienne que Chanel introduit la première version du tailleur en jersey, du chandail et de la jupe plissée. Tous les motifs ou accessoires qu'elle remarque deviennent source d'inspiration – des tweeds de Bendor à ses casquettes de marin ou encore aux maillots de ses domestiques. Audacieuse, inventive, elle porte elle-même des pantalons larges et des pulls ras du cou qui projettent un style à la fois sexy et

Lady Dunn avec Chanel et son chien Gigot, vers 1926.

décontracté. Une photo prise dans sa villa, La Pausa, montre Chanel, souriante et heureuse, la taille prise dans une ceinture décorative, avec son chien Gigot (un dogue allemand offert par Bendor)[32]. Elle regarde droit dans l'objectif.

Malgré des prises de bec occasionnelles, Bendor ne peut s'empêcher de couvrir Chanel de cadeaux : œuvres d'art, bijoux précieux, une maison à Mayfair et un terrain de deux hectares, près de Roquebrune, au Cap-Martin, entre Menton et Monte-

Carlo. Bendor l'achète un million huit cent mille francs en 1928 (plus d'un million d'euros actuels)[33], puis le donne à Chanel le 9 février 1929. Là, ils construiront La Pausa, leur villa idéale. Une fois les travaux achevés, Chanel aura investi au total près de six millions de francs (environ trois millions trois cent mille euros)[34].

La métamorphose de Chanel est complète. À plus de quarante ans, cette enfant abandonnée, cette orpheline déshéritée, cette courtisane, s'est transformée en princesse d'âge mûr.

L'unique fils du duc est mort en 1909, à l'âge de quatre ans, et depuis Bendor cherche désespérément à avoir un héritier mâle. Dès 1926, il insiste pour que Chanel abandonne sa carrière et devienne sa compagne à plein temps. Il paraît cependant difficile de croire qu'il ait sincèrement voulu faire de Chanel son épouse, une duchesse et la mère de l'héritier du duché. En outre, elle avait peu de chances, à quarante-cinq ans, de lui donner un fils. Plus tard, elle expliquera à un journaliste allemand pourquoi elle ne s'est jamais mariée : « À cause de mon travail sans doute. Les deux hommes que j'ai aimés ne l'ont jamais compris. Ils étaient riches et ils n'ont pas compris qu'une femme, même riche, veuille travailler. Je n'aurais jamais pu abandonner la Maison Chanel. C'était mon enfant. Je l'ai créée. À partir de rien. "Pourquoi se marier ? ai-je dit une fois au duc de Westminster. Nous sommes ensemble. Les gens l'acceptent." [...] Je n'ai jamais voulu peser, sur un homme, plus lourd qu'un oiseau[35]. »

Ses amis la trouvent timide avec les enfants. Ils pensent qu'elle ne les comprend pas et ne sait pas leur parler[36]. Pourtant, Chanel et Boy Capel avaient officieusement adopté le neveu de Chanel, André Palasse, et l'avaient envoyé en pension en Angleterre pour lui donner la meilleure éducation possible. Plus tard, Mademoiselle devient la tante aimante, véritable mère de substitution de la fille aînée d'André, Gabrielle « Tiny » Palasse – Gabrielle, en l'honneur de Chanel, bien entendu.

Ni Chanel ni Bendor n'ont jamais réellement insisté pour se marier. Afin de prouver son indépendance, Chanel renvoie un carnet de chèques inutilisé à la secrétaire du duc. « Je n'utilise que mon argent. » Elle refuse fermement de jouer à la femme entretenue[37].

Lorsque Bendor invite la princesse Stephanie von Hohenlohe, sportive accomplie et sculpturale beauté viennoise, à pêcher avec lui en Écosse, Chanel réagit en revoyant à Paris son ancien amant, le poète Pierre Reverdy. Elle enflamme la jalousie et la fureur de Bendor qui déclare : « Chanel est folle. » Il la bombarde de lettres. Chanel répond : « Je ne veux de vous que des fleurs sauvages cueillies de votre main. » Le duc la couvre alors de ses fleurs préférées, mais sous les pétales, il cache des bijoux[38].

Que la magnifique et fortunée Stephanie ait jamais été une rivale pour Chanel, on peut en douter. La princesse viennoise est issue d'une famille juive – et Bendor reste un antisémite virulent. Lors d'une entorse à l'étiquette demeurée célèbre, il parle de la famille royale britannique comme de « ces juifs[39] », car il croit, à tort, que le prince consort de la reine Victoria, Albert de Saxe-Cobourg-Gotha, a des origines juives. Après avoir bu de nombreux verres de whisky, le duc insiste, devant l'un des membres de la famille Rothschild : « Je ne peux souffrir ces satanés juifs. » De façon plutôt ironique, quelques années plus tard, après l'arrivée au pouvoir des nazis, Stephanie deviendra la « chère princesse » d'Hitler. Le *Reichsführer* SS Himmler résoudra son « problème juif » en lui délivrant un brevet d'« Aryenne honoraire ». Dès 1932, elle travaillera à Londres pour le renseignement nazi en servant d'agent de liaison entre les pronazis britanniques et les cercles d'affaires, et le milieu politique : Bendor, le prince de Galles, lord Rothermere, le propriétaire du *Daily Mail*, lady Margot Asquith, lady Ethel Snowden et lady Edith Londonderry. En 1937, Stephanie arrange des rencontres entre Hitler et lord Halifax, et le duc de Windsor – le roi sans couronne Édouard VIII – et sa femme, récemment divorcée, Wallis Simpson. Tous trois s'avèrent de farouches anticommunistes, craignent la Russie soviétique et défendent un accord avec l'Allemagne nazie – selon eux, le seul rempart en Europe contre les hordes bolcheviques.

La fin du conte de fées entre Chanel et le duc met un certain temps à se dessiner, mais paraît inéluctable. Chanel veut conserver coûte que coûte sa liberté. Elle cherche l'amour véritable et quand elle croit l'avoir trouvé, elle comprend qu'il est impossible. Impossible parce qu'elle se veut l'unique maîtresse de son destin et, au bout de cinq années, elle se rend compte que le style de vie du duc l'ennuie. Lui, d'ailleurs, fait de moins en moins de

Serge Lifar, dans le rôle de Vestris, vêtu d'un costume créé par Chanel, à côté de Marie-Laure de Noailles lors du Bal du tricentenaire de Racine, organisé par le comte de Beaumont en juin 1939. Lifar devient l'un des maîtres de ballets préféré du chef de la Luftwaffe Hermann Göring. Lors de la libération de Paris, terrorisé, Lifar ira se cacher chez Chanel, rue Cambon.

concessions. Il redoute les soirées avec les amis parisiens si intelligents de Coco – les allusions et les sous-entendus de Cocteau, de Diaghilev et de son amant Serge Lifar, lui passent bien au-dessus de la tête. Mais le duc, par pur égocentrisme, continue de s'accrocher à Coco malgré les disputes au sujet de ses nombreuses infidélités. Finalement, Churchill sera obligé de rappeler ses obligations royales à Bendor : en particulier la nécessité d'avoir un héritier et le fait que Chanel ne serait jamais acceptée à la cour.

Pendant toute cette période, Chanel et Bendor ne se doutent apparemment pas que la Sûreté française surveille attentivement leurs allées et venues. Un rapport de la police donne des détails :

> Depuis quelque temps le duc de Westminster effectue de fréquents voyages en France [...] au château de Woolsack ; propriété qu'il possède à Mimizan (Landes). [...]
>
> Lorsqu'il est de passage dans la Capitale, le duc de Westminster descend le plus souvent chez Mme Chanel. [...]
>
> Ancienne demi-mondaine, Mme Chanel [...] possède de belles relations, notamment dans le monde politique et diplomatique. [...]
>
> Le duc de Westminster, qui est divorcé, s'intéresse beaucoup aux « petites mains » de la Maison Chanel. Au cours de l'été dernier, plusieurs d'entre elles sont allées passer leurs vacances au château de Woolsack, où elles trouvèrent bonne table et gîte princier. Il en sera ainsi, paraît-il, chaque année[40].

Quant à son amie Vera Bate, elle divorce de son mari américain en 1929, avant d'épouser Alberto Lombardi, un officier de cavalerie. Elle prend alors la nationalité italienne. La Sûreté française étend son enquête au couple. Des rapports évoquent leurs conversations téléphoniques, leurs voyages et leurs relations avec Chanel et Bendor. En 1930, Vera quitte Chanel pour rejoindre un concurrent, Molyneux. Puis, soudain, Vera emménage à Rome avec Alberto, promu colonel. La Sûreté le suspecte de travailler pour le renseignement militaire italien[41].

Les années passent. Bendor ne peut s'empêcher de faire de nouvelles conquêtes, mais il désire encore Chanel. Plus tard, Morand fera dire à Mademoiselle : « Je n'avais pas cherché à l'attraper. Les Anglaises ne pensent qu'à attraper les hommes, tous les hommes. Si on porte un très grand nom et qu'on est immensément riche, on cesse d'être un homme, on devient un lièvre, un renard. [...] Moi, il ne m'est jamais venu à l'esprit de dire : "Voilà un homme qui me plaît, je vais l'attraper, où est mon fusil[42] ?" »

Lors de l'été 1929, leur liaison touche à sa fin. Chanel et Misia Sert acceptent de rejoindre Bendor sur le *Flying Cloud*. Quel contraste ironique et saisissant entre cet équipage de quarante marins, le mobilier somptueux, les lits à baldaquin, toute cette extravagance, et ces deux Parisiennes, intimes et caustiques, qui savent jouer aux pestes malicieuses, ricanent et se droguent ensemble. Toutefois les festivités s'achèvent brutalement quand un télégramme arrive de Venise : Diaghilev se meurt.

Lorsque le *Flying Cloud* arrive dans la Cité des doges, Misia et Chanel se précipitent au Grand Hôtel des Bains du Lido et trouvent Diaghilev à l'agonie. Ses amants, les danseurs Boris Kochno et Serge Lifar, le couvent de toutes leurs attentions. La visite impromptue des deux femmes semble lui faire plaisir. Chanel retourne alors auprès de Bendor et laisse Misia au chevet du producteur. Celle-ci se charge de lui trouver un prêtre afin de lui administrer les derniers sacrements. D'abord, le catholique refuse, car Diaghilev est orthodoxe, mais devant la fureur de Misia, il finit par obtempérer. Diaghilev, ce personnage dostoïevskien – magicien dans l'art des ballets, l'homme qui a fait connaître Michel Fokine, Nijinski, Léonide Massine et George Balanchine –, s'éteint.

Misia est anéantie. Elle déclarera plus tard : « Une partie de moi est morte avec lui. » Lifar et Kochno ne peuvent supporter la disparition de leur maître ; le désespoir est profond. Chanel, mue par un pressentiment, est revenue à Venise ; elle y organise avec son amie une messe de funérailles et l'enterrement. Tout de blanc vêtus, Misia, Chanel, Lifar et Kochno accompagnent le cercueil de Diaghilev qui traverse la lagune sur une gondole et gagne l'îlot-cimetière de San Michele.

Bendor insiste alors pour que Chanel retourne à bord. Mais l'aventure est terminée, la passion évanouie. Et son amant ne peut résister à ses pulsions. Tel un chasseur, il se doit de poursuivre une nouvelle proie – et cela, Chanel ne le tolère pas. Ils se disputent sans cesse. Il s'agit peut-être de l'une des légendes dont elle aimait à s'entourer, mais l'anecdote suivante suscite l'image d'une rupture émouvante. Le couple se chamaille à bord du *Flying Cloud*, ancré au large de Villefranche, sur la Côte d'Azur[43]. Le duc descend à terre. Lorsqu'il remonte, au clair de lune, il dépose une magnifique émeraude au creux de la main de Chanel. Elle laisse alors glisser la pierre précieuse dans les flots.

Après avoir été la maîtresse de l'homme le plus riche du Royaume-Uni, Chanel se rapproche de Pierre Reverdy – poète maudit et pur Méditerranéen. Avec son teint mat et sa tignasse brune, l'homme évoque peut-être l'image de l'amour perdu de Gabrielle, ce père qu'elle n'a que très peu connu. Contrairement au duc, Reverdy ressemble à Coco – ils partagent des origines modestes. Lorsqu'il montre les premiers signes d'ennui dans l'appartement de la rue du Faubourg-Saint-Honoré, Chanel lui trouve un studio dans le quartier. Mais Reverdy refuse de se faire enchaîner et retourne à Solesmes. Quelques semaines plus tard, il revient auprès de Chanel et, brièvement, il fait la noce avec Cocteau, Max Jacob (le poète juif converti au catholicisme), Blaise Cendrars, Léger et Braque.

Toutefois, Reverdy préfère maintenant les jazzmen américains, solidement implantés à Paris, aux amis de Coco. Chanel, quant à elle, méprise ce genre de soirées : « Ce n'est qu'air vicié, nourriture immangeable, mauvais alcool [...], sots qui répètent, nuit après nuit, les mêmes histoires interminables, histoires de vies vécues dans le simple but de pouvoir les raconter, et par là, inutiles[44]. » Elle n'accompagne que rarement Reverdy lors de ses virées. Elle préfère se coucher tôt pour se lever aux aurores et travailler.

Elle parvient cependant à l'attirer à La Pausa, en espérant qu'un changement d'air ainsi que la beauté de son repaire méditerranéen instilleront à nouveau un peu de la magie perdue de leur aventure.

Durant ses séjours à La Pausa, Reverdy aide Chanel à compiler un recueil de maximes qui seront plus tard publiées dans le magazine *Vogue*. Auparavant, elle avait déjà écrit quelques articles dont « Les femmes et le sport » et « Le nouveau luxe » pour la revue *Le Miroir du monde*. Avec l'âge, elle souhaite entrer en littérature, comme jadis elle avait voulu chanter et jouer du piano. Elle écrit ainsi[45] : « Nos maisons sont nos prisons ; sachons y retrouver la liberté dans la façon de les parer. » « On peut s'accoutumer à la laideur, à la négligence, jamais. » « La vraie générosité, c'est d'accepter l'ingratitude. » On retrouve peut-être dans ces pensées la poésie un peu rêche de Reverdy.

Une fois revenu à Paris, l'homme se sent de nouveau à la fois captivé et repoussé par les paillettes et la richesse dans lesquelles baigne Chanel. Malgré sa haine des élites parisiennes, il accepte l'argent de Mademoiselle tout en lui jouant des tours pendables : il débarque à l'improviste au cours de dîners et en repart quelques instants plus tard. Chanel, malgré tout l'amour qu'elle lui porte, finit par comprendre qu'il ne se fera jamais à son monde. Ils resteront amis toute leur vie, parfois amants, mais décident de se séparer. Reverdy lui laisse ces lignes émouvantes :

Je te laisse parce que je t'aime
Et qu'il faut encore marcher
Un jour nous nous retrouverons peut-être
Où se croisent les souvenirs
Où repassent les histoires d'autrefois
Alors tu reviendras vers moi
Nous pourrons rire[46]*...*

Ultime rebondissement : pendant la libération de Paris, Reverdy, membre de la Résistance, arrêtera un proche de

Chanel, Louis de Vaufreland, qui va jouer un rôle important dans sa vie.

Aux yeux du Tout-Paris, cette rupture de Chanel fait cependant beaucoup moins de vagues que la séparation d'avec Bendor. « Qui aurait jamais pu prévoir, écrivent les biographes de Misia, que cette petite paysanne, sortie du fond de sa province, refuserait d'épouser le duc de Westminster[47] ? » Mais, enfant, Gabrielle a toujours rêvé d'échapper à la « prison » du couvent. Grâce à son labeur acharné, à un sens intuitif du bon goût, à son charme, à son ambition forcenée également, Chanel a laissé la pauvreté derrière elle pour entrer dans une cage dorée. Elle a acquis une fortune immense et une notoriété internationale. Le chemin semble dégagé tandis qu'elle change de vie, à nouveau. « Il ne faut pas se faire oublier. Il faut rester dans le toboggan, avec les gens dont on parle, il faut s'installer à l'avant et ne pas se laisser déloger[48]. »

Et voilà que le duc tombe de nouveau amoureux ! Au printemps 1930, il présente à Chanel sa fiancée, Loelia (qu'on prononce « Lilia ») Ponsonby, presque deux fois plus jeune que lui, une fille de bonne famille. Son père est en effet le gardien de la bourse privée et trésorier du roi. On peut se demander si le duc est délibérément cruel ou seulement insensible ; quoi qu'il en soit, il insiste pour que Chanel s'entretienne avec Loelia, afin de lui confirmer si cette jeune femme est faite pour lui. Alors que le duc fait les cent pas dans la rue du Faubourg-Saint-Honoré qu'il connaît par cœur, Chanel, raffinée et élégante, avec ses bijoux, un tailleur bleu marine et une blouse blanche, accueille Loelia et ses vingt-huit ans, à la fois « empotée et fruste[49] ». La future duchesse se rappellera plus tard cet entretien :

> « Mademoiselle Chanel [...]. Petite, brune et féline, sa robe lui convient parfaitement. [...] Elle portait de nombreux colliers et bracelets s'entrechoquant et cliquetant au moindre mouvement. Son salon était luxueux et richement décoré. Elle s'assit dans un grand fauteuil avec, comme toile de fond, une paire de paravents en Coromandel. Elle me fit asseoir sur un petit tabouret à ses pieds ! J'avais l'impression de

me trouver devant un juge ayant à décider si j'étais digne de devenir la femme de son ancien admirateur. Je doute fort que l'examen fut favorable. [...] Cherchant désespérément quelque chose à dire, je racontai que Mrs. George Keppel m'avait offert un collier Chanel comme cadeau de Noël. Elle me fit décrire ce collier sur-le-champ.

"Non, dit-elle alors froidement, ce collier ne vient sûrement pas de chez moi[50]." »

Automne 1929 : la Bourse américaine s'effondre ! Les fonds d'État affichent bientôt une perte de vingt-six milliards de dollars. Aux États-Unis, en Grande-Bretagne et sur le continent européen, ces pertes laminent des fortunes colossales. En Allemagne, la violence politique, les grèves générales, la peur du bolchevisme et l'hyperinflation finissent par détruire la République de Weimar, faisant surgir Hitler. Par crainte d'une agression de l'Allemagne nazie, la France érige la ligne Maginot le long de sa frontière orientale.

L'ancien soupirant de Chanel, le grand-duc Dimitri, vient d'épouser une jeune New-Yorkaise fortunée. Bendor, maintenant âgé de cinquante ans, désire toujours avoir un héritier mâle. Toutefois, il reste l'amant intermittent de Coco et joue au « brave type » gâté, choyé et toujours aussi exigeant sexuellement.

Pendant ce temps, un Allemand discret et sa femme Maximilienne (dite « Catsy ») vivent désormais en partie sur la Côte d'Azur[51]. Cet homme soigné s'appelle Dincklage. Pour ce couple, c'est un moment sublime : ils jouissent d'une sinécure, loin de la crise de 1929 qui s'aggrave chaque jour, loin du désastre économique allemand et du chaos berlinois.

L'homme appartient à l'Abwehr, le service de renseignement de l'armée allemande[52]. Être issu d'une famille de militaires l'a aidé, bien entendu. Ce statut lui a permis de gagner l'amitié d'un haut dignitaire nazi, le général Walter von Brauchitsch, qui sera plus tard nommé par Hitler à la tête de la Wehrmacht.

Dincklage parle un français et un anglais impeccables, et de surcroît, passe pour un homme d'affaires actif, ce qui est pure invention.

Il est en tout cas adepte du soleil, du tennis et du farniente. Avoir une femme magnifique et d'origine juive ne le dessert pas non plus, et le couple se lie facilement aux habitants, ainsi qu'à la colonie allemande de plus en plus nombreuse. En 1930, les registres de Sanary-sur-Mer indiquent que Maximilienne von Dincklage, parmi d'autres Allemands et des Italiens, a reçu un permis de résidence octroyé par la préfecture de police de Sanary. Thomas Mann, Aldous Huxley et l'auteure britannique Sybille Bedford (demi-sœur de Catsy) habitent dans la région. Sanary devient un refuge pour un nombre croissant d'intellectuels allemands et de juifs fuyant les chemises brunes.

À Sanary, les Dincklage mènent une vie de patachon sur la magnifique côte méditerranéenne, brûlée par le soleil. Le poisson est frais et le vin coule à flots. Comme l'écrit, au début des années trente, Marta Feuchtwanger, expatriée allemande à Sanary : « Nous voyons la mer. Depuis la falaise, on domine les calanques bleu marine et les îles. Il y a une plage privée… Pas plus grande qu'un mouchoir. Les rochers se couvrent d'un maquis dense : romarin, sauge et thym. Le parfum […] est enivrant[53]. »

À Sanary-sur-Mer, seul le cliquetis des *boules de pétanque** ou le fracas des vagues s'écrasant sur les rochers est susceptible de les déranger. Soleil, mer, plaisir et bonne compagnie, le tout *arrosé** par un délicieux vin du pays, garantissent du bon temps dans ce havre de paix, à quelques encablures de Toulon, base de la marine de guerre française en Méditerranée. La flotte et son quartier général deviennent la cible principale de Dincklage ; via l'ambassade, il est payé par des fonds en liquide du renseignement militaire, livré par des courriers. Ce flux d'argent permet d'entretenir ses agents, de corrompre des fonctionnaires, mais aussi de financer son train de vie. À Berlin, les maîtres de Spatz – son surnom – et de Catsy les rétribuent afin de monter une opération d'espionnage : il s'agit de recruter un réseau d'agents commandités ou forcés par le chantage à pénétrer les secrets de la marine française et de la base de Toulon où sont conservés plans et codes. Pas moins !

Les Dincklage ne sont pas les premiers agents de l'Abwehr en France[54]. Le ministère de l'Intérieur et la Sûreté générale affirment que, huit ans plus tôt, trois agents du renseignement militaire allemand (les prénoms n'apparaissent pas) – von Brinkmann, le comte von Brennkendorf et le major Roll – sont arrivés en France, chacun doté de cinq cent mille francs (près de trois cent mille euros). Leur mission, selon une source du haut commandement polonais, consiste à organiser un réseau d'espionnage à Paris afin d'infiltrer l'état-major français pour obtenir les plans de guerre. Les rapports ne mentionnent pas si les espions ont été ou non arrêtés.

Dincklage est, à ce moment-là, l'agent idéal pour mener cette délicate mission. À Berlin, ses maîtres ont en effet choisi un homme doté du bon pedigree et des bonnes références. Après tout, il est fils et petit-fils d'officiers ayant servi les empereurs pendant deux guerres. Sa mère, Lorry, est anglaise. Le frère de celle-ci, l'oncle de Dincklage, est amiral, en poste à l'état-major. Dès ses premiers pas, Spatz a fréquenté l'élite européenne. De 1914 à 1918, il a connu les épreuves de la Grande Guerre dans les tranchées du front russe. À une autre époque et dans un autre pays, il aurait été une recrue parfaite pour la CIA ou les services secrets britanniques, le MI6.

La mère de Maximilienne est juive, ce qui permet à l'épouse de Dincklage de jouer à l'Allemande antinazie. C'est également une bonne couverture pour sa mission en France[55]. Et Maximilienne est aussi de haute extraction[56]. Un document d'état civil allemand de 1929 mentionne le mariage en 1927 de Dincklage et de Maximilienne, fille d'une mère juive et d'un père aristocrate, lieutenant-colonel dans l'armée allemande[57]. Ce rapport affirme qu'il a pris sa retraite avec le grade de major. Il s'agit en réalité d'une couverture inventée par ses supérieurs à Berlin. Il a simplement échangé son uniforme d'officier de cavalerie pour le costume civil d'espion. En effet, dès avant la Seconde Guerre mondiale, le renseignement militaire français atteste : « Dincklage, alias Spatz […] officier du renseignement militaire allemand, service connu sous le nom d'"Abwehr"[58]. »

Maximilienne von Schoenebeck, « Catsy », épouse du baron von Dincklage, dans les années trente, alors qu'elle espionnait pour le compte de l'Allemagne, près de la base navale de Toulon.

Il faudra un certain temps à la Sûreté et au deuxième bureau pour réaliser l'étendue du travail clandestin de Dincklage sur la Côte d'Azur. En 1934, un document secret de la Sûreté, intitulé « Allemands suspects à Sanary », décrit la méthode de Dincklage (alors attaché spécial auprès de l'ambassade d'Allemagne à Paris) pour organiser ses opérations dans le Sud de la France[59]. « A vécu dans différentes villas du village de Sanary-sur-Mer, à treize kilomètres de Toulon ; s'est installé dans la villa La Petite Casa depuis quelques années. » Le document poursuit : « Le couple Dincklage loue la villa y compris pendant ses absences. »

Ces Allemands qui connaissent si bien la France mènent une vie sociale active. Ils se lient avec leurs voisins, parmi lesquels le célèbre écrivain (pacifiste) britannique Aldous Huxley – l'auteur du *Meilleur des mondes* – et sa femme, Maria. Sybille

Le lieutenant de vaisseau Charles Coton et sa femme Alida (Léa) au milieu des années trente. Le couple fait partie du réseau Dincklage de l'Abwehr qui espionne la base navale française de Toulon pour le compte de l'Allemagne.

Bedford, la demi-sœur de Catsy, raconte leurs aventures dans son Journal de 1932. En compagnie de Catsy, le mari fréquente les casinos et dîne avec ses amis : « Les pique-niques des Huxley devant le coucher du soleil, sur la plage, dans les oliveraies ou sur une falaise [...] Nous mangions du lapin, des beignets de fleurs de courgette et nous buvions des carafes de punch glacé – vin blanc, citron, rhum – préparé par Aldous[60]. »

Parmi les proches des Dincklage à Sanary, on compte le commissaire de la marine Charles Coton et sa fiancée juive, Alida Léa Salomon. Coton décrit Sanary : « Un petit port rempli d'artistes, d'écrivains, de peintres, de sculpteurs. Il y avait une ambiance intellectuelle passionnante[61]. » On rencontre tout le monde dans les deux cafés du port. « On dansait à La Marine et on discutait au Nautique. » Coton raconte ensuite qu'il trouve Dincklage très distingué : « Le baron, qu'on appelait Spatz, était un excellent joueur de tennis et nous faisions de nombreuses parties. [...] Autant que je sache, il avait quitté l'Allemagne parce que le régime ne leur plaisait pas [...] et qu'il leur avait créé quelques ennuis pour raisons raciales, sa femme étant juive. [...] À tort ou à raison, je n'en sais rien, le bruit courait à Sanary qu'il était un agent de renseignement allemand et que c'était une des raisons pour lesquelles il habitait Sanary, à cause de la proximité du port militaire de Toulon. En ce qui me concerne, il ne m'a jamais parlé de questions militaires[62] [...]. »

Le commentaire hypocrite de Coton est pur mensonge. En 1933, les agents du contre-espionnage français traquent déjà Coton et le soupçonnent d'être l'un des agents de l'Allemand sur la base navale. Plus tard, les faits d'espionnage seront confirmés : l'officier français sert de courrier à Dincklage entre Toulon et Paris[63].

En 1930, le haut commandement, à Berlin, extrait Dincklage de Sanary et le nomme à l'ambassade d'Allemagne à Varsovie. Là-bas, il devient très vite l'ami de Bernard du Plessix, un confrère français. L'auteure Francine du Plessix Gray, fille de Bernard et de sa femme Tatiana, se souvient du lien qui unissait ses parents à cet étrange baron. Celui-ci se révèle « un charmant chargé d'affaires de l'ambassade allemande ». Notons que dans les archives allemandes, Dincklage n'apparaît pas sous ce titre – à savoir le diplomate qui remplit les fonctions d'un ambassadeur absent.

Cependant, Spatz se trouve bien à Varsovie en 1931. Malgré les dîners et les bals, la ville est déchirée par les intrigues et elle encaisse le coup de la crise après l'effondrement du Credit-Anstalt autrichien, de la Danat-Bank allemande et la fermeture officielle de tous les autres établissements allemands. Le krach pousse la Pologne dans les bras de l'extrême droite du général Józef Pilsudski. En 1931, ce sentiment est encore plus prononcé en Allemagne où les multimillionnaires Alfred Hugenberg, Emil

Kirdorf, Fritz Thyssen et Kurt von Schröder tombent d'accord pour financer le parti nazi d'Hitler, fort de ses huit cents séides[64].

Franklin Delano Roosevelt est élu trente-deuxième président des États-Unis en 1932. Cette même année, Dincklage perd son poste diplomatique à Varsovie et reprend son travail clandestin à Sanary où Catsy est restée pendant son absence.

Chanel approche de la cinquantaine. Elle demeure toujours aussi fascinante, séduisante et ambitieuse. « Elle attire les artistes, femmes et hommes. » Les temps sont durs en France. Les riches Américains partent. Sur la Côte d'Azur, un quart des hôtels de luxe ferment. Pourtant, entre 1931 et 1935, la Maison Chanel prospère et double ses embauches. Elle emploie deux mille quatre cent quarante-quatre femmes en 1931 et près de quatre mille en 1935 ; cette année-là, elle vend vingt-huit mille robes en Europe, au Proche-Orient et en Amérique. En Grande-Bretagne, Chanel s'impose auprès des débutantes anglaises qui adoptent ses nouvelles créations : robes du soir en coton piqué, dentelle et organdi, avec des fermetures à glissière innovantes.

Mais l'Amérique l'attire.

4.

Divertissement hollywoodien

Dieu fait les étoiles. Moi, je me contente de les produire.

Samuel Goldwyn

Un jour de l'été 1930, à Monte-Carlo, le grand-duc Dimitri présente Chanel à Samuel Goldwyn qui lui demande alors de travailler pour les stars de son studio – Joan Blondell, Madge Evans et Gloria Swanson. Au plus fort de la crise économique, alors que treize millions d'Américains pointent au chômage, Goldwyn offre un million de dollars à Chanel (environ quatorze millions de dollars actuels[1]) pour passer quelques semaines à Hollywood. Cette proposition intervient au moment même où les magazines de mode américains, français et allemands encensent la Maison Chanel. *Vogue* va jusqu'à engager quatre des plus grands photographes de mode de l'époque – Cecil Beaton, Edward Steichen, Horst et Hoyningen-Huene – pour immortaliser les œuvres de celle qu'on appelle maintenant Mademoiselle.

C'est une véritable opportunité : elle veut quitter Paris et elle a envie de nouveauté. Sa principale concurrente, Elsa Schiaparelli, présente ses créations, sous le nez de Coco ou presque, place Vendôme, à deux pas des ateliers de la rue Cambon. « La magicienne italienne » souhaiterait « couper les ailes de Chanel [...] avec ses éclairs de fantaisie, de surréalisme et d'extravagance qui ont marqué les années 1930[2] ». L'art et la photographie constituent des sources d'inspiration majeures pour la mode et Schiaparelli se fait un nom en créant avec Salvador Dalí des chandails surréalistes et des feutres en forme de gigot.

Hollywood représente certes un défi, mais un séjour en Amérique permettrait à Coco Chanel de s'échapper de Paris et de l'ombre de Schiaparelli : elle est sûre de ses capacités et de son talent. Après tout, elle produit depuis longtemps et avec beaucoup de succès des vêtements, des bijoux et des parfums, dont « la fragrance la plus vendue du monde ». Chanel a sorti les femmes « de leurs habits et de leurs chapeaux tarabiscotés [...] pour leur faire porter des vêtements sobres, en jersey, avec des détails marins, ou des pyjamas de plage – des idées qu'elle dit avoir volées à Bendor et à la mode masculine[3] ».

Mais dans la mode, les affaires marquent le pas en raison, notamment, de la crise économique qui touche désormais l'Europe. Or Goldwyn offre plus que de l'argent. C'est un génie de la publicité qui pourrait faire tomber dans l'escarcelle de la Maison Chanel une partie du marché américain du prêt-à-porter : sans la griffe « Chanel Paris », bien entendu.

Plus tard, Chanel expliquera : « Hollywood, c'était le Mont-Saint-Michel de la fesse et des seins. C'était comme une soirée aux Folies-Bergère. Une fois qu'on a dit que les filles étaient belles et qu'il y avait de la plume, on a tout dit. Vous savez bien que tout ce qui est *super* se ressemble. Le supersexe, les superproductions[4]... » Cependant, Chanel ne peut refuser une telle offre : il s'agit tout de même d'un million de dollars et du talent du producteur en matière de relations publiques !

Malgré sa haine notoire des juifs, elle signe pour une période d'essai avec Goldwyn, né Schmuel Gelbfisz à Varsovie. Un auteur explique comment celui-ci tenait Mademoiselle à l'écart de la population abhorrée. D'ailleurs, à cette époque, elle est plutôt de bonne composition : « Il y a les grands juifs, les israélites et le youpin[5]. »

Les films parlants produits à la chaîne sont très vite démodés et ne peuvent suivre le rythme infernal de la haute couture. Du jour au lendemain, les robes arrivant au genou ou la mode unisexe passent soudain, remplacées par de longs fourreaux. « Ce qui paraissait jeune l'année dernière semble vieux cette saison, tandis que des jupes longues et une taille plus haute incarnent le bon goût, l'élégance et la séduction[6]. » Il faut que cela change. Goldwyn, maître ès images, va inventer le nouveau fantasme hollywoodien. Ses stars seront habillées par Chanel et ses « spectatrices pourront voir dans nos films la dernière mode parisienne[7] ».

Chanel décide que Marie Sophie Godebska, sa vieille « Misia », l'accompagnera à Hollywood : ses origines polonaises doivent charmer Goldwyn. Misia a, elle aussi, besoin d'une pause. Une histoire de débauche sordide datant de la fin des années vingt – époque pourtant réputée libertine – lui cause, en effet, quelques ennuis. Son mari, José Maria Sert, et elle-même se sont amourachés d'une délicieuse princesse géorgienne, une sculptrice novice, Roussadana Mdivani, plus connue sous le nom de Roussy[8]. Cette jeune femme aussi magnifique que machiavélique s'est réfugiée à Paris avec ses parents. José Maria, la cinquantaine, tombe amoureux. Mais Cupidon frappe encore et Misia s'entiche à son tour. La rumeur court à Paris : « Inséparable trio [...] sinistre ménage à trois [...] les Sert droguent la jeune princesse [...] se servent d'elle pour leurs plaisirs pervers. » « Le charme tatar de Roussy captive le couple[9]. » Chanel recommande à son amie de ne pas jouer avec le feu. Au lieu de quoi, Misia autorise tacitement Roussy à partager le lit de José Maria. Et le scandale couve de nouveau : Misia est intime avec Roussy. Or Chanel est intime avec Misia. « On voyait si constamment Coco et Misia ensemble et leurs relations semblaient si passionnelles qu'on raconta qu'elles couchaient ensemble[10]. »

Les aventures, y compris homosexuelles, ne sont pas rares dans la clique de Chanel, pas plus que l'usage de morphine, de cocaïne et autres stupéfiants. Sert, Cocteau – et son nouvel amant, Jean Marais –, Serge Lifar, Étienne de Beaumont, le peintre Christian Bérard, l'artiste et éditeur Paul Iribe se droguent tous. Dès 1935, Chanel est elle-même dépendante au Sédol, un anesthésique à base de morphine. Instable et capricieuse, elle offre une cure à Cocteau pour le détourner de la drogue et pourtant, lors d'un entretien, elle le décrit comme « un petit pédéraste snob qui ne fait rien de sa vie, sinon voler les autres[11] ».

Bien que tous deux soient de fervents catholiques, José Maria Sert et Misia divorcent[12]. José s'enfuit avec Roussy, vingt-deux ans, après avoir arrangé un mariage civil en terres protestantes, à La Haye. Misia est anéantie !

Avec Ina Claire, en 1931, alors que Chanel travaille à la garde-robe des stars de Goldwyn.

Au printemps 1931, pour répondre aux sirènes de Goldwyn, le faiseur de stars, Chanel entraîne, pour lui changer les idées et parce qu'elle a besoin d'elle, Misia, le cœur brisé, et un bataillon de mannequins, d'assistantes et de couturières, en Amérique à bord du *SS Europa* de la Norddeutsche Lloyd. Tout ce beau monde embarque à Calais et, cinq jours plus tard, à une allure moyenne de 27,5 nœuds, arrive à New York. À bord, on remarque que Chanel a inscrit 1889 et non 1883 comme date de naissance. Elle a réussi à faire disparaître six ans de sa vie ; ce ne serait pas la dernière fois qu'elle mentirait sur son âge.

Dans sa suite de l'Hotel Pierre qui surplombe Central Park sur la Cinquième Avenue, Chanel se confie à la presse. Selon le *New York Times*, elle agit comme « une femme d'affaires habile et non comme une vedette du cinéma[13] ». Vêtue d'un ensemble décontracté en jersey rose foncé et d'un gilet blanc au col et aux poignets en coton piqué, « cette brune charmante et menue avec sa coupe au carré explique à notre reporter que les cheveux longs vont bientôt revenir à la mode. Si quelques élégantes les portent, les autres suivront[14] ».

Toujours aussi rouée, séductrice, très française, elle s'efforce de vendre astucieusement ses bijoux : « Un long collier de perles s'enroule plusieurs fois autour de son cou et elle porte un bracelet de pierres semi-précieuses multicolores. Elle aime les bijoux fantaisie, explique-t-elle avec des gestes éloquents... Elle adore en mettre une profusion avec ses robes du jour, mais affirme qu'avec des tenues du soir, il faut l'éviter[15]. »

Pour le journaliste du *New York Times*, Chanel semble « plutôt déconcertée par le nombre d'interviewers et de membres de divers comités de réception qui se rassemblent dans sa suite[16] ». En réalité, elle souffre d'une grippe, ce qui ne l'empêche pas de vaporiser une nouvelle fragrance (encore sans nom, ou plutôt sans numéro). Elle révèle à ses invités qu'elle ne va jamais au cinéma ; que le vrai parfum reste un mystère ; et que les hommes qui en portent sont répugnants. Elle suggère ensuite, sans autre explication : « Si vous êtes blonde, usez d'un parfum bleu[17]. »

Chanel se rend bientôt sur la côte Ouest. Goldwyn lui a préparé un accueil triomphal à Hollywood. Un train blanc spécial transporte sa nouvelle star jusqu'au soleil de Californie où une réception somptueuse l'attend sur le quai de la gare de Los Angeles, en présence de Greta Garbo qui embrasse la créatrice sur les deux joues. Lors de la soirée organisée au studio, Chanel rencontre les vedettes hollywoodiennes de l'époque. Sous les éclairs des flashes, Erich von Stroheim, Claudette Colbert et Katharine Hepburn – qui tourne *Les Quatre Filles du docteur March* – la complimentent, lui donnent l'accolade. Dans le fond, trois mille figurants observent la scène depuis de gigantesques plateaux de tournage.

C'est grandiose ! C'est sans doute assommant pour Chanel, mais les journalistes se montrent dithyrambiques. Pierre Galante, rédacteur en chef de *Paris-Match* et biographe de Chanel, raconte que « les journalistes américains découvrent pêle-mêle le vrai champagne, le caviar, les mannequins parisiens et l'esprit français[18] ». La presse câble des dépêches complaisantes relatives à la petite cour de Chanel et à son entrevue avec Garbo. « Deux reines se rencontrent[19] », titre un quotidien hollywoodien. Tandis que Misia réconforte en polonais un Goldwyn obséquieux – elle appelle Sam « Mère » –, Chanel découvre Hollywood. Selon Galante, « en ces années, à Hollywood, il fallait être pieux, docile et souriant… […] On verrait mal les vedettes étaler un luxe tapageur alors que le chômage est devenu l'obsession de dizaines de millions d'Américains ».

Coco s'imprègne de l'atmosphère des tournages et s'intéresse aux coulisses, en particulier aux considérations techniques : les énormes plateaux, l'éclairage et le maquillage. Elle conçoit les costumes pendant que ses employés habillent les comédiens, comme elle l'a déjà fait pour les premiers rôles de ballets parisiens. Ses assistants créent des frivolités exubérantes que les techniciens peuvent ensuite exploiter. Elle n'ignore rien de son métier, certes, mais elle connaît aussi ses limites. « Je n'ai jamais été une couturière. J'admire infiniment qu'on sache coudre : moi, je n'ai jamais su ; je me pique les doigts[20]. »

Chanel espère pouvoir appliquer ses principes rigoureux et le correspondant du *Sunday Express* de Londres à Hollywood note qu'elle insiste « particulièrement sur un point : les pyjamas d'intérieur constituent le summum du mauvais goût et aucune véritable dame ne saurait être vue, même morte, ainsi affublée[21] ». Pourtant, dans *Ce soir ou jamais*, le troisième film dont les costumes

Gloria Swanson habillée par Chanel dans le film *Ce soir ou jamais* de 1931.

sont réalisés par Chanel, les premières scènes montrent Gloria Swanson dans cette tenue ! Chanel et son personnel admirent les costumiers hollywoodiens, bien qu'ils trouvent leurs créations plutôt kitsch. Dès le départ, il paraît évident que l'aventure hollywoodienne de Chanel est destinée à échouer. Elle évoquera plus tard l'atmosphère de Hollywood dans la biographie d'Edmonde Charles-Roux : « Infantile… Misia en était plus importunée que moi[22]. »

Bientôt, Chanel se considère comme trop raffinée pour les paillettes des studios hollywoodiens, les décors somptueux, ce goût de nababs, leurs coteries d'acteurs et d'actrices et les querelles d'ego entre les divas du grand écran. Ses tailleurs en jersey soulignés d'un col et de manchettes blanches ne sont pas assez « glamour ». Sa vision manque du sex-appeal recherché par les acteurs et les réalisateurs pour parfaire leurs films. L'élégance discrète des vêtements Chanel semble fade au cinéma. D'un air

Robert Greig et Gloria Swanson, habillée par Chanel, dans le film *Ce soir ou jamais*.

mal assuré, elle affirme : « Je n'aime que les films policiers[23]. » En réalité, ses costumes n'attirent guère l'attention et les films auxquels elle participe n'obtiennent pas un véritable succès.

Avant de rentrer chez elle, Chanel passe par New York. Elle visite Saks sur la Cinquième Avenue, Lord & Taylor, Bloomingdale's et Macy's. Mais un grand magasin la fascine vraiment : Klein, sur Union Square, à Manhattan.

Chanel découvre le libre-service : des femmes de toutes professions et de toutes origines essaient des vêtements, surveillées par des vendeuses qui mâchent du chewing-gum, sous les auspices de panonceaux menaçants : « N'ESSAYEZ PAS DE VOLER ! NOS DÉTECTIVES SONT PARTOUT ! DÉFENSE DE COLLER DU CHEWING-GUM SOUS LES LAVABOS. »

Chanel crée les costumes du chef-d'œuvre de Jean Renoir, *La Règle du jeu*, sorti en 1939, avec Mila Parély (à droite) et Nora Gregor.

C'est une Amérique inconnue de Chanel ; elle inspecte les milliers de robes coupées comme des modèles français : seul le tissu diffère. D'énormes sommes d'argent proviennent de la copie. Des investissements massifs sont réalisés dans la publicité et la promotion. Il s'agit là d'une véritable leçon de marketing.

Alors qu'elle n'a passé qu'un mois en Amérique, Chanel revient en France sur le paquebot *SS Paris*, accompagnée par de nombreux Américains, dont la mère de Franklin D. Roosevelt. Elle gardera un souvenir aigre-doux de son aventure aux États-Unis. Certes elle dépose ainsi une coquette somme sur son compte en banque

De gauche à droite : Madge Evans, Ina Claire et Joan Blondell dans un film de 1932 : *The Greeks Had a Word for Them*. Chanel a créé les costumes féminins.

et la publicité lui donne l'avantage sur ses concurrents aux États-Unis, mais son séjour hollywoodien ne s'apparente guère au triomphe escompté. Après toute l'outrance de ce battage médiatique, Chanel a seulement habillé Gloria Swanson dans *Ce soir ou jamais* de Goldwyn, les Goldwyn Girls dans la comédie musicale *Palmy Days* et les trois actrices principales de *The Greeks Had a Word for Them*. D'après *The New Yorker*, Chanel est repartie « vexée ». La revue affirme que les magnats du cinéma sont tombés d'accord : les costumes de Chanel manquent de « sensationnel ». « Elle s'est attachée à ce qu'une dame se présente vraiment comme une dame. Elle ne pouvait pas s'attendre à ce que les gens de Hollywood, lorsqu'ils mettent en scène *une* dame, s'attachent avant tout à ce qu'elle se présente comme s'il y en avait *deux*[24]. »

5.

Exit Paul, entre Spatz

Luttant contre le démon [...] qui porte le masque trompeur de l'espérance et du désespoir.

T.S. Eliot, *Mercredi des cendres*

À son retour de Hollywood, Chanel meurt d'envie de changer d'atmosphère et part à Londres prendre un « bain de noblesse[1] ». Bendor, de nouveau sous le charme, lui prête gracieusement une maison du XVIIIe siècle au 9, Audley Street : neuf pièces avec plafond en stuc, corniches et murs lambrissés. Elle devient le quartier général de ses florissantes affaires britanniques. Le duc dépense plus de huit mille livres pour décorer le manoir au goût de Chanel.

Il lui offre également la possibilité d'utiliser le 39, Grosvenor Square afin d'exposer ses modèles dans le cadre d'une collecte de fonds pour la Royal British Legion. L'exposition attire cinq à six cents visiteurs par jour ; ils viennent admirer ces créations qui ne sont pas destinées à la vente. Chanel est accueillie par les Churchill, dont le jeune et débonnaire Randolph, qui sera son chevalier servant au vernissage.

Chanel commence à accuser son âge. Son visage se durcit, sa nuque se raidit, la suractivité, les cigarettes et l'âge la marquent de leur empreinte. Vaniteuse et atteinte d'une légère coquetterie à l'œil, elle refuse de porter des lunettes en public. Sur une photographie rare de Roger Shall datant des années trente, on la voit chaussée de lunettes : elle supervise l'un de ses défilés depuis les marches de la rue Cambon[2]. Cependant, l'icône de la mode Diana Vreeland trouve Chanel toujours « resplendissante, sa carnation vieil or, son visage large avec le nez d'un petit taureau et les joues rouges, couleur Dubonnet[3] ».

Toutefois, quelle que soit son apparence, la véritable reine désormais jouit de son pouvoir ; agressive en paroles, bavarde, elle est moqueuse. « Je suis timide. Les timides parlent beaucoup parce qu'ils ne supportent pas le silence. Je suis toujours prête à sortir une idiotie simplement pour combler le silence. Et je continue sans cesse, une chose après l'autre [...]. Je parle avec véhémence. Je sais que je peux être insupportable[4]. »

Mais l'âge n'a pas prise sur sa volonté de gagner de l'argent. En 1931, Janet Flanner écrit dans un portrait publié par le *New Yorker* : « Chaque année [Chanel] s'efforce de battre ses concurrents, mais également de se battre elle-même... Son dernier chiffre d'affaires annuel annoncé publiquement [mais pas par Chanel] atteint cent vingt millions de francs [environ soixante-huit millions d'euros][5]. » Flanner évoque cependant quelques obstacles : « Parce qu'elle ne parle presque pas, n'accorde jamais d'entretien, ne fait aucun commentaire et parce qu'elle ventile habilement son argent dans diverses banques de différents pays, il reste impossible d'estimer précisément la fortune que Chanel a amassée. Mais à Londres, la City bruit d'une rumeur : il s'agirait de trois millions de livres sterling [environ deux cent trente millions de dollars actuels], ce qui, en France, et pour une femme, paraît considérable[6]. »

Des chiffres plus précis manquent toujours, mais l'estimation la plus proche de son génie financier se trouve sans doute dans un rapport de la banque Rothschild – établissement réputé pour sa clairvoyance qui lui aurait même permis de gagner une fortune grâce à la bataille de Waterloo : « Mademoiselle Chanel sait à coup sûr comment réaliser vingt pour cent d'intérêts. »

Chanel ne connaît rien aux chiffres, mais elle est persuadée que les frères Wertheimer lui volent une partie de ses profits. Elle regrette de plus en plus le contrat signé en 1924, lorsque les Wertheimer ont pris le contrôle des Parfums Chanel – la société qui gère les cosmétiques et les parfums. Au cours des vingt-cinq années à venir, sa litanie devient : « J'ai signé quelque chose en 1924... Je me suis fait rouler[7]... » Ses comptables tentent de la rassurer : les comptes sont en règle et s'il n'y a guère de dividendes, il ne s'agit pas de duplicité, mais de la nécessité d'investir massivement afin de faire du Chanel N° 5 une marque mondiale. Elle reste néanmoins convaincue d'être dépouillée par des pirates : et des pirates juifs !

Chanel engage alors un jeune avocat franco-américain, René de Chambrun, pour affronter ses partenaires. Descendant direct de La Fayette, Chambrun possède la double nationalité. En 1930, Mademoiselle lui demande de lancer une série de poursuites afin de harceler les Wertheimer – mince effort en vue de regagner le contrôle de la société. Les procès dureront des années et Chanel les perdra. Chambrun devient son avocat et son ami, pendant les quinze années suivantes et donc au cours de la Seconde Guerre mondiale. Accusé de collaborer avec les nazis, Chambrun va jouer un rôle majeur dans les aventures de Chanel durant l'Occupation.

La créativité de Chanel ne s'épuisera jamais. Elle abandonne le tweed, les tenues décontractées et la mode *garçonne**, et se met à défendre des robes plus féminines pour l'après-midi. Lors des somptueuses soirées qu'elle organise, elle apparaît vêtue de tulle et de dentelles vaporeuses entrelacés. Malgré la crise économique mondiale, Chanel lance une collection de bijoux fantaisie, inspirée par les cadeaux – des joyaux bien réels ceux-là – de son amant anglais[8]. Elle témoigne de son intelligence, mais également du goût d'Étienne de Beaumont, du duc Fulco di Verdura et des artisans parisiens qu'elle engage. Des années plus tôt, Beaumont, aristocrate français de la plus haute extraction, l'invi-

Suzanne et Otto Abetz avec René de Chambrun (au milieu) sortent d'une clinique de Versailles en septembre 1941. Ils ont rendu visite à Pierre Laval, convalescent après une tentative d'assassinat en août.

tait à ses opulentes soirées parisiennes, mais des femmes de la bonne société l'avaient humiliée. D'ailleurs, elle finira par confier à Marie Laurencin : « Tous ces aristos, ils ont fait fi de moi, mais je les aurai à mes pieds[9]. » En réalité, pourtant, si elle décriait cette élite, elle l'enviait tout autant.

Beaumont et Fulco di Verdura lancent bientôt une magnifique ligne de bijoux fantaisie Chanel. Elle a sorti de son coffre les présents offerts par ses amants qui lui servent de modèles, dont la copie d'un antique collier russe aux multiples rangs de perles orné d'un médaillon de strass en étoile ; des clous en pâte de verre bleu et turquoise fixés sur des chaînes en or ; un bracelet en émail noir ou blanc clouté de pierres multicolores en pâte de verre verte, feuilles vertes et perles imitant les rubis et les émeraudes d'un précieux cadeau de Bendor. La collection remporte un énorme succès. Chanel se met alors à faire la leçon aux femmes aisées de la bonne société. « Je n'aime que les faux bijoux parce que je trouve que c'est provocant, que c'est ignoble de se trimbaler avec des milliards autour du cou parce qu'on est riche[10]. » Sa ligne de bijoux fantaisie se vendant très bien, elle décide quand même de créer des parures authentiques : broches, colliers, bracelets et barrettes en diamants.

Adolf Hitler devient chancelier en janvier 1933. Dès mars, il prend les pleins pouvoirs et nomme ses sbires aux postes clés. Hermann Göring, sur les ordres du Führer, crée la police secrète nazie, la Gestapo, ainsi qu'une force aérienne moderne, la Luftwaffe. Joseph Goebbels, le troisième homme du régime, trente-six ans, « infatigable chasseur de juifs et grand brûleur de livres[11] », devient le maître de la propagande du parti en tant que ministre du Reich à l'Éducation et à la Propagande. Il possède la mainmise sur les médias et les arts – radio, presse, édition, cinéma, etc.

Au début de l'année 1935, Hitler nomme l'amiral Wilhelm Canaris à la tête de l'Abwehr, les renseignements militaires allemands. Canaris coopère avec les nazis quand ils proposent que les juifs portent l'étoile jaune[12]. Plus tard, l'Abwehr sera rattachée à la SS créée par Himmler et passera sous les ordres de Walter Schellenberg[13].

L'une des premières nominations effectuées par Goebbels concerne un maître espion de l'Abwehr. C'est le retour à Paris du baron Hans Günther von Dincklage ! Il est affecté à l'ambassade d'Allemagne à Paris avec le titre d'attaché spécial. Jouissant de l'immunité diplomatique, ce séducteur va jouer un rôle important sous l'Occupation.

Le renseignement français et les hauts responsables de la police le connaissent : ils recueillent des informations à son propos depuis son intégration dans l'Abwehr en 1919 avec le matricule F-8680 et plus particulièrement depuis le lancement de ses opérations sur la Riviera en 1929. Les rapports démontrent comment le baron, à son retour de Varsovie, rejoint sa femme – Catsy – et met à profit leur charme à tous deux pour recruter de nouveaux agents afin de noyauter la marine française à Toulon et à Bizerte. En 1932, les Dincklage s'étaient installés dans la villa La Petite Casa à Sanary-sur-Mer[14].

À propos du pouvoir de séduction de Dincklage, Sybille Bedford, la demi-sœur de Catsy, écrira : « Le charme secret de Spatz [...] tient à sa nonchalance... Il possède une beauté qui ravit à la fois les femmes et les hommes[15]. » Catsy séduit bientôt le partenaire de tennis de Spatz, l'officier de marine français Charles Coton. Leur relation intime durera plusieurs années. Plus tard, elle jettera son dévolu sur un ingénieur, Pierre Gaillard, qui espionnera pour le compte du couple sur la base navale française du cap Blanc, à Bizerte, en Tunisie. Les deux militaires deviendront la colonne vertébrale du réseau méditerranéen de Dincklage et Coton leur servira en outre de messager clandestin entre Sanary, Toulon et Paris[16].

Une fois Hitler devenu chancelier, l'agent prend officiellement ses fonctions à l'ambassade d'Allemagne à Paris, en octobre 1933. Il conduit désormais un roadster Chrysler et trouve un logement de fonction dans les quartiers chic. C'est une nouvelle aventure pour le baron qui officie dans des bureaux de l'ambassade situés rue Huysmans. Doté d'une couverture diplomatique, Dincklage va pouvoir déployer ses talents d'agent d'influence. L'ambassade fournit des communications directes et protégées avec ses maîtres et la valise diplomatique achemine les rapports volumineux et les coupures de presse que tout espion se doit de fournir à son quartier général. Il ne faut pas longtemps aux Dincklage pour s'installer. Quelques semaines plus tard, deux camions de déménagement arrivent de Berlin, chargés de meubles[17]. Leur bonne

Le baron Dincklage, un bel homme, vers 1935, devant l'ambassade d'Allemagne à Paris, où il bénéficie d'une couverture diplomatique.

allemande (elle aussi recrutée par l'Abwehr), Lucie Braun, rejoint le couple. On lui délivre un document officiel établissant qu'elle travaille pour un diplomate accrédité de l'ambassade d'Allemagne[18].

La police et le renseignement militaire français surveillent le nouveau mode de vie du couple : deux appartements situés dans un quartier chic – normalement inaccessible pour le réfugié autrichien que Dincklage affirme parfois avoir été[19]. En 1934, la Sûreté le classe comme agent de propagande nazi ; certains de ses acolytes sont basés à l'office du tourisme allemand, avenue de l'Opéra. L'homme a également infiltré des ingénieurs et des techniciens allemands dans des usines de la banlieue de Paris afin de collecter des informations d'ordre industriel[20].

Dès 1934, la machine nazie ordonne aux unités de l'Abwehr de coopérer avec la Gestapo et la SS[21]. On exige des agents de l'Abwehr, tel Dincklage, de maintenir des contacts rapprochés avec tous les organes du Reich impliqués dans l'espionnage et le contre-espionnage. Un ordre final exigera la coopération entre la police de Hitler et les services de renseignement de l'armée. Afin de consolider cette union, Berlin et les consulats locaux insistent pour que les citoyens allemands du Reich vivant à l'étranger rejoignent des cellules nazies. À Paris, Dincklage, classé maintenant par la police française comme « responsable d'un service de police allemand », se trouve compromis dans la création de la première cellule nazie en France[22]. Son groupe se réunit chaque semaine à vingt et une heures au 53, boulevard Malesherbes. En 1934, la domestique de Dincklage, Lucie Braun, apparaît en tant que 239e membre de la cellule parisienne qui en compte déjà 441.

Le deuxième bureau a désormais constitué un volumineux dossier[23]. Le service est au courant de la vie du couple, mais également de ses opérations à Paris et à Sanary-sur-Mer. « La femme de Dincklage, Maximilienne, est la fille d'un ex-colonel de cavalerie allemand, von Schoenebeck, et de Melanie Herz. Le couple vit au 64, rue Pergolèse, dans un appartement loué dix-huit mille francs par mois [environ douze mille euros actuels]. » Le rapport fourmille de détails : « Dincklage voyage constamment ; sa femme réside souvent à Sanary, villa La Petite Casa. À Paris, de jour comme de nuit, le couple reçoit la visite de Charles Coton et de Pierre Gaillard. » Les Dincklage « recherchent activement la compagnie de ces deux officiers de marine ».

Les autorités françaises décident alors d'agir. Plutôt que de fâcher Hitler en expulsant un couple allemand disposant de l'immunité diplomatique sur des accusations d'espionnage, les services français se tournent vers les médias. Le 27 novembre 1934, l'agence Inter Press publie un article saisissant sur Dincklage et son réseau clandestin[24]. Le document sort en même temps que les avertissements de Winston Churchill devant le Parlement britannique, relatifs à la « menace » que représente la Luftwaffe de Hermann Göring. Le rapport d'Inter Press explique comment « le baron von Dincklage, l'agent de Hitler à Paris, a été remplacé [...]. Il a été dénoncé au sein de sa propre ambassade comme appartenant aux services secrets du Führer [...]. Il opère désormais en Tunisie [sous protectorat français] et organise des missions spéciales. L'un des plus proches amis de Dincklage [Charles Coton] est administrateur à la base navale militaire de Bizerte, en Tunisie. Coton revient fréquemment à Paris. Les 16-17 novembre [1934], Coton s'est rendu chez Dincklage avec trois valises dont il a prétendu qu'elles appartenaient au couple [...]. Puis, quelques jours plus tard, le valet vietnamien de Pierre Gaillard, un autre ami des Dincklage, s'est déplacé chez le baron avec un trousseau de clés permettant d'ouvrir les bagages ; lorsque les Dincklage sont revenus, ils ont emporté deux valises avec eux. [Ils ont peut-être gagné Londres.] » Gaillard est l'un des amants de Maximilienne. Le rapport mentionne d'autres membres du réseau d'espionnage en France : Christa von Bodenhausen [son amant est un officier de marine français] ; le journaliste allemand Hank ; et Krug von Nidda, nazi notoire, qui deviendra ambassadeur d'Allemagne à Vichy. Ernest Dehnicks, du consulat général d'Allemagne, appartient également au réseau Dincklage. Enfin, le rapport confirme : « L'office du tourisme allemand, 50, avenue de l'Opéra à Paris, est soupçonné d'agir contre les intérêts nationaux de la France » – euphémisme gouvernemental pour désigner des activités d'espionnage[25].

La même année, Chanel emménage dans une suite du Ritz. Celle-ci, équipée d'une cheminée, comporte une seule chambre plutôt austère. Le Ritz, synonyme de bon goût, de raffinement et de confort, offre également une carte gastronomique. La suite de Chanel donne sur la place Vendôme, non loin de la rue Cambon où elle aménage un appartement de quatre pièces au-dessus de ses ateliers. Elle le décore de ses bibelots et de ses meubles préférés : paravents en Coromandel de l'inoubliable Boy Capel, chandeliers de cristal, tables orientales et une paire d'animaux en bronze. Depuis l'entrée de service du Ritz, Chanel peut traverser la rue et se rendre à son appartement et à son atelier, ce qui lui permet d'éviter la boutique de Schiaparelli, place Vendôme, une rivale qu'elle méprise.

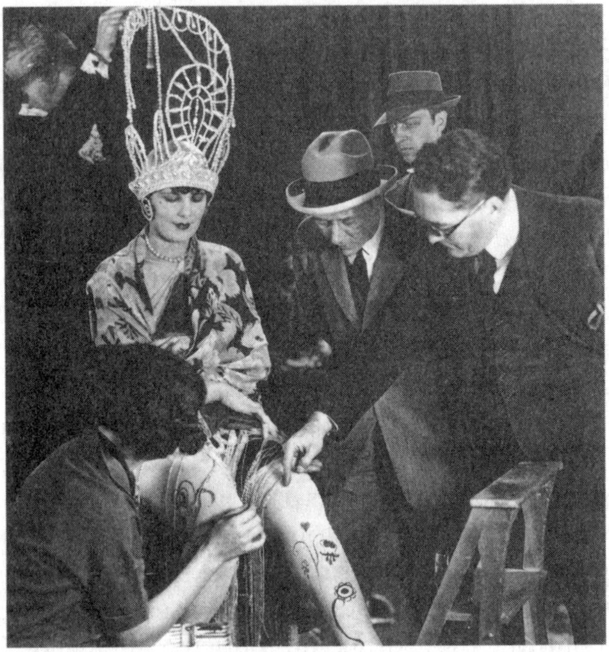

Paul Iribe (à droite), réalisateur du film *Changing Husbands* (1924). Iribe et Chanel tombent amoureux en 1931, alors qu'il l'aide à gérer ses affaires. Il est également rédacteur en chef de la revue d'extrême droite *Le Témoin* qui publie ses magnifiques illustrations consacrées à Chanel. Il mourra à ses côtés en 1935.

À l'époque, Chanel aime un beau Basque ténébreux, Paul Iribe, illustrateur et designer à l'exceptionnel talent créatif. De son vrai nom Iribarnegaray, il a le même âge qu'elle et a connu le succès à Hollywood. Directeur artistique de Cecil B. DeMille, il a également réalisé plusieurs films. En France, il a illustré un livre basé sur les créations de Paul Poiret. Auteur et dessinateur pour *Vogue*, créateur de tissus, de meubles, de tapis, architecte d'intérieur pour de riches clients, Iribe attire Chanel par son esprit provocateur et ses talents multiples.

Grâce à l'argent de Mademoiselle, il relance *Le Témoin* qu'il a fondé des années plus tôt et le transforme en un virulent hebdomadaire ultranationaliste. D'après Edmonde Charles-Roux, Iribe, bourgeois élitiste, affiche une peur irrationnelle de l'étranger. « *Le Témoin* n'était que l'inutile reflet de la presse de ces années-là, tout au moins de cette presse dite patriotique, qui allait encourager à l'action Anciens Combattants et jeunes ligueurs, francistes de Marcel Bucard, Croix-de-Feu du colonel de La Rocque et sections d'assaut de la Cagoule[26]. » Toujours selon sa biographe, le financement de ce journal confidentiel par Chanel marque chez elle le passage de l'indifférence politique à une conception de l'avenir influencée par les opinions d'Iribe, mais

Avec l'arrivée au pouvoir de Hitler, les persécutions nazies font rage en Allemagne. En 1935, Paul Iribe, antisémite notoire et amant de Chanel, publie dans *Le Témoin*, journal qu'elle finance, cette Marianne prostrée qui porte le visage de Chanel. Hitler soulève le corps devant des hommes et une femme aux traits caricaturaux.

aussi par les idées et préjugés qu'elle a hérités d'une éducation stricte, à la fois paysanne et catholique. Dans le numéro du 24 février 1935, Iribe, dont le talent de dessinateur est intact, représente Chanel sous les traits d'une Marianne martyrisée, le corps nu soulevé par Hitler devant des personnages aux traits sémites. « À le lire, on eût dit que la France était l'éternelle victime d'une vaste machination internationale. Aux ennemis de l'intérieur – qui s'appelaient forcément les "Samuel" ou les "Lévy", les Étrangers, Léon Blum et sa "mafia judéo-maçonnique", "l'espion Thorez et sa racaille rouge" – s'ajoutaient les ennemis de l'extérieur : l'URSS et ses hordes barbares[27]… »

Avant lui, aucun homme n'avait réussi à éveiller la conscience politique de Chanel. Elle va le faire intervenir dans sa vie professionnelle et partager le pouvoir qu'elle a toujours refusé de déléguer. Cet amour la rend de nouveau « heureuse ». Iribe devient l'homme de confiance, son « paladin[28] ». Chanel lui demande de coopérer avec René de Chambrun, son avocat, sur le dossier Wertheimer. En ville, les rumeurs de mariage enflent.

En août 1935, Chanel et Iribe invitent des amis à La Pausa. Des photographies de l'événement montrent un splendide après-midi d'été sur la Riviera baignée par le soleil ; une brise légère qui se mêle à l'air salin de la Méditerranée crée une atmosphère enivrante. Cet après-midi-là, les convives de Chanel ont l'air de sortir d'une gravure de mode et exhibent espadrilles, marinières et pantalons en jersey – une idée empruntée à l'équipage du duc de Westminster sur le *Flying Cloud*. Iribe, que Colette décrivait comme « un bien intéressant démon », arrive de Paris.

Le lendemain – encore un après-midi magnifique de ce mois de septembre –, Chanel se détend à l'ombre d'un olivier séculaire agité par la brise. Elle contemple Paul Iribe qui dispute une partie de tennis et apprécie les prouesses sportives de son amant. Son dogue allemand Gigot se prélasse à ses côtés. Soudain, le monde de Chanel s'écroule en même temps qu'Iribe sur le court. Des ambulanciers l'évacuent. Paul Iribe, « l'homme de sa vie » du moment qui, selon tous les échotiers parisiens, allait épouser Gabrielle, est mort. Elle est « anéantie[29] ».

Un long hiver de deuil s'ensuit. Dès lors et jusqu'à la fin de ses jours, Chanel absorbera une dose de Sédol, anesthésique à base de morphine, avant d'aller au lit « pour tenir[30] », avoue-t-elle. Comme après la mort de Boy Capel, elle sombre dans le néant et recourt à des sédatifs pour calmer ses nerfs.

La petite-nièce de Chanel, Gabrielle Palasse-Labrunie, se souvient d'une chanson que sa grand-tante lui chantait avec un fort accent anglais quand elle venait la voir pendant les vacances d'été à La Pausa. « *My baby has a heart of stone... not human, but she's my own... To the day I die I'll be loving my woman*[31]. » Pour elle, ces paroles plutôt tristes résument parfaitement la vie de Chanel.

Coco a perdu sa motivation, son énergie. Iribe disparu, elle n'entretient plus de relations sentimentales : elle entre dans ses années de colère. Elle veut s'échapper du cirque parisien. À Londres, son refuge, elle assiste à la très prisée course annuelle du Royal Ascot en compagnie de Randolph Churchill. Le *Daily Mail* la cite : « Votre reine accomplit une tâche particulièrement ardue. À cette époque où des modes bizarres et extravagantes se succèdent – pas toujours de bon goût – et balaient le monde, elle conserve une grâce majestueuse et une distinction conservatrices sans être démodées[32]. »

Au cours de l'été 1934, la campagne de terreur orchestrée par Hitler se poursuit. En Autriche, les nazis assassinent le chancelier Dollfuss ; à Berlin et en Bavière, Hitler ordonne personnellement l'assassinat de Röhm et l'anéantissement des SA, devenus ses adversaires politiques. Pour célébrer cette conquête du pouvoir total, le parti organise une cérémonie à Nuremberg en présence de deux cent mille officiels. Vingt et un mille drapeaux sont déployés. Une foule surexcitée entend son Führer hurler : « Nous sommes forts et nous le deviendrons encore plus[33] ! »

La même année, Hitler s'intéresse de plus près au roi Alexandre de Yougoslavie, antinazi éduqué en Suisse, plutôt modéré. Ce farouche allié de la France représente un grain de sable dans la machine bien huilée du Führer. Au cours de l'été

1934, Dincklage voyage en Yougoslavie. Il est suivi par le deuxième bureau jusqu'à Belgrade, à peine trois mois avant qu'un nationaliste bulgare assassine le roi à Marseille lors d'une visite d'État. Les agents du renseignement français révèlent : « Dincklage [...] ex-attaché de l'ambassade d'Allemagne, se trouvait en Yougoslavie cet été pour affaires[34]. » Dinckage écrit à ses anciens collègues de l'ambassade : « Les affaires en Yougoslavie sont dures, comme partout ailleurs. »

Trois mois plus tard, André François-Poncet, ambassadeur de France à Berlin, écrit à sir Eric Phipps, de l'ambassade britannique : « Les Allemands sont loin d'être aussi innocents dans cette affaire d'assassinat qu'ils veulent bien nous le faire croire[35]. » Il ajoute que Göring a séjourné à Belgrade et qu'il est compromis.

En mars 1935, Hitler balaie d'un revers de main le traité de Versailles et refuse catégoriquement de l'honorer en réinstaurant le service militaire obligatoire : deux ans plus tard, les effectifs de l'armée auront triplé. Les services de renseignements français reçoivent l'autorisation de frapper au cœur de l'espionnage allemand et des opérations de propagande noire qui s'étendent en France, répandant la désinformation. Dincklage devient une cible prioritaire.

« *Gestapo über alles* », proclame la une de l'hebdomadaire parisien *Vendémiaire*, le 4 septembre 1935. L'article (inspiré évidemment par le contre-espionnage français) s'étend sur trois colonnes. Un papier plus long suit dans le numéro du 11 septembre. On y évoque le travail de Dincklage pour la Gestapo (à l'époque, les Français ne distinguent pas les deux services, Gestapo et Abwehr) et comme attaché spécial auprès de l'ambassade allemande. En quelques lignes, *Vendémiaire* lève le voile sur l'espionnage nazi en France. Les journalistes, grâce à leurs sources haut placées, expliquent également que Dincklage est lié à l'assassinat du roi Alexandre de Yougoslavie. Il s'est rendu au siège de la Gestapo à Berlin en septembre 1934 afin de remettre « à un officier nommé Diels une liste contenant les adresses des exilés allemands en France[36] ». Il remet ensuite aux nazis un document recensant les communistes allemands réfugiés en France. Plus tard, on apprendra que Rudolf Diels est un proche de Göring. Ce dernier, après avoir été écarté de la tête de la Gestapo pour être remplacé par Himmler, nommera Diels à de très hautes fonctions dans le parti.

Cet article est une copie d'un rapport d'octobre 1934 rédigé par l'état-major français. Il révèle que Dincklage touche cent mille francs par mois (plus de soixante-cinq mille euros actuels) pour financer ses « tentatives de corruption ». *Vendémiaire* décrit ensuite les mouvements de l'espion lors d'opérations spéciales sur la Côte d'Azur, à Paris et dans les Balkans. En mission à Tunis, Dincklage manipule des nationalistes pour lancer une violente propagande contre le régime colonial français.

Alors que la France se prépare à la guerre contre l'Allemagne, les autorités françaises – à l'évidence le deuxième bureau – autorisent l'écrivain Paul Allard à publier un récit assez proche de celui de l'hebdomadaire *Vendémiaire*. Dans son livre de 1939, *Quand Hitler espionne la France*, Allard explique comment cet agent presse Berlin de lui fournir des anecdotes rassurantes sur la vie de famille des officiers SS afin de les placer dans des publications françaises proches des idées nazies !

Lors du congrès de Nuremberg de 1935, les nazis franchissent une nouvelle étape en édictant les lois dites de Nuremberg. Du jour au lendemain, Maximilienne von Dincklage, considérée désormais comme juive selon la nouvelle législation, est déchue de sa citoyenneté. Il s'agit là de la mise en œuvre des thèses du philosophe raciste Alfred Rosenberg et de la réalisation d'un vœu : que la « race des seigneurs » allemande, issue d'une civilisation aryano-nordique homogène, soit protégée contre les « menaces raciales » que ferait peser sur elle une prétendue « race judéo-sémitique ». Entre autres interdictions, les mariages entre juifs et aryens sont prohibés. Dincklage devait être au courant, car trois mois plus tôt, à Düsseldorf, il avait d'ores et déjà divorcé de sa femme, épousée quinze ans auparavant.

Désormais célibataire, Dincklage passe l'été près de Toulon, dans l'appartement de sa maîtresse anglaise et de sa sœur[37]. Après la parution des articles de *Vendémiaire*, il s'enfuit… à Londres, trouve un refuge temporaire sur Strasson Street, à Mayfair Court, où il écrit à l'ambassadeur d'Allemagne à Paris. Il réclame, sans pour autant insister, une protestation officielle auprès des autorités françaises[38]. Il se voit opposer une fin de non-recevoir et l'ambassadeur demande à son aide de camp de répondre à son ancien attaché. Voici des extraits de l'échange :

Monsieur l'ambassadeur[39],

Je viens de me procurer auprès d'une source française… le *Vendémiaire* du 4 septembre 1935. Selon moi, l'auteur de ce document… doit être certainement payé par des officines antiallemandes… Le jour précédant l'assassinat du roi de Yougoslavie, [je me trouvais] à Tunis… [Vous devriez] écrire… aux autorités [une protestation indiquant que l'information présentée] est fausse et totalement infondée. Je suis actuellement en train de créer un… [illisible] et cette annonce pourrait constituer un handicap pour moi. Je demande avec respect à Herr Koester… [qu'il s'adresse] aux autorités françaises de la manière la plus sincère qui soit afin de clarifier ces erreurs… La plus grande partie de mon travail, mes nombreux séjours en France et… mon action à l'ambassade… ont produit… d'excellents résultats pour l'Allemagne et pour la France. J'ai l'honneur, monsieur l'Ambassadeur, de présenter à votre Excellence l'expression de ma très haute considération…

[Signé] Dincklage

L'ambassade d'Allemagne à Paris répond alors :

Paris, le 13 septembre 1935

Cher monsieur Dincklage,

L'ambassadeur m'a enjoint de vous remercier pour votre mot si sympathique. Il ne croit pas qu'une intervention dans l'affaire que vous évoquez est actuellement [illisible] : les rumeurs qui ont couru se sont grandement atténuées et prendre des mesures pour les corriger, que ce soit au Quai d'Orsay ou dans la presse française, ne reviendrait qu'à donner un nouveau tour à de vieilles légendes et à les relancer. Toutefois, si ces rumeurs devaient ressurgir, l'ambassadeur transmettrait l'objet de vos inquiétudes au ministère des Affaires étrangères.

Veuillez agréer, Monsieur, l'expression de mes salutations empressées. Votre toujours dévoué,

[Signé] Fühn

Autrement dit, les autorités allemandes lâchent leur agent désormais « grillé » à Paris !

Avant le départ de Dincklage pour l'Angleterre, un rapport secret du deuxième bureau daté de 1935 révèle que sa bonne, membre de la cellule nazie de Paris, opère désormais depuis la base du baron à Sanary-sur-Mer[40]. « Une femme que Dincklage affirme être sa secrétaire, nommée Lucie Braun, appartient également au personnel de l'ambassade d'Allemagne de Paris… [elle est] soupçonnée de travailler contre l'intérêt national. » Le document ajoute que, le 9 février 1935, Dincklage reçoit la visite de son oncle, William Kutter, contre-amiral âgé de soixante-douze ans, qui arrive directement de Strasbourg et séjourne à Sanary, à La Petite Casa, jusqu'à la fin de ce même mois. À la gare, l'officier de marine est interrogé sur les motifs de sa visite. Il explique alors aux agents français qu'il vient à Toulon en touriste, mais ne révèle pas qu'il se rend chez Dincklage à Sanary.

Sur la scène mondiale, le président Franklin Roosevelt, récemment réélu et sensible à son opinion publique, proclame la neutralité américaine : il prie Hitler et Mussolini de régler à l'amiable les problèmes européens ! Toutefois, Winston Churchill trouve le temps de télégraphier à Chanel. Le 2 décembre 1935, il lui écrit depuis Londres : « Je crains de ne pas dormir à Paris lorsque j'y passerai le 10 décembre, mais je reviendrai fin janvier et j'ai hâte de vous voir. Je vous préviendrai deux ou trois jours auparavant, par télégramme depuis Majorque, où je me propose de séjourner cet hiver. Je suis ravi de vous revoir. Ci-joint, ma dette. »

Il n'y a aucune explication relative à cette dette. On peut légitimement douter que Churchill ait passé l'hiver 1935 à Majorque, car il se trouve rapidement mêlé aux rebondissements de la vie politique britannique. Avec la mort du roi George V, son fils Edouard, un intime de Churchill, lui succède sur le trône. Churchill va consacrer beaucoup d'énergie à la défense de son souverain et ami qui subit le courroux du Parlement, hostile à son mariage avec une Américaine divorcée, Mrs. Wallis Simpson.

Tandis que l'état-major allemand planifie l'invasion de la France et de ses possessions nord-africaines, Dincklage perfectionne son réseau sur les bases navales en Tunisie, ainsi que des opérations de propagande parmi les musulmans d'Afrique du Nord. Malgré les rumeurs et les articles, son ancien agent à Toulon, Charles Coton, a déjà quitté Sanary pour prendre un poste à Bizerte, à la base navale française, où il redeviendra le principal espion de Dincklage[41].

Mais celui-ci est maintenant sorti de l'ombre et les autorités françaises souhaitent l'expulser. En 1938, un rapport du deuxième bureau explique : « Depuis qu'il a quitté l'ambassade d'Allemagne, [Dincklage] est actif dans la propagande antifrançaise en Afrique du Nord. Il a accompli plusieurs missions [notamment] en Tunisie – [mais] après étroite surveillance, [il] n'a pas commis de crimes punissables ; il reste toutefois un individu dangereux. »

À partir de 1938, le séducteur prend une nouvelle maîtresse qui devient elle aussi son agent[42]. Le contre-espionnage français évoque « Madame Sophie » ou « Dessoffy ». Elle sera plus tard identifiée : il s'agit de la baronne Hélène Dessoffy. Un agent français à Bayonne raconte : « Madame de Sophie ou Dessoffuy et de Dinkelake [*sic*] voyagent fréquemment entre Toulon et Paris. Elle est l'intermédiaire qui procure des postes de TSF "Aga Baltic" à un certain Dinklage [*sic*], censé être un agent de [la compagnie] "Aga Baltic" à Toulon... Ils sont tous deux soupçonnés d'espionnage contre la France[43]. » Dans un document « Urgent secret », les autorités françaises préviennent tous les agents que

« Spatz » von Dincklage et Hélène Dessoffy, sa maîtresse, sur un petit bateau au large de la Riviera française, vers 1938. Dessoffy est membre, à son insu, du réseau sur la base navale de Toulon.

« le baron Dincklage, vivant villa Colibri à Antibes [l'une de ses adresses à l'époque], portant le passeport diplomatique allemand (000.968 D.1880), arrivé par le vapeur *El Biar* à Tunis sans visa, doit quitter la Régence [le territoire tunisien] immédiatement. Dincklage voyageait avec une Française, la baronne Dessoffy Hélène, née à Poitiers le 15 décembre 1900, domiciliée à Paris, 70, avenue de Versailles [...]. Le couple séjourne actuellement au Majestic Hôtel de Tunis. Ils occupent des chambres séparées, reliées par une porte de communication ». Le rapport mentionne une conversation téléphonique de Dessoffy avec son ami M. Verdaveine, un officier de marine en poste à Bizerte. Dessoffy explique au militaire qu'elle veut « voyager dans le Sud tunisien ». Verdaveine lui conseille de ne pas s'y rendre – et sûrement pas avec un Allemand.

Dincklage est tenu informé. Le document poursuit : « Le couple a quitté Tunis à 10 heures par vapeur en direction de Marseille [...]. Nous avons demandé au SET [un service français] de déterminer les relations existant entre Verdaveine et Dessoffy Hélène[44]. »

Un an avant le début de la Seconde Guerre mondiale, le ministère français de la Guerre émet donc une directive secrète plaçant l'Allemand sous surveillance renforcée. L'instruction est sans équivoque : « Même si une preuve directe permettant d'incriminer Dincklage n'existe pas, il doit être immédiatement expulsé de France[45]. »

Que devient Catsy[46] ? À la même époque, les services rapportent :

> Malgré leur séparation, Dincklage et sa femme restent en bons termes. Il la voit à Antibes, Sanary et Toulon [...] Mme Dincklage [la nouvelle du divorce de 1935 ne semble pas encore connue] est arrivée le 9 août 1938 à Antibes [...] Elle en est partie le 13 septembre pour retourner villa « Huxley », où elle séjournait auparavant. Elle est la maîtresse de Pierre Gaillard.

En 1939, la police française mentionne :

> La baronne Dincklage, connue de la Sûreté, vit à Ollioules (Var) dans une propriété appartenant à l'une de ses amies, la comtesse [*sic*] Dessoffy, connue également des services (fichier central : rapport de la Sûreté). L'amant de la baronne Dincklage est un homme de vingt-sept ans, Pierre Gaillard, ingénieur, et fils du fondateur et directeur d'une société produisant des filets en acier (utilisés par la Défense nationale contre les sous-marins ennemis et déployés dans des sites stratégiques). Gaillard est en ce moment à Oran [alors base navale française en Algérie]. Mme Dincklage correspond souvent avec lui ; nous craignons que Gaillard soit tombé sous son charme

et puisse commettre à son insu des indiscrétions pouvant menacer les intérêts nationaux.

Fin 1938, Dincklage sait que la guerre contre la France est imminente. Pourtant, selon des témoins : « On le voit à Toulon[47] [...] Il fréquente également les rives du lac Léman. » Et rien ne se passe, il continue à sévir. Un service de bateau relie fréquemment les villes de Lausanne et de Genève, ainsi que leurs banques, à Thonon-les-Bains. « Son mode de vie à Antibes est modeste... [Dincklage] reçoit des visiteurs jour et nuit. Certains [invités] viennent en automobile ; suivent leurs plaques d'immatriculation... » Les autorités françaises ordonnent – enfin ! – aux agents de « surveiller les communications postales, téléphoniques et télégraphiques de Mme Dincklage, 12, rue des Sablons, Paris, et de Mme la comtesse Dessoffy de Csernek [*sic*][48]. » Le deuxième bureau demande maintenant au directeur de la Sûreté nationale d'identifier les propriétaires des automobiles immatriculées en France (vues devant la résidence de Dincklage) et de faire le nécessaire pour l'« expulser immédiatement s'il demeure impossible de l'inculper d'espionnage[49] ». Les services du contre-espionnage avertissent leurs agents : « Le baron Hans Günther Dincklage est considéré comme un agent très dangereux dont les opérations sont dirigées contre la France » et leur ordonnent de rechercher des informations sur « les relations entre Dessoffy et Dincklage ». Un autre rapport – encore un ! – ajoute une mise en garde : « Malgré ses contacts étrangers, [Dessoffy] semble incapable de trahir la France. Néanmoins, nous conseillons aux officiers français la plus grande prudence dans leur relation avec les Dessoffy et la femme de Dincklage[50]. »

La Seconde Guerre mondiale va éclater dans quelques semaines.

En août 1939, la France mobilise. L'espion fuit aussitôt en Suisse. Le renseignement militaire français ordonne « l'assignation à résidence de la baronne Dincklage ». En décembre de la même année, les autorités délivrent un mandat : « La présence de [Maximilienne von Dincklage] en France représente un danger.

[Agent] 6 000 demande à [agent] 6 610 de prendre toutes les mesures d'internement contre cette étrangère[51]. »

Quelques mois avant l'invasion de la Wehrmacht, Catsy, parmi d'autres Allemands vivant en France, est internée au camp de Gurs (actuelles Pyrénées-Atlantiques)[52].

Lorsqu'on l'interroge sur Dincklage à la Libération, Chanel affirme qu'ils se fréquentent « depuis vingt ans »[53]. Il s'agit sans doute d'une nouvelle exagération de Chanel, mais il n'existe pas de témoignage direct sur leur première rencontre. Sa petite-nièce, Gabrielle Palasse-Labrunie, qui le connaissait bien, a affirmé à l'auteur que Chanel et le baron s'étaient croisés en Angleterre bien avant la guerre[54]. Selon des sources non confirmées, le couple s'est rencontré à Paris, alors que Dincklage travaillait à l'ambassade et assistait à des soirées données par des proches de Mademoiselle, parmi lesquels bon nombre appartenaient à la petite élite pro-allemande active à Paris dès les années trente. Elle compte en son sein, entre autres : Marie-Louise Bousquet, la duchesse Antoinette d'Harcourt et Marie-Laure de Noailles.

Le légendaire directeur de *France-Soir*, Pierre Lazareff, racontait qu'en 1933, lorsque Dincklage arrive à l'ambassade d'Allemagne à Paris, cette coterie aristocratique est influente au sein de la « brigade sociale du Führer » parrainée par le plus proche ami de Dincklage, « un charmant blond aux yeux bleus pétillants », Otto Abetz, qui ravit ses auditeurs en leur confiant des anecdotes sur Hitler[55]. Abetz affirmait que les juifs poussaient la France à la guerre, mais qu'elle ne devait en aucun cas craindre une agression[56]. Cet Allemand jugé souvent francophile occupera plus tard, sous l'Occupation, la fonction capitale d'ambassadeur du Reich.

Malgré le mythe qui entoure Chanel et ses inventions concernant Dincklage, inoffensif tennisman anglophone – qu'elle et ses biographes décrivent comme britannique plutôt qu'allemand –, Chanel et ses amis, qui lisent la presse et fréquentent les allées du pouvoir, savent à qui ils ont affaire : un agent proche des nazis.

6.

Alors vint la guerre...

Les enfants du Moyen Âge jouent un méchant jeu moyenâgeux[1].

Pablo Picasso

Depuis sa fenêtre du Ritz donnant sur la place Vendôme, Chanel observe les manifestants qui se dirigent vers la place de la Concorde. Pour elle, ce 6 février 1934 marque le début des ennuis. Dans une explosion de ressentiments divers, des organisations de droite et d'extrême droite marchent sur la Chambre des députés.

La nuit tombe et les anciens combattants défilent derrière les drapeaux tricolores. Toutefois, l'organisation la plus importante, les Croix-de-Feu, refuse de marcher sur le Palais-Bourbon et appelle à la dispersion. C'est alors que les ligues d'extrême droite se lancent à l'assaut du pont de Solferino. William L. Shirer, journaliste au *Paris Herald*, écrit : « S'ils traversent le pont… ils tueront tous les députés présents à la Chambre. » Les gendarmes mobiles tirent.

« Les coups de feu viennent du pont et de l'autre côté de la Seine… Des rafales d'armes automatiques… et près du Crillon, de la fumée s'échappe du ministère de la Marine, poursuit l'Américain. Tandis que les pompiers interviennent, les émeutiers s'approchent et sectionnent les lances à eau. » Il descend dans le hall de l'hôtel pour téléphoner au *Herald* et découvre plusieurs blessés recevant les premiers soins.

Vers minuit, les gendarmes mobiles gagnent du terrain. La police reprend le contrôle du quartier. Shirer parvient à rédiger quelques lignes avant le bouclage. Il y livre les chiffres officiels : seize morts, plusieurs centaines de blessés. Le lendemain, le gouvernement démissionne.

Au cours des mois suivants, on assiste à des manifestations de gauche. Communistes et socialistes affrontent la droite fasciste. Deux ans plus tard à peine, un gouvernement de Front populaire sera élu, avec à sa tête Léon Blum. Les industriels protestent. Les travailleurs, quant à eux, se mettent en grève.

La violence terrifie Chanel. Les troubles ont fait flotter l'âcre fumée des gaz et des pneus brûlés sur la magnifique place Vendôme. Le sang a coulé dans les rues derrière le Ritz – son quartier ! La panique la gagne, elle et ses amis. Quel avenir se prépare alors que la grande crise touche la France ? Que va-t-il arriver à ses deux mille cinq cents employés, pour la plupart de gauche ?

Le pire, à ses yeux, n'allait pas tarder. Le 1er mai 1936, des milliers d'ouvriers défilent pour célébrer la fête des travailleurs le long des boulevards parisiens ombragés. Ils chantent *L'Internationale* derrière d'immenses drapeaux rouges. Dans sa suite, Chanel a sûrement ressenti l'excitation du peuple. David Seymour, un photographe de presse, immortalise les visages fermés qui chantent : « C'est la lutte finale ! »

Pour Chanel et tous les privilégiés en Europe – mais également pour la petite bourgeoisie française qui a travaillé et épargné pendant des années –, les grèves de 1936 sont un véritable scandale, car elles obligent de nombreuses usines à fermer. Tous y voient l'avènement du bolchevisme !

Les vendeuses de Chanel, dans la boutique de la rue Cambon, et les petites mains suivent bientôt le mouvement[2], et les voilà qui se mettent elles aussi en grève. Début juin, la comptable chargée des affaires privées de Chanel, Mme Renard, se voit interdire l'accès à son bureau. Elle s'introduit au Ritz par l'entrée de service, prend l'ascenseur et retrouve la créatrice dans sa suite.

D'une voix tremblante, elle explique à une Chanel somnolente qu'elle vient d'être chassée par les employées. Effrayée, Mademoiselle se demande si ses couturières sont devenues folles. Elle remarquera plus tard : « Vous ne me direz pas que ces gens-là n'étaient pas des malades. Je vous le dis : 1936, c'est le tournis[3]. » Mme Renard pense que Paris est tombé aux mains des bandits. Elle supplie Mademoiselle de quitter la ville. Chanel affirme que ses cousettes et ses vendeuses ont été contaminées par une invention américaine, le « *sit-down* » !

1936, les employées de Chanel en grève occupent la boutique. Une délégation d'ouvrières se rassemble devant l'entrée de service rue Cambon. Elle est encore utilisée de nos jours par le personnel.

Mais couseuses et autres arpettes sont on ne peut plus sérieuses. Le même matin, elles affichent au-dessus de l'entrée des employés un panonceau rédigé à la hâte : OCCUPÉ. Les bras croisés, plantées devant les ateliers et la boutique… elles attendent. Pour Chanel, c'est un coup de poignard dans le dos. *Ses filles**, dont les plus anciennes et les plus expérimentées, la « trahissent », et ce malgré sa générosité. Elle offre pourtant un bon salaire et des congés (la plupart non payés). Manon, l'une des employées les plus élevées dans la hiérarchie, déclarait, de retour de vacances dans la résidence de Chanel : « La première fois que j'ai vu la mer, c'était à Mimizan[4]. »

Tout Paris semble figé. Tandis que le président du Conseil Léon Blum lance des appels au calme, les vendeuses du Printemps et des Galeries Lafayette répondent en reconduisant chalands et clients hors des magasins. « Des femmes en grève ! Pouvait-on imaginer chose pareille ? Des vendeuses dansant autour des comptoirs, pique-niquant dans les escaliers, tout ça au couvert des portes closes et des coupoles en verre de ces temples dorés du commerce qu'étaient le Printemps et les Galeries Lafayette, alors oui, vraiment, c'était la révolution[5]. » Shirer cite *L'Écho de Paris* : « La bonne humeur des grévistes était le plus sinistre des présages. » Chanel et ses clients, le Tout-Paris, craignent une guerre civile.

La prédiction de l'ancien amant de Chanel, Bendor, semble se réaliser. Sa vision du monde est simple : les bolcheviks et les juifs veulent régner sur l'Europe et poussent à une guerre entre la Grande-Bretagne et l'Allemagne ! Bendor, le plus riche propriétaire terrien du pays, l'homme que la petite-nièce de Chanel, Gabrielle Palasse-Labrunie, appelle *Uncle Benny*, souhaite que le Royaume-Uni soutienne Hitler et Mussolini contre le communisme russe. La clé de voûte de la paix mondiale réside dans l'amitié anglo-germanique, proclame le duc[6]. L'Allemagne devrait attaquer l'Union soviétique, ce pays qui menace l'Occident.

Le Front populaire de Blum terrifie les nantis. Le cours de l'or, valeur refuge par excellence, grimpe en flèche. On cache sa fortune en Suisse. On se terre dans ses résidences à la campagne.

On ordonne aux « mécaniciens », les chauffeurs, de remplir d'œuvres d'art, de bijoux et d'argenterie les Rolls-Royce et les limousines Delaunay-Belleville (Chanel possède les deux modèles). Ceux qui restent à Paris s'enferment chez eux à double tour, chargent leur fusil de chasse et remplissent leur baignoire d'eau, au cas où elle viendrait à manquer. Ils ont l'impression que les sans-culottes envahissent de nouveau les rues de la capitale !

Les employés de Chanel ne plieront pas. Les couturières sont par nature des femmes méticuleuses, rigoureuses, et Mademoiselle doit affronter leurs revendications : augmentation des salaires et congés payés. Une délégation d'ouvrières pose pour des photographes de presse devant l'entrée de la boutique au 31, rue Cambon, ainsi qu'au 29, devant l'entrée du personnel. Anonymes, elles sont vêtues de petites robes élégantes et de tailleurs. Une gréviste, habillée en Chanel, agite timidement la main devant l'appareil. Une autre lève un poing déterminé. Une troisième tient une boîte qui servira à recueillir des fonds pour les grévistes. Elles sourient, mais affichent un air résolu.

Les négociations vont durer plusieurs jours. La boutique et l'atelier restent clos. Chanel tente une nouvelle manœuvre ; si ces femmes veulent le communisme, elle va leur en donner : elle propose de leur céder la société, dont elle garderait bien sûr la direction. Mais le personnel refuse.

Léon Blum et le mouvement ouvrier français finissent par remporter une victoire majeure. La première semaine de juin, le président du Conseil signe les accords de Matignon avec les principaux syndicats. Les lois de 1936 instituent la semaine de quarante heures, quinze jours de congés payés, la création de conventions collectives et la prolongation de la scolarité obligatoire jusqu'à quatorze ans.

Juillet et août s'écoulent. Tandis que les feuilles des marronniers parisiens jaunissent, la plus grande partie de la ville reprend le travail. Les conseillers de Chanel la supplient de céder, d'être raisonnable, de penser à la collection d'automne. Elle hésite encore. Il n'est pas dans sa nature de capituler. Pourtant, son prestige est en jeu, ainsi que des sommes énormes liées aux frais généraux, aux tissus, aux machines. Les affaires passant avant tout, elle finit par déposer les armes. Les ateliers ronronnent de nouveau, les rideaux de fer de la boutique, rue Cambon, se lèvent et le Tout-Paris revient se faire dorloter par les distinguées employées de Chanel.

Les créations d'Elsa Schiaparelli, ses roses audacieux et « shocking » empruntés à la palette de Salvador Dalí, son utilisation des œuvres de Christian Bérard ou de Jean Cocteau pour réaliser ses robes et ses accessoires font désormais les gros titres à Paris. Tous ces artistes sont également des amis de Chanel. Anita Loos, auteure du roman *Les hommes préfèrent les blondes,* et Wallis Simpson, la duchesse de Windsor, portent les modèles de Schiaparelli. Marlene Dietrich revêt ses fourrures. L'emploi qu'elle fait du rhodophane, matière ressemblant à du plastique, attire la clientèle dans sa boutique de la place Vendôme – juste sous le nez de Chanel. « Schiap », comme l'appelle le Tout-Paris, est délicieusement excessive et propose une robe du soir, alliance d'un imprimé homard grandeur nature sur la jupe et d'un corsage pailleté de vert pour figurer du persil. On trouve chez elle un sac à main en forme de téléphone ; une jupe dont les poches ressemblent à des lèvres. Le rose est à la mode et écrase l'allure raffinée et sobre de Chanel. Certains critiques jugent qu'elle a perdu la main depuis son retour de Hollywood. Dès avant les grèves, elle commençait à glisser de son piédestal de première dame de la mode en France. On discute désormais ses avis.

Née dans une famille de la noblesse italienne, élevée à Paris, Londres et New York, Schiaparelli offre un contraste saisissant avec Chanel dont la première boutique, vingt ans auparavant, avait été financée par ses amants « parce que deux messieurs se disputaient mon mignon petit corps[7] ». L'orpheline élevée dans un couvent ne peut supporter « l'Italienne ». Les prétentions de « Schiap » la mettent en fureur. Quant à la jeune styliste, elle appelle Chanel « la modiste », ce qui la fait enrager d'autant plus[8].

Celle-ci en parle comme de « l'Italienne qui fait des robes ». Schiaparelli ne l'agace pas, elle la met littéralement hors d'elle. Mais celle-ci ne représente pas la seule menace qui plane sur Chanel. Mainbocher, la maison fondée par l'Américain Main Rousseau Bocher, ancien rédacteur en chef du *Vogue* français devenu styliste, et les maisons de Madeleine Vionnet et Germaine Krebs, la future Mme Grès, deviennent des rivales féroces. Toutefois, c'est Schiaparelli qui annonce de façon prématurée : « Chanel est finie[9]. »

Au bras de ses amis, Christian Bérard, Étienne de Beaumont ou de son ancien prétendant le grand-duc Dimitri, Chanel continue à régner sur les galas, les soirées, les dîners et les conférences de presse qui entourent l'Exposition internationale des arts et techniques inaugurée à Paris en mai 1937. Les journalistes ne l'ont jamais trouvée aussi radieuse, tandis qu'elle discute avec eux tout en posant pour les photographes.

Misia Sert, son âme sœur, sait pourtant que derrière ces sourires, Chanel est blessée. Elle souffre encore de la mort de son amant et partenaire, Paul Iribe, deux ans plus tôt. Les grèves de 1936 l'ont abattue. Et maintenant, d'autres stylistes attirent l'attention qui lui est normalement réservée. Coco réalise alors les costumes de l'*Œdipe roi* de Cocteau : elle enveloppe de bandelettes toute la distribution, dont une jeune étoile montante, Jean Marais[10]. Les critiques trouvent le résultat hideux et ne l'épargnent pas : « [...] tant sont laids ces bandages qui faisaient de chaque comédien [...] une façon de grand blessé ou de bébé dans ses langes. » La presse éreinte également les costumes pesants et démodés.

Au cours des mois suivants, Chanel disparaît de la rue Cambon. Elle se retire d'abord à La Pausa, puis à Lausanne où, sur ses comptes bancaires secrets, s'accumule son pourcentage sur les ventes mondiales du Chanel N° 5. Elle semble avoir perdu tout intérêt pour la mode. Pierre Galante hasarde une autre explication : « La suprématie de Coco est menacée[11]. » Toutefois, malgré le succès d'Elsa Schiaparelli, Mademoiselle reste persuadée que son travail va se poursuivre : l'engouement pour l'extravagante Italienne sera passager. Le style Chanel est loin d'être mort.

Le 21 janvier 1936, Édouard, prince de Galles, quarante-deux ans, cet intime de Chanel qu'elle surnomme David, accède au trône sous le nom d'Édouard VIII. Ce roi qui n'est pas encore

Misia Sert, l'amie de toute une vie, dans une robe Chanel en 1937.

couronné observe l'occupation de la Rhénanie par Hitler ainsi que l'invasion de l'Éthiopie par les armées de Mussolini. Le 9 juin 1936, plus d'un million de travailleurs se mettent en grève en Espagne ; ainsi débute la guerre civile qui mènera au pouvoir Franco et son gouvernement fasciste soutenu par l'Allemagne nazie.

Édouard veut épouser Wallis Simpson, une Américaine, de surcroît divorcée, que la presse évoque sous le nom de… « la putain royale ». Le Parlement britannique, quant à lui, est déterminé à empêcher ce mariage en raison du passé tumultueux de Mme Simpson. Dans la nuit du 11 décembre 1936, au micro de la BBC, Édouard VIII annonce qu'il abdique. Son frère, quarante et un ans, devient dès lors roi (et empereur des dominions). Il régnera sous le nom de George VI.

Winston Churchill, bientôt membre du gouvernement de Neville Chamberlain, séjourne fréquemment à Paris en 1936. Trois mois avant l'abdication d'Édouard, Randolph – son fils – et le futur Premier ministre dînent avec Chanel et Jean Cocteau dans la suite de la créatrice. Churchill espère encore pouvoir convaincre l'amoureux obstiné de renoncer à épouser Wallis Simpson.

Cocteau s'est longtemps souvenu de ce repas[12]. Il écrit dans son Journal que Winston, ivre, a éclaté en sanglots et, tout en pleurant dans les bras de Chanel, s'est exclamé : « Un roi ne peut abdiquer ! » Quelques mois plus tard, pourtant, il aidera son roi et ami à rédiger son discours d'abdication. À peine huit mois après, Édouard, devenu duc de Windsor, et sa fiancée, Wallis Simpson, une fidèle cliente de Chanel, descendent au Ritz dans une suite proche de celle de la styliste. Ils reviennent d'une visite à Berchtesgaden, la tanière bavaroise du Führer.

La plupart des Français pensent encore, à l'époque, que la guerre peut être évitée. Chamberlain, le Premier ministre britannique, assure quant à lui que Hitler est susceptible d'être « contenu ». En septembre 1938, Chamberlain revient de Munich

Le duc de Windsor et Wallis Simpson salués par Adolf Hitler, lors d'une visite non officielle à Berchtesgaden en 1936.

en agitant l'accord signé avec le Führer et déclare devant le 10, Downing Street : « Je crois qu'il s'agit d'une paix durable. »

Pendant ce temps, Chanel présente une robe du soir en lamé or avec une veste courte pour les collections de 1938. Le *Vogue* britannique écrit : « Le sex-appeal est le thème principal des collections parisiennes, mais il n'a plus rien de subtil[13]. » En 1938 et 1939, tandis que l'Europe oscille entre la guerre et la paix, les affaires se redressent. Autour de l'ascenseur du Ritz, les boutiques prospèrent, vendent des bijoux Van Cleef, des étuis en écaille de tortue et autres accessoires luxueux. Les boutiques Chanel ne désemplissent pas : les femmes de la haute société continuent à acheter des robes et des vêtements chic, des chapeaux, des bijoux, des accessoires, et surtout du parfum, le N° 5.

À cinquante-cinq ans, Chanel est toujours aussi belle et sexy ; elle affiche une silhouette étourdissante, s'habille avec élégance et les photographes l'adorent. On la voit partout : en juin 1938 avec Salvador Dalí et le compositeur Georges Auric à Monte-Carlo ; plus tard, avec le fameux danseur Serge Lifar et Igor Stravinski lors d'un dîner donné par Misia. En compagnie de Louis Jouvet, au cours d'un souper à l'issue d'une représentation, elle arbore une magnifique création de crêpe blanc. Schiaparelli a peut-être inventé le « rose shocking » pour sa collection de 1938, mais c'est Chanel qui remporte la victoire. Sa collection de 1939 dévoile les robes « gitanes » qui seront copiées partout en Europe et aux États-Unis[14]. Tandis que la peur de la guerre s'empare du continent au printemps 1939, Chanel présente des robes tricolores, discrète allusion patriotique.

Pendant l'été caniculaire de 1939, le Ritz se révèle une résidence bien choisie. Dans le restaurant du jardin, Chanel déguste avec Jean Cocteau et Jean Marais des salades niçoises finement relevées d'huile d'olive ou bien l'une des célèbres spécialités orientales du chef. On boit du beaujolais rafraîchi. On termine sur une tarte aux pommes et un café. En effet, M. Ritz, qui a lancé l'hôtel, entretient une oasis de paix helvétique, tandis que militaristes et pacifistes s'écharpent dans le salon Psyché.

Clare Boothe Luce, l'épouse du richissime propriétaire des magazines *Time* et *Life*, Henry Boothe, visite les capitales européennes au début de l'année 1940. Au Ritz, elle s'entoure de New-Yorkais chic dont Margaret Case, directrice de *Vogue*, venue à Paris découvrir les nouvelles collections. Luce est ravie de constater que le Ritz n'a rien perdu de sa splendeur : « Le même petit réceptionniste, toujours aussi souriant, avec sa longue redingote qui lui tombe presque à la cheville [...]. Le même concierge à la moustache rousse, toujours aussi efficace, presque omniscient, et le grisonnant Olivier, le plus grand maître d'hôtel d'Europe, qui s'incline comme toujours au bout du couloir vers la salle à manger[15]. » Clare Boothe Luce les trouve certes « un peu plus graves et pâles que jadis ». Néanmoins, « d'après l'odeur des fourrures et des parfums, et le gazouillis distingué des voix », elle observe que la clientèle de l'hôtel n'a pas changé. Margaret Case et elle doivent cependant endurer le fracas terrible des marteaux-piqueurs qui creusent un abri derrière l'enceinte du jardin de l'hôtel. Case semble bouleversée, mais son amie la rassure : « [Ma chère], j'ai remarqué que les bombes ne tombaient jamais sur les gens qui logent au Claridge ou au Ritz. » Tandis que le mois d'avril avance, Clare Boothe Luce note : « Le plus radieux des printemps arrive en Europe. »

À l'aube du 1er septembre 1939, c'est la guerre : les troupes allemandes franchissent la frontière polonaise et se ruent vers Lodz, Cracovie et Varsovie, comme six mois plus tôt elles ont envahi Prague. Quant à Chanel, en ce premier jeudi de septembre, elle se lève dans l'opulence feutrée du Ritz et apprend que son pays va entrer en guerre contre l'Allemagne. D'abord, rien ne semble se passer : c'est la « drôle de guerre », appelée *phoney war* par les Britanniques et *Sitzkrieg* par les Allemands. Elle n'a rien à voir avec la *Blitzkrieg* lancée sur la Pologne et que Hitler ne tardera pas à déclencher contre la Belgique, les Pays-Bas et la France.

Chanel – jadis orpheline sans le sou, puis maîtresse d'un homme fortuné, devenue la grande dame de la mode – a gagné une fortune en libérant le corps des femmes pendant la guerre de 1914-1918. Maintenant, dans les premiers jours de ce conflit, elle considère que la guerre est une affaire d'hommes. Mais elle lui offre également l'occasion de punir ses employées pour avoir osé faire grève, trois ans auparavant. Elle licencie près de trois mille ouvrières : les couturières qui taillent les robes, les petites mains qui cousent chacun de ses modèles, et les vendeuses qui s'occupent des boutiques. Elle ferme l'atelier. C'est la fin de la Maison Chanel. Ainsi se venge-t-elle de ces femmes déterminées qui, en 1936, avaient exigé de meilleurs salaires, des journées de travail plus courtes, et l'avaient chassée de ses ateliers et de ses boutiques. C'est une revanche contre les grèves massives provoquées, d'après elle, par le gouvernement SFIO de Léon Blum[16], soutenu, au début, par les communistes. Et Chanel, épuisée, se convainc que le monde de la mode s'éteint en même temps que la guerre commence. « J'avais l'impression qu'une époque se terminait et que jamais on ne referait de robes », confiera-t-elle après guerre à son ami Marcel Haedrich, le rédacteur en chef de *Marie-Claire*. « Comment croire qu'il y aurait encore des gens pour acheter des robes ? Je me suis dit : tu vas tout laisser en ordre et t'occuper d'autre chose. Je me trompais : certains ont vendu des robes pendant toute la guerre, cela me servira de leçon. Quoi qu'il puisse arriver, je ferai mes robes[17]. »

Pour Chanel, Blum et ceux qu'elle appelle « les politiciens juifs de gauche » sont des bolcheviks qui menacent l'Europe. Les convictions extrémistes de la styliste ont été affûtées au cours des années par ses amants – les hommes qui l'ont arrachée à la pauvreté et l'ont aidée à lancer sa carrière.

En outre, Paul Iribe a alimenté sa phobie du judaïsme. Son antisémitisme se révèle tellement virulent qu'Edmonde Charles-Roux le considère comme « répugnant[18] ». Bendor et ses célèbres diatribes antisémites y ont également contribué.

À l'automne 1939, Hitler et Staline ont écrasé les armées polonaises. En Angleterre, Chamberlain a nommé Churchill premier lord de l'Amirauté, afin de redonner un peu de crédibilité au gouvernement entaché par le discrédit attaché aux fameux accords de Munich de 1938.

Bendor, l'ancien amant, resté l'ami de Chanel, essaie désespérément de faire libérer sa nouvelle maîtresse, une Française accusée d'espionnage après avoir tenté de pénétrer en Grande-Bretagne depuis la France[19]. À Rome, la vieille amie de Coco, Vera Bate Lombardi, est surveillée par le renseignement militaire, le Servizio Informazioni Militare (SIM), qui la prend pour un agent britannique en raison de ses origines anglaises et parce qu'elle fréquente l'ambassade britannique à Rome (alors que l'Italie n'est pas encore en guerre contre le Royaume-Uni)[20].

Peu après 1929, Vera a retrouvé son mari Alberto, membre du parti fasciste, dans sa villa via Barnaba Oriani, au Parioli, un quartier chic de Rome. Les archives italiennes montrent que Vera est devenue italienne cette année-là et, selon une lettre envoyée par son époux au ministre de la Justice, elle aurait rallié le parti de Mussolini[21].

Vera mène une existence paisible à Rome. Avec Alberto, officier de cavalerie, elle participe à des concours équestres et profite de la *dolce vita*. Elle savoure son rôle d'épouse d'un officier supérieur engagé auprès du Duce qui les apprécie. Mais les habitudes typiquement britanniques de Vera et sa participation fréquente aux événements mondains de l'ambassade la rendent suspecte aux yeux de la police fasciste et de divers services de renseignements. En 1936, le chef d'état-major de la police politique fasciste a envoyé le rapport suivant aux ministères italiens de l'Intérieur et de la Guerre :

> La vie animée et plutôt mystérieuse de Mme Lombardi, épouse du major de cavalerie Alberto, issu de l'école de cavalerie Tor di Quinto, éveille les soupçons [...]. Il semblerait qu'elle entretienne des relations avec quelques amis du prince de Galles et de nombreux liens avec les cercles financiers et politiques britanniques [...]. Elle a souvent travaillé pour la maison de couture Chanel dont la propriétaire fut pendant des années la maîtresse du duc de Westminster [...]. Le mode de vie mystérieux et débridé de cette femme nous fait soupçonner qu'elle travaille pour le compte de la Grande-Bretagne à l'insu de son mari, personne très respectée et patriote sincère [...]. Mme Lombardi téléphone souvent à Londres. Il ne devrait pas être difficile de surveiller ses communications passées depuis la via Oriani[22].

Une semaine plus tard, on ordonne aux policiers de suspendre leur filature de la femme « parce qu'elle est l'épouse d'un officier et parce que le SIM a déjà enquêté sur Vera, ouvert tout son courrier, sans succès[23] ». Toutefois, ses problèmes avec la police secrète et les services de contre-espionnage sont loin d'être terminés.

Les nouvelles incessantes du conflit et les exercices d'évacuation portent sur les nerfs de Chanel qui s'inquiète également au sujet de son neveu André Palasse. En 1939, mobilisé, il laisse sa femme et ses deux filles – Gabrielle, l'aînée, baptisée en l'honneur de « *Auntie* Coco* » et la cadette, Hélène – à Corbère, dans le sud de la France. Le militaire sert sur la ligne Maginot. Depuis le début de la mobilisation de ce dernier, Chanel subvient aux besoins de la famille et garde sa petite-nièce auprès d'elle quand elle ne va pas à l'école[24].

Mais, souvent seule, l'amour manque à Chanel, ou du moins le sentiment d'être amoureuse, ce qui, d'après elle, revient au même. Depuis la mort de Paul Iribe, elle n'a pas entretenu de relations sérieuses, alors qu'elle a besoin de se sentir aimée, peut-être pour compenser son enfance solitaire. Maintenant qu'elle ignore ce qu'il adviendra pendant la guerre, elle rumine la longue liste des amants qui, selon elle, l'ont trahie : Étienne Balsan, son premier maître ; Boy Capel, sa première véritable histoire d'amour ; Igor Stravinski, une aventure éphémère ; Dimitri, le grand-duc russe, son précieux amant ; le duc de Westminster, son mentor à la fortune colossale. Et plus tard encore : le poète Pierre Reverdy, qui ressemblait à son père. Mais surtout, elle pleure Iribe qui lui manque terriblement. Un homme qu'elle avait admiré, à qui elle se fiait. Aucun de ses prétendants n'a souhaité s'engager, notamment… parce qu'elle ne le voulait pas non plus ! Certains ont épousé d'autres femmes. Quant à Iribe, qui s'est écroulé devant elle foudroyé par une crise cardiaque, elle a l'impression qu'en mourant, il l'a trahie. Il l'a abandonnée, comme son père quarante ans plus tôt. Pourtant, Serge Lifar, maître de ballets et intime de Chanel, manque suffoquer lorsqu'il

---

* *Auntie* : tante en anglais. *(N.d.T.)*

l'entend assener : « Ah ! Iribe ? Il est enfin mort celui-là ! On ne le reverra plus[25]. »

Mais ce n'est que pure provocation. Les hommes que Chanel a aimés sont maintenant morts ou loin d'elle. Elle confiera à de nombreux biographes : « … Je pense que le mieux pour les femmes est encore de suivre une morale conventionnelle si elles veulent être heureuses dans la vie. Sinon, il leur faudra s'armer d'un courage héroïque. Et à la fin, elles paieront le terrible prix de la solitude. J'en sais quelque chose. Il n'y a rien de pire pour une femme. La solitude peut aider un homme à se réaliser, mais elle anéantit une femme[26]. »

Amère, seule au beau milieu d'une guerre, le cœur vide, les mains inutiles, elle écrit à ses frères Lucien et Alphonse qu'elle ne leur enverra plus leur mandat : « La Maison étant fermée, me voilà moi-même presque dans la misère […] Vous ne pouvez plus compter sur rien de moi tant que les circonstances seront les mêmes[27]. » C'est une lettre mesquine, écrite sous le coup de la colère et de la frustration. Si ses revenus sont amputés en raison de la fermeture de l'atelier, Chanel demeure néanmoins une femme fortunée. Grâce aux ventes à l'international du N° 5, et de parfums et accessoires proposés dans les boutiques de la rue Cambon, de Deauville et de Biarritz, l'argent coule toujours à flots. En dépit des événements, on s'arrache toujours sa fragrance et pendant le conflit, en France et dans deux pays neutres, l'Espagne et la Suisse, les ventes deviendront une source majeure de revenus.

Elle trouve alors un défi à sa mesure. Après avoir licencié ses employées, Chanel veut tout laisser en ordre et passer à autre chose. Son amant, Pierre Reverdy, l'encourage. « Lui aussi disait que la seule chose à faire, en pareilles circonstances, était de se terrer […]. C'était un temps ni à voir ni à être vu[28]. » Mais dans les milieux de la couture, on enrage, on parle de « trahison[29] ». Ses employées rejoignent la CGT et la chambre syndicale tente en vain une médiation. C'est une question de prestige pour Paris. Même les autres maisons, ses rivales, protestent. Sans Chanel, quelle signification auraient les galas organisés au profit des combattants[30] ?

Dans *L'Allure de Chanel*, Paul Morand lui fait dire : « Tout cela m'enchante. Tout cela satisfait ce goût profond de la destruction qui est en moi. On reconnaît la vie à ses incohérences. Le monde n'est que combat et confusion[31]. » Malgré la fermeture de son atelier, Chanel n'est pas finie.

Dans l'atmosphère de gaieté feinte de l'époque, les soldats partent en permission pendant la drôle de guerre et les Parisiens font leur possible pour les distraire. Maurice Chevalier et Joséphine Baker (devenue française en 1937) chantent au Casino de Paris. L'hippodrome d'Auteuil ne désemplit pas. On bavarde, on plaisante chez Maxim's ou dans les salles enfumées de la Brasserie d'Alsace qui sert toujours la meilleure choucroute de Paris.

Entre-temps, des réfugiés désespérés continuent de fuir l'Allemagne et l'Europe de l'Est, dans l'espoir de trouver la liberté. Paris devient un refuge pour les ouvriers et les artisans qui craignent l'Allemagne nazie et ses camps de concentration. Certains, qui ont la chance d'arriver jusqu'en France, trouvent du travail dans les maisons de couture. Lorsque la guerre éclate, il y a cent vingt mille réfugiés en France, la plupart juifs.

Durant le premier hiver de la guerre, les Parisiens font l'expérience amère des privations et du froid. Ils mènent une existence triste, maussade, contrariée par les rationnements de nourriture et d'essence. Pères, jeunes époux et frères sont sur le front, et il y a près de seize mille enfants cachés à la campagne. Les exercices d'évacuation se révèlent épuisants, physiquement et nerveusement, et les bombardements sur des usines de banlieue inquiètent la population.

Pour les privilégiés qui ont la chance de résider au Ritz durant cet hiver 1939-1940, l'hôtel demeure un havre de luxe. Malgré la pénurie de nourriture et de personnel qualifié, c'est toujours la Mecque des riches. Les chauffeurs de maître ont été mobilisés. Les clients les plus fortunés ont fermé leur villa de Neuilly pour emménager dans les suites du palace. Au rez-de-chaussée, ils peuvent fumer un cigare au salon Psyché, dîner au grill-room et boire un verre au bar. Chanel et ses invités profitent de la cuisine gastronomique. Au menu, on trouve par exemple : soupe de faisan, médaillons de veau, pommes au four, le tout arrosé d'un château-latour de 1939, premier grand cru de Pauillac.

Salle à manger du Ritz, en 1939. Pendant la drôle de guerre, les élites parisiennes savourent des repas gastronomiques proposés par les chefs de l'hôtel.

Jean Cocteau et son compagnon Jean Marais vivent dans un appartement non loin du Ritz, payé par Chanel. Ils dînent fréquemment à sa table. Marais, bel homme qui n'est pas encore une vedette, est appelé pour servir dans l'armée de l'Air. Il est convaincu qu'ils échapperont à une véritable guerre[32]. Curieusement, il affirme que Hitler bluffe. On dit même que le blindage de ses chars d'assaut est en carton-pâte. D'ailleurs, la drôle de guerre va bientôt prendre fin, car l'offre de paix du Führer est sincère. L'acteur demeure persuadé qu'on travaille alors à un accord de paix !

Les journaux parisiens annoncent, pendant ce temps, le prochain mariage de Cocteau et Chanel. Ces articles amusent la créatrice, mais aussi Cocteau et Marais qui affichent ouvertement leur homosexualité. D'ailleurs, Cocteau ne démentira pas[33].

Le Ritz se révèle très pratique pour entretenir une petite cour. Le duc et la duchesse de Windsor ou encore Arletty y vivent. Charles Bedaux, l'homme d'affaires américain, et sa femme Fern, intimes des dignitaires nazis qui règnent à Berlin, occupent trois appartements, non loin de celui de Chanel. La guerre n'empêche pas le duc et la duchesse d'organiser un dîner mondain : il sera interrompu par une alerte aérienne.

Noël Coward, autre client régulier à cette époque, observe que lorsque les sirènes retentissent, Chanel fuit sa luxueuse suite pour trouver refuge dans les sous-sols de l'hôtel. Durant une alerte similaire, Coward remarque la créatrice, suivie de ses domestiques, qui se précipitent vers la cave. Selon lui, Germaine et Jeanne portent le masque à gaz de leur patronne sur un coussin[34]. Mais il s'agit là, sans nul doute, d'une facétie de l'auteur britannique.

La plupart des familles françaises ignorent tout du luxe offert par le palace[35]. On ne mange de la viande que deux fois par semaine. Même dans les quartiers les plus aisés, on se serre la ceinture. Les pâtisseries ferment trois jours par semaine. Le beurre est rationné, il y a pénurie de viande, les magasins de vins et spiritueux ne vendent plus d'alcools, mais uniquement de la bière et du vin. Même les privilégiés qui dînent au restaurant se contentent du plat de viande unique que proposent les menus. À la fin de l'hiver, l'essence est rationnée. Cinq millions et demi de paysans et d'ouvriers agricoles sont requis de rester à la campagne et surtout de ne pas venir en ville. (Toutefois, personne n'explique comment on pourrait faire respecter un tel décret !)

La situation est pire pour l'Allemand moyen[36]. Au moment où le Dr Goebbels distille « avec des inflexions suaves » sa propagande sur le droit au *Lebensraum*, l'espace vital, et chante les louanges du génie de Hitler, l'*Arbeiter*, le travailleur allemand, déjeune de pain noir et de margarine. Les marchands de tabac ne peuvent vendre plus de dix cigarettes et deux cigares par client masculin et ont interdiction d'en vendre aux femmes. La ration de bière normale au restaurant est amputée de soixante pour cent, tandis que quarante pour cent des réserves de vin vont à l'armée. Plus tard, il sera interdit de danser.

La machine de propagande tourne à plein régime. Tandis que son état-major affine les plans d'invasion de la Belgique, des Pays-Bas et de la France, Hitler évoque la paix. Ses déclarations sont publiées à la une des quotidiens parisiens. *Paris-Soir*, Radio Cité et la BBC évoquent une activité diplomatique intense. Les Français pensent que les politiciens trouveront un compromis qui mettra fin à la guerre.

Les Parisiens, qui doivent se contenter de chicorée dans leurs petits bistrots, conservent néanmoins une certitude : la capitale sera épargnée. Ils gardent la conviction inébranlable que les pertes effroyables de la Grande Guerre rendent inconcevable un nouveau conflit total avec l'Allemagne. Un million et demi d'hommes – un dixième de la population masculine métropolitaine française – a été sacrifié entre 1914 et 1918[37]. N'était-ce pas la « der des ders » ? Quatre millions sont revenus blessés : aveugles, amputés, sans compter les gueules cassées. Outre-Rhin, se peut-il qu'ils aient oublié leurs propres victimes ? Les horreurs de la guerre de 14 ont-elles été effacées ?

Jean Guéhenno, grièvement blessé en 1915, écrit : « Jamais je ne croirai que nous sommes faits pour la guerre. » Les Français vivent une « délicieuse illusion », convaincus que les Allemands n'arriveront pas au bord de la Marne, contrairement à 1914. Ils ne pourront franchir les formidables défenses érigées depuis 1930 par André Maginot où le neveu de Chanel, André Palasse, est posté. Ces fortifications, qui ont coûté quelque cinq milliards de francs de l'époque, ont connu des améliorations constantes : elles arrêteront les *Boches**.

Jean-Paul Sartre, posté lui aussi sur la ligne Maginot, écrit : « Il n'y aura pas de combat, ce sera une guerre moderne, sans massacres, comme la peinture moderne est sans sujet, la musique sans mélodie et la physique sans matière. » Il passe ses journées à envoyer des ballons météo et à les regarder dériver à travers ses jumelles. « Ce qu'ils feront de cette information, c'est leur affaire.[38] » Tout le monde espère un accord diplomatique rapide.

Quant à l'état-major français, il se berce d'illusions.

Certains – de Gaulle et quelques autres officiers – savent que ces « fortifications futuristes » sont une « folie », une « distraction dangereuse » et qu'elles finiront pas prouver leur « dangereuse inutilité »[39]. À l'ouest de la ligne Maginot, les quatre cents kilomètres de frontière entre la France et la Belgique restent largement désarmés, en particulier face à la future *Blitzkrieg* qui les menace.

Les officiers des états-majors britanniques et français ne s'accordent pas sur le degré de vulnérabilité qu'ils prêtent aux défenses du nord de la France. Ils ergotent à propos de stratégie ou de la disposition des troupes. Lorsque le duc de Windsor visite le front, il est frappé par les querelles politiques qui règnent dans l'état-major français. Les généraux, explique-t-il à Londres, « éprouvent davantage d'hostilité les uns envers les autres qu'à l'encontre des Allemands[40] ». Les rapports des services secrets révèlent les différends incessants dans les hauts commandements français et britannique, mais aussi la faiblesse des défenses françaises. Le désastre est en marche. Or Hitler, au même moment, révise ses plans d'attaque.

Churchill se rend souvent à Paris au cours de cette terrible année 1940, mais ne saisit pas combien la guerre est mal menée[41]. À plusieurs reprises, il voit Chanel au Ritz. Depuis 1925 et ses visites répétées chez Westminster, sur la Côte d'Azur puis lors des parties de chasse organisées par Bendor dans le Sud-Ouest, Coco fascine le futur Premier ministre. Mais la guerre gâche tout.

Il ne reste plus que des souvenirs de ces moments où Churchill se délectait des soirées chez Chanel, buvait trop et pleurait dans les bras de son hôtesse.

Lors de ses séjours parisiens, l'homme d'État veut tout savoir. Après avoir rencontré Chanel, il interroge Hans-Franz Elmiger, le directeur suisse du Ritz, le sonde sur les conditions de vie à Paris, l'attitude des employés du palace et le moral des Parisiens. Churchill apporte-t-il des nouvelles de Bendor à Chanel ? Celui-ci est devenu une véritable calamité en Angleterre, avec ses déclarations antisémites et pro-allemandes. Churchill affirme-t-il que les Alliés défendront la France ? Il n'en doute sûrement pas. Son amour de la France l'empêche d'en voir les défauts. Son expérience auprès des Français – ces vaillants officiers que lui-même, le prince de Galles et Bendor avaient connus vingt-cinq ans auparavant pendant la Grande Guerre – lui fait croire que ce pays ne peut être vaincu. Plus tard – trop tard –, il comprendra que les intrigues politiques au sein du haut commandement français ont sapé la volonté de gagner.

Clare Boothe Luce rédige une préface toute britannique pour son livre *Europe in the Spring* : « Hitler et ses hordes peuvent nous envoyer à la mort, vous et moi. C'est en effet le genre d'idioties dont un idiot est capable[42]. »

Hitler prépare une nouvelle surprise pour l'Europe. La première semaine d'avril 1940, Chanel et les Parisiens apprennent avec étonnement que la Kriegsmarine pilonne les ports danois et norvégiens. Des agents secrets allemands déclenchent en même temps un putsch nazi à Oslo, la capitale norvégienne. Le roi Haakon VII, la famille royale et le gouvernement fuient à Londres. Norvège et Danemark sont entièrement occupés.

À Londres, Chamberlain démissionne. George VI, quarante-cinq ans, frère cadet du duc de Windsor, nomme Churchill Premier ministre ; celui-ci rassure son souverain : le Parlement le désignera pour mener la lutte à mort qui attend le Royaume-Uni.

Tandis que Hitler met la main sur la Norvège et le Danemark, les Parisiens font leurs valises. Le directeur du Ritz, Elmiger, affirme qu'il restera ouvert, alors même qu'il doit travailler avec seulement vingt-quatre employés, c'est-à-dire un quart du personnel normal. Germaine et Jeanne, les deux sœurs femmes de chambre de Chanel, pensent qu'il est temps de quitter Paris. Elles abandonnent leur maîtresse pour regagner leur village natal, tandis que Chanel essaie de trouver un nouveau chauffeur, l'ancien ayant été mobilisé[43].

Alors que l'Europe retient son souffle, Dincklage, quarante-quatre ans, toujours aussi bel homme, opère en Suisse, pays neutre, où il a fui après la déclaration de guerre[44]. Il se fait passer pour un homme d'affaires, mais en réalité, il recueille des informations sur les défenses suisses. Il doit conseiller le haut commandement allemand quant à l'attitude du pays en cas d'offensive contre la France. Il n'est pas seul ; il est appuyé par son ancien maître espion, le major (plus tard lieutenant-colonel) Alexander Waag, ancien chef de groupe de l'Abwehr, stationné à l'ambassade d'Allemagne à Berne. Dincklage, qui conduit une Fiat Topolino munie de plaques d'immatriculation françaises, séjourne d'abord plusieurs semaines à Ruvigliana, près de Lugano dans le Tessin[45]. Il est hébergé à la villa Colinetta, propriété du Dr Leonardo Dicken, fonctionnaire allemand à la retraite et vieille connaissance. Sa villa doit servir de « boîte aux lettres » pour Dincklage. Mais le contre-espionnage français a déjà ordonné à ses agents, ainsi qu'aux services postaux et télégraphiques, de surveiller toutes les communications de Maximilienne (Catsy a conservé son nom de femme mariée) et de la nouvelle maîtresse du baron, Hélène Dessoffy[46].

En Suisse, Dincklage a sans doute appris que Catsy, son ex-femme maintenant âgée de quarante ans (qui, rappelons-le, est elle aussi agent de l'Abwehr) et Hélène Dessoffy sont surveillées par les Français. Cette dernière, fille d'un officier de marine[47], est devenue sa maîtresse et l'amie de Catsy au milieu des années trente[48]. En raison de l'imminence de la guerre, elle est interrogée par des agents du contre-espionnage français, chez elle, près de la base navale de Toulon.

Edmonde Charles-Roux le rappelle : juste avant la déclaration de guerre, le mari d'Hélène, Jacques, est « anéanti » lorsqu'il apprend que sa femme est accusée d'espionnage[49]. En effet, puisque son courrier est ouvert par le contre-espionnage français, Dincklage a peut-être causé à son insu l'arrestation d'Hélène et de Maximilienne en leur ayant écrit depuis Berlin[50].

Déménageant d'un canton suisse à un autre, l'homme échappe à toute détection, jusqu'au moment où il se fait admettre à la clinique de Viarnetto à Pregrassona, près de Lugano, et déclare qu'il souffre d'une maladie nerveuse (ruse classique des agents allemands « pour éviter les contrôles de police »)[51]. Il n'a pas réussi à opérer clandestinement. Ni Waag à Berne, ni leurs supérieurs à Berlin n'avaient anticipé le professionnalisme des renseignements suisses, aussi efficaces que la Gestapo. Le Dr Dicken est d'ailleurs soupçonné par le contre-espionnage helvétique d'être l'antenne de la Gestapo à Lugano[52]. Quant à Dincklage, il est connu comme espion par les autorités confédérales depuis 1933, sans doute depuis sa mission à Varsovie. Il s'installe alors à Davos, puis à l'hôtel de la Paix de Lausanne où il parvient à échapper à l'enregistrement requis par les autorités. Quelques jours plus tard, un tuyau informe le responsable des renseignements suisses à Lausanne, le colonel J. Jacquillard, de la présence du baron à l'hôtel[53].

Un policier se rend alors sur place et saisit son passeport diplomatique[54]. Le document, délivré à Paris en 1935, est valide jusqu'en avril 1940. La curiosité des Suisses est piquée au vif. Le quartier général du renseignement helvétique à Berne lance donc une enquête officielle. Interrogé plus tard, Dincklage joue l'outragé. Il explique à l'inspecteur de police Decosterd que sa mère est anglaise et qu'il « a quitté la France, car il n'est pas enthousiaste à l'idée de revenir en Allemagne ». Le baron, scandalisé, s'énerve et conseille à Decosterd d'« enquêter plutôt sur certains clients du Lausanne Palace Hôtel et de son bar » qui lui semblent louches !

Pourtant, s'il y a bien quelque chose de louche, c'est de retrouver désormais Dincklage en compagnie de femmes « de mauvaise vie, morphinomanes et soupçonnées d'espionner pour le compte de l'Allemagne ». En outre, le contre-espionnage suisse découvre que cet aimable ex-diplomate allemand possède un compte à l'Union de banques suisses – qui affiche un confortable crédit de dix-huit mille francs suisses (près de cinquante mille euros actuels). Lorsque les Suisses contactent leurs homologues français, ils découvrent plusieurs détails importants sur la vie de Dincklage, ce séducteur impénitent : il a déjà mené des opérations secrètes en Espagne et en Tunisie – sur la base française de Bizerte. Son ex-femme et lui ont d'ailleurs dirigé un réseau clandestin avant et après leur divorce. Dincklage usait de ses charmes et de sa personnalité afin de recruter des Françaises qui espionnaient pour son compte des cibles sélectionnées sur la Côte d'Azur[55]. Hélène Dessoffy avait été sa maîtresse, son courrier et son agent. Plus tard, les Suisses découvrent qu'une princesse allemande de quarante ans, Adele von Ratibor Corvey, à l'instar du Dr Dicken, sert elle aussi de boîte aux lettres à Dincklage[56].

Leurs services creusent un peu plus profond et demandent un complément d'informations au renseignement français. Ils se rendent compte alors qu'un mandat d'arrêt a été lancé contre le baron, à la requête de la police et du contre-espionnage français qui le recherchaient.

Pourtant à Berne, au quartier général du renseignement, il n'existe aucune preuve tangible et circonstanciée d'une quelconque infraction de l'agent à la loi helvétique et encore moins d'un fait d'espionnage. Dincklage laisse à d'autres le travail dangereux, en particulier la réception et la transmission des documents. En outre, il détient toujours un passeport diplomatique allemand et, à ce moment fatidique des relations germano-suisses, Berne ne souhaite pas provoquer d'incident.

Les autorités helvétiques finissent par lui demander poliment de quitter le pays. En novembre 1939, il quitte son hôtel et clôt son compte à l'Union de banques suisses. Il parvient d'ailleurs à sortir ses dix-huit mille francs suisses du pays, avant d'aller skier à

Davos ! Le contre-espionnage helvète se rend enfin compte qu'Alexander Waag et Dincklage manipulent deux agents de l'Abwehr : Hans Riesser et sa femme Gilda Riesser (agent 1001). Hans est arrêté. Lorsque les inspecteurs examinent son passeport allemand, ils n'y trouvent pas la mention obligatoire « J » pour juif. Puisque Riesser est juif, les Suisses en concluent qu'il s'agit d'un agent. Il passera quatre ans en prison. Sa femme Gilda réussira à s'enfuir en France où, plus tard, elle continuera de servir l'Abwehr.

Le compte à rebours de la *Blitzkrieg* approche de zéro quand Dincklage et le major Waag quittent la Confédération helvétique pour Berlin. Ils reviendront bientôt à Paris, comme s'ils n'en étaient jamais partis, et y retrouveront leurs anciens amis[57].

Dans la nuit du 10 au 11 mai 1940, c'est le black-out à Berlin. Malgré le couvre-feu, un correspondant du magazine *Time* rapporte que Hitler, Hermann Göring et Goebbels sont vus ensemble au théâtre – un événement exceptionnel. À l'aube du mardi, Joachim von Ribbentrop, le ministre allemand des Affaires étrangères, pâle, les yeux bouffis après une nuit sans sommeil, explique à des journalistes hâtivement rassemblés à huit heures du matin pour une conférence de presse que « l'Angleterre et la France ont fait tomber les masques ». La Belgique et la Hollande ont « comploté » contre le Reich, affirme-t-il d'une voix grinçante. Tout le monde dans la salle comprend que la machine de guerre nazie vient de frapper la France et les deux petits pays neutres.

Quelques minutes plus tard, l'Europe capte la voix suave du Dr Goebbels à la radio. Il annonce que « la Hollande, la Belgique et le Luxembourg sont dorénavant sous la protection du Reich ».

C'est la panique à Paris. Carmel Snow écrit dans *Harper's Bazaar* que la ville est « déjà vide. Les taxis ont disparu. Les lignes téléphoniques sont coupées. On peut marcher des kilomètres sans voir un enfant. Même les chiens – pourtant, les Parisiens les aiment ! – ont été envoyés à la campagne[58] ». Au Ritz, le directeur Elmiger se rend vite compte que la situation semble désespérée. Chanel a appris cette tragédie à la radio et à la BBC.

De Londres parvient la nouvelle : quatre millions d'enfants, de femmes et d'hommes, français et belges, fuient vers le sud devant l'armée allemande.

Chanel hésite. Des ombres terrifiantes emplissent ses nuits. Elle parvient à dormir d'un sommeil agité en s'administrant une dose de morphine qu'elle garde sur sa table de nuit dans une seringue. Toute seule, désormais, elle cherche désespérément un homme pour remplacer son chauffeur mobilisé. Essaie-t-elle d'appeler Bendor à Londres ? L'absence de nouvelles ajoute à son angoisse. Depuis ses fenêtres qui donnent sur la place Vendôme, Chanel voit « les nuages de fumée noire qui obscurcissent le ciel – à trois heures de l'après-midi, il fait nuit, comme si des morceaux de papier carbonisés couvraient les rues de la ville ». La population croit que les Allemands brûlent tout sur leur passage ; non, ils sont encore loin. La fumée provient en fait des documents détruits par les représentations diplomatiques et les ministères.

Clare Boothe Luce écoute du jazz à la radio, ce jour-là, quand la musique s'interrompt soudain pour laisser place à une annonce qui grésille dans le poste : « Voici le message du pape Pie XII[59]. » Le nouveau souverain pontife, élu en mars 1939, plaide d'une voix tremblante la cause du peuple belge.

Rares sont les Parisiens qui avaient prévu la vitesse à laquelle les Allemands, grâce à leur organisation, à des communications modernes et à une offensive éclair, allaient submerger les défenses françaises. Le 10 juin 1940, les armées alliées sont en déroute. Le charognard Mussolini déclare alors la guerre à la France.

Le 11 juin, Paris est déclaré ville ouverte. Ami de Chanel, l'ambassadeur américain William C. Bullitt est vu à Notre-Dame devant l'autel. Il pleure. Comme la plupart des Parisiens, Chanel essaie désespérément de partir. On ignore si la capitale sera bombardée ou anéantie. Elle prend des dispositions pour Angèle Aubert, son bras droit depuis près de trente ans ; pour sa chef couturière, Manon ; et pour une poignée d'employées. Elles se réfugieront à Corbère chez les Palasse. Coco fait ses valises et transporte sa malle avec l'aide du portier du Ritz. Un chauffeur et garde du corps récemment recruté refuse de conduire la Rolls-Royce bleue au milieu de la foule de réfugiés. On trouve alors une Cadillac : elle quitte enfin Paris, direction le Sud, au milieu d'une population désespérée qui laisse derrière elle les sinistres nuages d'une fumée noire et épaisse. Mademoiselle sait ce qu'elle veut : retrouver les Palasse à Corbère, dans les Pyrénées, non loin du lieu où son premier amant, Étienne Balsan, s'est retiré. Elle est également persuadée de pouvoir y trouver quelques instants de paix.

7.

Paris occupé, Chanel réfugiée

Pour une femme, trahir n'a qu'un sens – précisément celui des sens[1].

Gabrielle Chanel

Un silence lugubre s'abat sur le Paris que Chanel vient d'abandonner. Les ministères ont brûlé leurs documents sensibles, verrouillé leurs bureaux et les fonctionnaires rejoignent les flots de réfugiés qui fuient vers le sud. Des nuages d'une fumée graisseuse et noire passent au-dessus de la Seine couleur ardoise. Les églises, les monuments et les parcs sont déserts. Les cafés également. Toutes les communications ont été coupées – comme si un événement cataclysmique avait suspendu la vie.

William C. Bullitt, l'ambassadeur américain à Paris, envoie un câble au président Franklin D. Roosevelt : « L'avion s'est révélé une arme décisive [...] les Français n'avaient rien à opposer [aux Allemands] sinon leur courage [...]. Il est certain que l'Italie entrera en guerre et que le maréchal Philippe Pétain fera son possible pour parvenir à un accord avec l'Allemagne[2]. »

Sept semaines après l'invasion allemande, la croix gammée flotte sur la tour Eiffel. Quelques jours plus tard, Hitler se rend à Paris pour assister au défilé de la Wehrmacht sur les Champs-Élysées. Le correspondant de CBS, William L. Shirer, raconte depuis la capitale :

> Les rues sont désertes, les boutiques fermées, les rideaux baissés sur les vitrines – le vide de cette ville est saisissant [...]. J'ai le sentiment d'avoir assisté ici à l'effondrement complet de la société française : l'effondrement de l'armée, du gouvernement, du moral de la population. C'est presque impossible à croire... Pétain qui se rend ! Qu'est-ce que cela signifie ? Et personne ne semble avoir le cœur à répondre[3].

Le voyage de Chanel entre Paris et Corbère, près de Pau, est difficile, parfois effrayant, tandis que Larcher, son chauffeur, se fraie un chemin[4]. Les panzers de Hitler arrivent déjà au cœur de la France et les stukas bombardent en piqué les colonnes de réfugiés qui tentent de s'abriter dans les fossés, à l'ombre des platanes bordant les routes. La Wehrmacht oblige des millions de Français à fuir à pied, en automobile, en voiture à cheval, chargés de roues de secours, de matelas, de bagages.

À Corbère, Katharina, la femme du neveu de Coco, André Palasse, et leurs enfants attendent avec nervosité des nouvelles d'*Auntie*. Depuis des semaines, la famille n'en a aucune d'André, mobilisé. Alors que passent les heures les plus tragiques d'une France vaincue, ils craignent le pire. Pour Chanel, le château des Palasse représente un havre temporaire, isolé au pied des Pyrénées. En outre, elle se trouve non loin de Doumy, où se situe la résidence d'Étienne Balsan, et elle pourra compter, se dit-elle, sur son aide.

Personne ne sait où s'arrêteront les Allemands ! Les journalistes français et britanniques relatent la fin de la poche de Dunkerque où une partie seulement des troupes ont réussi à embarquer pour l'Angleterre. À Paris, le correspondant radio de CBS, Eric Sevareid, confie : « Dès ce soir, aucun Américain ne pourra parler directement à l'Amérique sans être surveillé par des personnes qui ne sont pas françaises[5]. » Le gouvernement s'est réuni à Bordeaux où Paul Reynaud, président du Conseil, et de Gaulle espèrent poursuivre la guerre. Ils n'y parviennent pas. Le maréchal Pétain, quatre-vingt-quatre ans, veut cesser le combat et Reynaud démissionne. De Gaulle s'envole pour Londres. Pétain est investi du pouvoir sur ce qui reste de la France et de son vaste empire colonial. Mi-juin 1940, le héros de la bataille de Verdun demande l'armistice. Bientôt, le régime de Vichy va collaborer avec les nazis. « Collaborateur », ce mot banal, va devenir l'un des plus connotés du vocabulaire politique de la France occupée. Un correspondant du magazine *Time* observe : « Le mieux que la France puisse espérer, c'est d'être autorisée à vivre en paix dans l'Europe d'Adolf Hitler. »

Après leur traversée de la Garonne, à Agen, Chanel et Larcher empruntent des voies moins encombrées[6]. Au pied des Pyrénées, à Doumy, ils roulent vers l'est sur des petites routes de campagne et rejoignent le château des Palasse. Katharina Palasse (née Vanderzee, en Hollande), Étienne Balsan et son épouse, les petites-nièces de Chanel – Gabrielle, quatorze ans, et Hélène, douze ans – sont « follement soulagés » de revoir leur bienfaitrice au bout de tant d'années. Gabrielle, la préférée de la créatrice, possède un esprit très vif. « *Uncle* Benny » (le duc de Westminster) l'a surnommée *Tiny* : petite, mignonne. Ce sobriquet lui restera.

La réunion de famille à Corbère est très émouvante. Enfin, des nouvelles d'André parviennent au château grâce au Comité international de la Croix-Rouge : il est vivant, mais après avoir été capturé sur la ligne Maginot comme trois cent mille autres soldats français, il est prisonnier dans un camp allemand. La famille Palasse est rassurée. Il ne devrait pas tarder à rentrer. Gabrielle Palasse-Labrunie se rappelle avoir pensé : « La guerre est finie, Papa va revenir. » Peu après, Angèle Aubert, Manon et dix autres employées de Chanel descendent de Paris et rejoignent des amis de la patronne, tous réfugiés hors de la capitale. Plus tard, Marie-Louise Bousquet, intime de Misia Sert, arrive de Pau. La vie au château offre un répit au chaos parisien. La table est bien garnie, Marie, la cuisinière des Palasse, est un vrai cordon-bleu, et les vignobles locaux produisent un vin blanc bien agréable. De temps en temps, le petit groupe se réunit. Katharina, Chanel, les Balsan et Marie-Louise Bousquet dînent ensemble, après les enfants.

Gabrielle Palasse-Labrunie se souvient : « À la maison, les adultes devaient pouvoir garder un œil sur nous, mais ils ne devaient pas nous entendre. » Mme Aubert, Manon et les autres couturières vivent et mangent dans les communs. Mais *Tiny*, la jeune protégée, prend son petit déjeuner avec *Auntie* Coco dans sa chambre.

Peu après midi, le 17 juin, la radio française interrompt son programme[7]. Au château des Palasse, ce lundi-là, en Angleterre et dans toute l'Europe, on écoute le maréchal Pétain qui demande, « le cœur serré », l'armistice à l'Allemagne et annonce solennellement aux Français : « Je vous dis aujourd'hui qu'il faut cesser le combat. »

Chanel est sidérée. Elle se terre dans sa chambre pour pleurer. Sa petite-nièce Gabrielle se rappelle : « Quand elle a appris que la France était vaincue, *Auntie* Coco a été inconsolable pendant des jours entiers. Elle parlait d'une trahison[8]. » Après la débâcle de mai-juin 1940 et durant l'Occupation, nombre de Français penseront en effet qu'ils ont été trahis par les responsables militaires et des politiciens corrompus. Ce sentiment se mue bientôt en confiance envers le héros de la Grande Guerre, Pétain, lorsqu'il prend les rênes du nouveau régime à Vichy.

Les semaines suivantes, la famille apprend qu'un général inconnu, un certain de Gaulle, a lancé un appel sur la BBC. Lentement, souvent clandestinement grâce à des tracts distribués par les premiers résistants, Françaises et Français découvrent l'Appel du 18 juin : « La France a perdu une bataille ! Mais la France n'a pas perdu la guerre ! [...] Quoi qu'il arrive, la flamme de la résistance française ne doit pas s'éteindre et ne s'éteindra pas [...] » Mais à ce moment-là, on ignore souvent qui est ce général, âgé de cinquante ans. Ce n'est que plus tard, grâce aux émissions de la BBC depuis Londres, qu'on connaîtra les Français libres, installés, grâce à Churchill, dans la capitale anglaise. Le Général ne se fait pas que des amis quand il associe la vieillesse de Pétain avec le naufrage de la France.

Le maréchal Pétain rétrograde d'abord de Gaulle, son ancien protégé, au rang de colonel. Le militaire insoumis sera ensuite condamné à mort par contumace et à la dégradation militaire pour trahison. Pour de nombreux Français, la capitulation est un soulagement[9] ; la France ne connaîtra pas le bain de sang de 1914-1918. Avec Pétain au pouvoir, la plupart des dirigeants européens, dont les français, estiment que « Hitler vaut mieux que Staline » et espèrent que le Führer se retournera bientôt contre l'Union soviétique.

Tandis que l'été approche, Chanel veut rentrer à Paris, où ses affaires de parfum la réclament. Après tout, comme elle le dira plus tard : « Les Allemands n'étaient pas tous des voyous[10]. »

Hitler lors de son unique visite en France, après la capitulation, juin 1940.

En trente-huit jours, en tout cas, Hitler a réussi là où les armées du Kaiser avaient échoué. Hitler réalise un rêve allemand : voir Paris à ses pieds.

Huit jours après la signature de l'armistice, il se rend à Paris. Les actualités du monde entier le montrent sur l'esplanade du palais de Chaillot, au Trocadéro. Les caméras s'attardent sur les conquêtes allemandes : la tour Eiffel, le Champ-de-Mars et les tours de Notre-Dame. Si l'on en croit la propagande nazie, la Grande-Bretagne est le plat suivant au menu du Führer.

L'armistice divise la France en zone occupée et zone libre (ou non occupée), séparées par la ligne de démarcation, véritable frontière qui entrave la circulation des personnes, le commerce et les affaires : dès juin 1940, les Français devront être munis d'un laissez-passer. Cet *ausweis* est délivré après enquête menée par la Gestapo. Même les ministres de Pétain doivent demander aux Allemands l'autorisation de circuler entre Vichy et Paris. Pour la population, c'est le cauchemar au quotidien.

Seize jours après l'armistice, Churchill, craignant que la flotte française ne tombe aux mains des Allemands, ordonne le bombardement de Mers el-Kébir. Mille trois cents marins français périssent. Des dizaines d'autres sont blessés. Il s'agit d'un déshonneur national, considéré comme une trahison de l'ancien allié. Pétain et ses ministres anglophobes y trouvent un prétexte pour rompre les relations diplomatiques avec le Royaume-Uni. Le Maréchal lance la « révolution nationale » et dote l'« État français » d'une nouvelle devise : Travail, Famille, Patrie. La Grande-Bretagne soumet les côtes françaises à un blocus dans l'attente de l'invasion allemande. La bataille d'Angleterre commence.

Vichy, la capitale pétainiste, est entre les mains d'une poignée d'hommes qui veulent s'inscrire dans le « nouvel ordre européen » sous la férule nazie. Ils estiment que l'Allemagne vaincra la Grande-Bretagne et créera une force puissante contre le communisme et ce qu'ils appellent « la juiverie internationale ». Bientôt, les nazis forcent Pétain à nommer vice-président du Conseil Pierre Laval, anticommuniste et antisémite virulent[11]. À peine trois mois après la signature de l'armistice, les ministres de Vichy préparent le premier Statut des juifs[12]. Non seulement Pétain approuve la loi, mais il annote le texte de sa main pour étendre les restrictions. Ce Statut exclut les juifs de certaines professions (médecins et avocats, par exemple) qui pourraient influencer l'opinion publique. Il se transforme en loi, le 3 octobre 1940, trois semaines avant la promulgation d'une loi similaire par les nazis en zone occupée. La thèse tendant à montrer que Pétain était manipulé par son entourage antisémite semble dès lors s'effondrer.

Puisque Vichy est le nouveau siège du pouvoir dans la zone non occupée, Chanel veut s'y rendre[13]. Elle souhaite rallier Paris en y faisant étape. Elle connaît Pierre Laval grâce à sa fille Josée – épouse de l'avocat de Chanel, René de Chambrun – et quelques femmes de ministres, anciennes clientes et amies de Paris ou Deauville.

Près de Corbère, Larcher, le chauffeur, parvient à trouver suffisamment d'essence pour alimenter la Cadillac qui en consomme beaucoup. Il remplit également divers récipients qu'il entrepose dans le coffre. Accompagnée de Marie-Louise Bousquet, Chanel remonte vers Vichy. Alors âgée de quatorze ans, Gabrielle Palasse-Labrunie se souviendra, des années plus tard et avec beaucoup de tristesse, du départ d'*Auntie* Coco dans sa limousine. Marie-Louise, cette Parisienne chic qui fréquente la bonne société, l'impressionne même quand ses talons hauts manquent de la faire tomber dans l'allée gravillonnée. *Tiny* devra attendre plus d'un an avant de recevoir un laissez-passer lui permettant de retrouver Chanel à Paris. La famille Palasse ne verra pas un Allemand pendant de longs mois. Des nouvelles d'André leur parviennent toujours grâce à la Croix-Rouge suisse : il est vivant mais malade[14].

Mme Lefebvre, réfugiée du nord de la France, est la préceptrice des filles qui passent leurs journées à étudier en vue de se présenter au brevet élémentaire. Elles vont au lit à vingt heures. À la campagne, les Français se lèvent avec le soleil et se couchent tôt. Plus tard, des agents mandatés par les troupes allemandes stationnées à Pau viendront au château pour réquisitionner nourriture, lapins, porcs et poulets.

Chanel parvient à Vichy fin juillet. Son chauffeur a couvert les quatre cent trente-quatre kilomètres, le long de l'Allier, sans encombre. Depuis l'armistice, des régiments d'infanterie et des chars occupent la zone. Des réfugiés rentrent chez eux et les troupes allemandes ont reçu des instructions très rigoureuses quant à la conduite à tenir face aux civils.

Vichy était jusqu'alors une paisible ville d'eaux endormie sur les rives de l'Allier. De vieux messieurs venaient jouer au casino, prendre les eaux, reluquer les jolies hôtesses ou se procurer leurs faveurs. En juillet, lorsque Chanel arrive, la ville grouille de quelque cent trente mille hommes politiques, diplomates, prostituées et agents secrets, installés hâtivement dans des box au milieu des salles de jeu ou utilisant comme bureaux les chambres vides d'hôtels sans chauffage. Les archives rapportées de Paris sont entreposées dans les baignoires. Et partout sur les murs s'affiche le visage hiératique du maréchal Pétain qui toise ses fonctionnaires au travail.

Quand Chanel et Marie-Louise s'y arrêtent, la ville connaît une ambiance de foire malsaine ; elle vibre d'énergie – sexuelle, entre autres – et la vie continue dans les cabarets, les boîtes de nuit et les bordels qui assouvissent les désirs des fonctionnaires, des politiciens et des parasites professionnels. Un ami de Paris, André-Louis Dubois, haut fonctionnaire, affirme que Chanel a croisé Misia Sert à Vichy[15]. Il se rappelle que les trois femmes séjournaient dans la même chambre d'hôtel, la sienne, et non sous les combles comme certains l'ont écrit. Sa chambre était libre car il avait reçu l'ordre de quitter la ville. Sa hiérarchie venait en effet de découvrir qu'il avait accordé des visas pour l'Amérique à des juifs.

À Vichy, les trois femmes prennent leurs repas à l'Hôtel du Parc[16]. Les biographes de Chanel racontent son choc face au comportement d'une femme qui dîne non loin d'elle. Coiffée d'un immense chapeau, cette grande bourgeoise rit en buvant du champagne. Pour Chanel – et Misia, sans doute –, ce n'est pas le moment de se réjouir, alors que l'ennemi vient d'infliger une défaite aussi cuisante à la France. Chanel ironise : « C'est la pleine saison ici. » Le mari en prend ombrage : « Que voulez-vous dire, madame ? – Je veux dire qu'on est bien gai ici et que c'est bien agréable. » La femme devra alors calmer son époux.

Chanel a une autre raison de s'arrêter à Vichy, devenu siège du pouvoir. Elle s'efforce de remuer ciel et terre pour faire rentrer de captivité son neveu André. Elle ne parvient pas à rencontrer Laval, mais elle cherche certainement les conseils des dignitaires de Vichy.

Apprendre qu'André fait partie des millions de soldats français prisonniers dans les stalags allemands a brisé le cœur de Chanel. Les initiés savent en effet que les nazis utiliseront les prisonniers comme monnaie d'échange. Si elle veut revoir André, il lui faudra passer par les Allemands ; alors, elle retourne à Paris, résolue à agir.

Le Paris que retrouve Chanel est inondé de drapeaux rouge et noir portant la croix gammée : l'Arc de triomphe, la tour Eiffel, la Chambre des députés, les ministères et l'Élysée. Pendant les quatre années suivantes, les Parisiens subiront l'occupant. Quotidiennement, les soldats de la Wehrmacht descendront les Champs-Élysées vers la place de la Concorde. Le Ritz est devenu une forteresse entourée de sacs de sable. Des troupes d'élite dans leur uniforme *feldgrau* en surveillent l'entrée et tendent le bras en aboyant « Heil Hitler ! » dès qu'un dignitaire nazi se présente.

Plus cruel encore : une bannière est tendue sur l'Assemblée nationale et la tour Eiffel. En lettres majuscules, on y lit : *Deutschland siegt an allen Fronten* (« L'Allemagne victorieuse sur tous les fronts »). Et, comble d'humiliation, les maîtres nazis ordonnent qu'un buste de Hitler soit placé sur le perchoir de l'Assemblée.

Pour humilier les Français, les Allemands plantent la croix gammée sur le ministère de l'Intérieur dans Paris occupé, juin 1940.

Les soldats de la Wehrmacht et les matelots de la Kriegsmarine grouillent aux Champs-Élysées, rue de Rivoli ou rue Royale. Dans les vitrines, ils admirent un luxe qu'ils n'ont jamais approché. Ils s'arrachent des souvenirs, payés en francs changés avec des reichsmarks surévalués. « Grâce au taux de change artificiel, tout est moins cher pour l'envahisseur[17]. » Polis, ils murmurent un « *danke schön, Fräulein* » et envoient un clin d'œil à la *demoiselle** en question[18]. Certaines, d'ailleurs, sont déjà prêtes à flirter avec ces beaux aryens qui ont le mal du pays et cherchent une compagnie féminine.

À l'automne 1940, près de trois cent mille soldats et fonctionnaires allemands occupent Paris et sa proche banlieue. Ils s'installent dans des appartements et des maisons en en chassant les locataires et les propriétaires légitimes, ouvrent leurs propres lupanars, désignent leurs hôtels, restaurants et cafés préférés. La plupart des Parisiens prennent leur mal en patience. Certains accrochent des portraits du Maréchal sur les murs de leur bureau ou de leur domicile. Les Allemands possèdent la France : les grands boulevards, les monuments, même les kiosques dans les rues sont couverts d'affiches et d'avertissements nazis, lesquels exigent, en allemand et en français, que la population obéisse aux décrets, au rationnement et au couvre-feu strict – ou qu'elle en subisse les conséquences.

Partout les drapeaux nazis claquent au vent sur les Mercedes et les véhicules camouflés de la Wehrmacht patrouillant dans les rues désertes. Le Parisien moyen se voit obligé d'abandonner sa propre voiture au garage car il n'y a plus d'essence, plus de combustible, non plus, pour chauffer les maisons.

Pour Dincklage, officier de cavalerie à l'âge de dix-sept ans, vétéran des sanglants combats du front russe pendant la Première Guerre mondiale, agent du renseignement militaire allemand depuis plus de vingt ans, ce second conflit mondial réalise le rêve allemand du *Lebensraum*, « l'espace auquel l'Allemagne peut prétendre de par son histoire [...] un espace qu'elle devra conquérir ».

Par un matin frisquet de 1940, avenue Kléber, les passants remarquent qu'une Mercedes de l'armée allemande s'arrête brusquement le long du trottoir[19]. Un officier en sort et salue une femme, une amie, qu'il a vue déambuler sur l'avenue. Il s'agit du baron Hans Günther von Dincklage, quarante-quatre ans, en uniforme de la Wehrmacht, qui se précipite pour présenter ses hommages à Mme Tatiana du Plessix. Son époux et elle connaissent Spatz – son surnom – depuis ses séjours sur la Côte d'Azur et son activité à l'ambassade d'Allemagne à Varsovie. Dans une fraction de seconde, Mme du Plessix se

Officiers allemands à l'Opéra de Paris, en 1940. En haut, deuxième personnage à gauche, il s'agit apparemment de Dincklage, en uniforme de la Wehrmacht.

rend compte que l'amical journaliste désargenté qu'il prétendait être après avoir quitté la Pologne se révèle en réalité un officier aguerri.

Sa présence étonne Tatiana : « Qu'est-ce que tu fais là ?

– Je fais mon travail.

– Et quelle est la nature de ce travail ?

– J'appartiens au renseignement militaire.

– *Tu es un vrai salaud* !* s'exclame Tatiana. Tu t'es fait passer pour un journaliste fauché ; tu as gagné notre confiance, tu as séduit ma meilleure amie, et maintenant tu oses me dire que tout ce temps-là, tu nous espionnais !

– *À la guerre comme à la guerre** », réplique Spatz qui l'invite alors à dîner.

« J'ai failli accepter, avouera Tatiana un peu plus tard. Il avait joué à la victime du racisme hitlérien, il portait des haillons, il conduisait un vrai tacot [...]. Il avait séduit Hélène Dessoffy parce qu'elle avait une maison près de la plus grande base navale française, à Toulon, et nous avions tous succombé aux boniments de ce salaud. »

Dincklage est de retour en France[20] ! La Sûreté et le deuxième bureau ont suivi ses allers et retours en Suisse. Ils savent également qu'il est revenu à Paris dans les bagages de l'occupant. Pendant les quatre années suivantes, les services de Vichy, mais aussi ceux de la France libre, à Londres, vont surveiller et documenter les agissements de leur vieil adversaire.

À cinquante-sept ans, Chanel se sent prête à tomber de nouveau amoureuse. Et voilà qu'en cette année tragique, une nouvelle aventure s'annonce au moment où Dincklage, devenu un officier de haut rang dans l'armée d'occupation, entre dans sa vie et s'apprête à lui faire la cour[21]. C'est la dernière grande histoire d'amour de Chanel. Il ne reste qu'un unique témoin vivant qui ait connu de façon intime cette romance au cours de la guerre. Gabrielle Palasse-Labrunie, quinze ans, rend visite à *Auntie* Coco lorsqu'elle rencontre le baron, fin 1941, dans Paris occupé. Elle se souvient : « Spatz était *sympa**, séduisant, intelligent, toujours bien habillé et agréable – il souriait beaucoup et parlait couramment français et anglais... un bel homme, bien né. Il est devenu notre ami. » Elle comprend la séduction qu'il exerce sur Chanel : « C'était l'épaule sur laquelle elle pouvait se reposer, mais aussi l'homme qui allait l'aider à ramener André à la maison. »

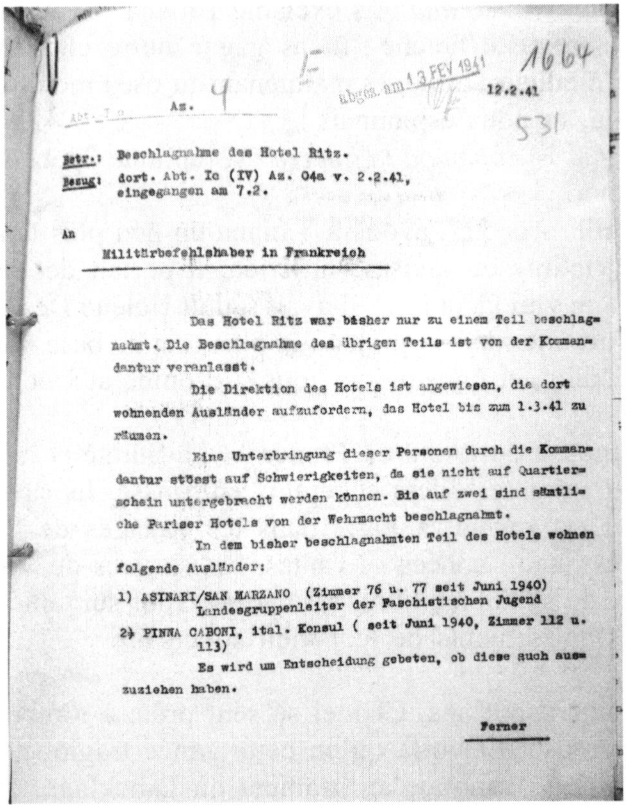

1664

Abt. Ic Az. 4 F abges. am 13 FEV 1941 12.2.41

531

Betr.: Beschlagnahme des Hotel Ritz.
Bezug: dort. Abt. Ic (IV) Az. 04a v. 2.2.41, eingegangen am 7.2.

An

Militärbefehlshaber in Frankreich

Das Hotel Ritz war bisher nur zu einem Teil beschlagnahmt. Die Beschlagnahme des übrigen Teils ist von der Kommandantur veranlasst.

Die Direktion des Hotels ist angewiesen, die dort wohnenden Ausländer aufzufordern, das Hotel bis zum 1.3.41 zu räumen.

Eine Unterbringung dieser Personen durch die Kommandantur stösst auf Schwierigkeiten, da sie nicht auf Quartierschein untergebracht werden können. Bis auf zwei sind sämtliche Pariser Hotels von der Wehrmacht beschlagnahmt.

In dem bisher beschlagnahmten Teil des Hotels wohnen folgende Ausländer:

1) ASINARI/SAN MARZANO (Zimmer 76 u. 77 seit Juni 1940)
Landesgruppenleiter der Faschistischen Jugend

2) PINNA CABONI, ital. Konsul (seit Juni 1940, Zimmer 112 u. 113)

Es wird um Entscheidung gebeten, ob diese auch auszuziehen haben.

Ferner

Correspondance provenant du quartier général de la Wehrmacht à Paris, stipulant que l'hôtel Ritz est désormais réservé aux hiérarques allemands. Parmi les étrangers autorisés à résider, on note la présence de « Chanel, Mlle ».

Au cours des années suivantes, Dincklage va favoriser les relations de Chanel avec les dignitaires nazis à Paris et à Berlin. Il jouera de ses contacts au sein du haut commandement pour lui permettre de vivre au septième étage du Ritz. Un lieu de résidence pratique, car les entrées et les sorties de service donnent sur la rue Cambon, à quelques mètres de la boutique et de l'appartement luxueux du 31. La curieuse histoire mettant en scène un général

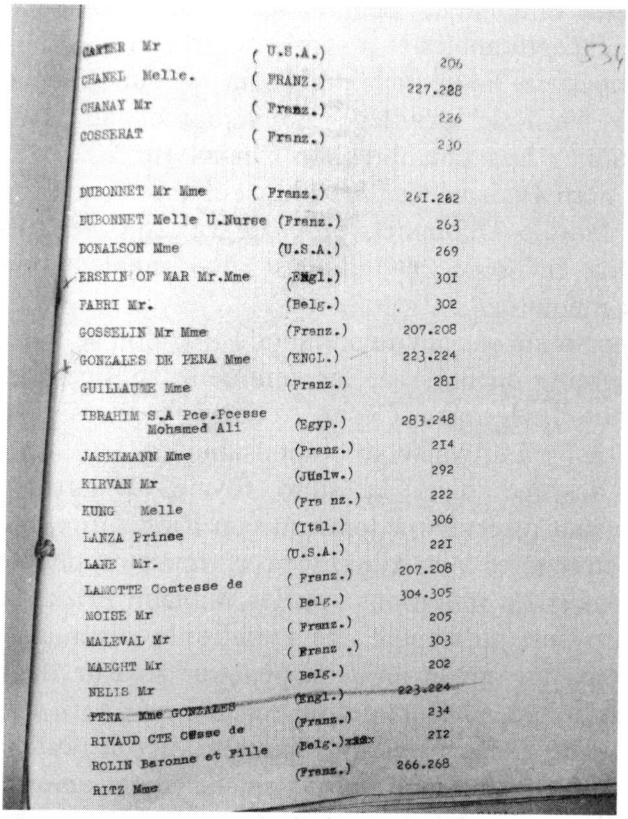

534

CARTER Mr	(U.S.A.)	206
CHANEL Melle.	(FRANZ.)	227.228
CHANAY Mr	(Franz.)	226
COSSERAT	(Franz.)	230
DUBONNET Mr Mme	(Franz.)	261.262
DUBONNET Melle U.Nurse	(Franz.)	263
DONALSON Mme	(U.S.A.)	269
ERSKIN OF MAR Mr.Mme	(Engl.)	301
FABRI Mr.	(Belg.)	302
GOSSELIN Mr Mme	(Franz.)	207.208
GONZALES DE PENA Mme	(ENGL.)	223.224
GUILLAUME Mme	(Franz.)	281
IBRAHIM S.A Pce.Pcesse Mohamed Ali	(Egyp.)	283.248
JASELMANN Mme	(Franz.)	214
KIRVAN Mr	(Jüslw.)	292
KUNG Melle	(Fra nz.)	222
LANZA Prince	(Ital.)	306
LANE Mr.	(U.S.A.)	221
LAMOTTE Comtesse de	(Franz.)	207.208
MOISE Mr	(Belg.)	304.305
MALEVAL Mr	(Franz.)	205
MAEGHT Mr	(Franz .)	303
NELIS Mr	(Belg.)	202
PENA Mme GONZALES	(Engl.)	223.224
RIVAUD CTE Cesse de	(Franz.)	234
ROLIN Baronne et Fille	(Belg.)	212
RITZ Mme	(Franz.)	266.268

Extrait d'une liste des rares civils que l'occupant nazi autorise à séjourner au Ritz. À la deuxième ligne, on lit : « Chanel Mlle. (Franz.) 227.228 » (Mlle Chanel (Française), chambre 227-228).

allemand qui aurait reconnu une Chanel désespérée dans le hall du Ritz et lui aurait offert spontanément d'y loger semblerait n'être qu'une nouvelle affabulation de la créatrice. Seul Dincklage ou un autre personnage haut placé aurait pu lui obtenir une suite dans la *Privatgast*, la section réservée aux amis du Reich. Pour s'en convaincre, il suffit de lire le diktat allemand : « Sur ordre de Berlin, le Ritz est affecté à la réception de personnalités allemandes de premier plan. L'hôtel Ritz occupe une place exceptionnelle et prééminente parmi les établissements réquisitionnés[22]. » En réalité, rares sont les non-Allemands (*Ausländer*) à avoir le privilège de séjourner au Ritz pendant l'Occupation[23]. Les chambres de Chanel (n°s 227-228) côtoient celles de Fern Bedaux, femme d'un collaborateur (n°s 243, 244, 245). La famille Dubonnet, pronazie (n° 263), et Mme Marie-Louise Ritz (n°s 266, 268), épouse du fondateur, César Ritz, logent au même étage.

Toute personne entrant ou sortant du Ritz doit se faire identifier de jour comme de nuit par les sentinelles postées derrière des sacs de sable[24]. Hermann Göring, « dauphin » présomptif de Hitler, chef de la Luftwaffe et responsable de tous les territoires occupés, descend dans la suite royale. D'autres chambres luxueuses sont réservées à Joachim von Ribbentrop, ministre des Affaires étrangères ; à Albert Speer, ministre du Reich pour l'Armement et les munitions ; au Dr Wilhelm Frick, ministre de l'Intérieur ; ainsi qu'à toute une kyrielle de généraux.

Pour ceux qui ont le droit de pénétrer au Ritz, le haut commandement allemand émet des ordres très stricts : « Aucune arme n'est autorisée au sein de l'établissement » (on doit les déposer près de l'entrée, dans un endroit spécialement aménagé) ; « les manières doivent être extrêmement correctes ; les officiers subalternes ne sont pas admis ». Les non-Allemands doivent être invités[25].

Qu'est donc au juste le Ritz en 1940 ? On a conservé un menu imprimé daté du 14 juin, le jour où les dignitaires nazis arrivent pour occuper l'hôtel. En ce moment tragique pour la France, alors que des centaines de milliers de familles fuient l'offensive allemande, on offre à ces premiers pensionnaires un repas somptueux : *grap-fruit** [*sic*] – du pamplemousse, un mets rare en temps de guerre –, *filet de sole au vin du Rhin** (choix évident et flatterie du vaincu à l'égard du conquérant), *poularde rôtie** accompagnée de pommes *rissolées**, petits pois frais, asperges sauce hollandaise. Comme dessert : *fruits au choix**.

Une scène qui n'est pas rare durant l'Occupation : des Parisiens affamés cherchent de la nourriture et des rebuts dans les ordures, septembre 1942.

Plus tard, alors que tant de familles françaises souffrent de la faim, les dignitaires allemands et leurs invités viendront dîner au Ritz. Pendant ces premiers jours de l'Occupation, un officier de la Wehrmacht écrit : « En de telles époques, manger bien et manger beaucoup donne un sentiment de puissance[26]. »

L'occupant autorise Cocteau, Serge Lifar, le fameux danseur né en Ukraine, et René de Chambrun, le gendre de Laval, à fréquenter le Ritz. Ils y déjeunent et dînent, souvent à la table de Chanel. Ils côtoient Joseph Goebbels, l'ancien supérieur de Dincklage, et Hermann Göring, protecteur et admirateur de Lifar. Celui-ci, ancien amant de Serge de Diaghilev, le fondateur des Ballets russes, vit à mi-temps dans le palace. Hitler l'a d'ailleurs rencontré lors de son unique séjour à Paris, juste après l'armistice. Göring nommera Lifar maître de ballets de l'Opéra de Paris. Du reste, Chanel estime que « les Allemands sont plus cultivés que les Français. Ils se fichaient complètement de ce que faisait Cocteau parce qu'ils savaient que son œuvre, c'était de la frime[27] ».

Notons le nom d'un autre invité et protégé de Dincklage : un certain baron Louis de Vaufreland.

L'hiver 1940-1941 se montre particulièrement rigoureux – mais beaucoup moins au Ritz. Chanel « s'affiche avec un serviteur du IIIe Reich et de Hitler[28] ». Selon Marcel Haedrich, Chanel affirme : « Je ne regardais pas les Allemands, et ça leur faisait quelque chose qu'une femme encore pas trop mal les ignore complètement[29]. » Il reproduit au passage une autre légende : « Elle prenait le métro. "Ça ne sentait pas aussi mauvais qu'on l'a dit. Les Allemands, qui redoutaient les épidémies, faisaient mettre du Crésyl[30]." » La chose est fort peu probable : riche maîtresse d'un officier supérieur allemand, Chanel se déplaçait par ses propres moyens.

Pour ces rares privilégiés, Chanel et sa petite cour, Paris occupé n'est guère différent de la ville qu'ils ont connue. La haute société se comporte comme si de rien n'était : boîtes de nuit et cabarets prospèrent. Dincklage dîne souvent chez Maxim's, où officiers et hiérarques allemands se retrouvent autour de la gastronomie française[31]. Chanel et Dincklage fréquentent l'Opéra de Serge Lifar et les soirées privées qu'il y donne, parrainées par l'occupant. Lifar, Cocteau et Chanel participent aussi aux dîners aux chandelles organisés par les Sert dans leur appartement du 252, rue de Rivoli. José Maria distrait ses invités en leur narrant des anecdotes sur les espions britanniques et américains agissant à

Madrid. Car Sert se rend souvent dans la capitale espagnole. En 1940, le gouvernement franquiste le nomme ambassadeur d'Espagne au Vatican, un poste basé à Paris. Les Sert et leurs amis dégustent avec gourmandise les denrées variées qui leur parviennent d'Espagne, pays neutre, grâce à la valise diplomatique[32].

Chanel, quant à elle, préfère donner des dîners plus intimes dans son appartement de la rue Cambon, décoré de ses objets fétiches et de ses précieux paravents en Coromandel[33]. La fidèle Germaine, rentrée à Paris, sert les repas préparés par un cuisinier. Lors de ces soirées avec son galant officier, Chanel chante pour ses amis en s'accompagnant au piano. Puis, tandis que ses invités s'amusent, Dincklage et Mademoiselle traversent la rue Cambon via l'entrée de service du Ritz et gagnent son appartement du troisième étage au dépouillement monastique.

Fern Bedaux, épouse d'un collaborateur notoire et voisine de Chanel au Ritz, rapporte au comte Joseph Ledebur-Wicheln, son contact de l'Abwehr, que Dincklage (Bedaux ne sait peut-être pas qu'il appartient au même service) rend visite quotidiennement à Chanel. Bedaux apprend aussi à Ledebur que Chanel se drogue[34].

L'intime de Chanel, Paul Morand, qui la qualifiera d'« ange exterminateur de style dix-neuvième siècle[35] », occupera de hautes fonctions durant l'Occupation : il sera nommé ambassadeur et terminera sa carrière en Roumanie, le pays de son épouse. Hélène, sa femme « pro-allemande », et lui-même donnent d'ailleurs des dîners pendant lesquels Chanel retrouve son petit cercle d'amis : l'omniprésent Cocteau, Marcel Jouhandeau et son épouse Élisabeth Toulemont, dite Caryathis, « la belle excentrique ». Cette ancienne danseuse sur le retour, amie et professeur de danse de Chanel avant la Première Guerre mondiale[36], est également très liée à André Gide.

Toutefois, pour une soirée vraiment divertissante, Chanel préfère dîner avec celui qui fut autrefois un proche de Dincklage, l'ambassadeur du Reich à Paris, le francophile Otto Abetz, ainsi qu'avec son épouse française Suzanne. Les somptueux dîners se tiennent dans la résidence de l'ambassadeur, l'hôtel de Beauharnais, 78, rue de Lille à Paris (derrière l'ancienne gare d'Orsay), et sont l'objet de la convoitise de toute l'élite collaborationniste parisienne. Notons qu'Abetz a meublé l'ambassade en pillant les appartements de la famille Rothschild[37].

Après ceux d'Abetz, les dîners de l'ancien avocat et journaliste Fernand de Brinon, ambassadeur de Vichy auprès du gouvernement allemand à Paris, sont les plus courus et Chanel se rend souvent dans sa demeure parisienne. Ian Ousby, historien primé pour ses travaux sur l'Occupation allemande pendant la Seconde Guerre mondiale, se montre brutal lorsqu'il évoque le comportement de Chanel lors de ces repas chez Abetz et Brinon : « Coco Chanel [...] se livrait à des diatribes antisémites[38]. » Une invitation à ce genre de soirées délivre un passeport pour une sorte d'intimité sociale avec les autorités d'occupation. Otto Abetz convie fréquemment la fille de Pierre Laval, Josée, une vieille amie de Chanel, et son mari René de Chambrun. René, surnommé « Bunny », est réputé pour sa remarque cassante, qui reprenait une formule de Laval lorsque celui-ci et Pétain s'installent au pouvoir à Vichy : « Voilà comment on renverse une république[39]. »

La tension règne à Paris. Les Allemands viennent d'exécuter Jacques Bonsergent au Mont-Valérien, le premier civil fusillé par l'occupant. Mais voici ce qui se passe chez l'ambassadeur, le 22 décembre : « [...] dans un Paris sans lumière [...] Otto Abetz, en uniforme mi-civil, mi-militaire [il a le rang de lieutenant-colonel dans la SS] et sa femme Suzanne avaient eu beaucoup d'invités autour de leur magnifique buffet. [...] le gros Schleier [adjoint de l'ambassadeur] se courbait bien bas pour saluer les femmes et leur baiser la main. Il y avait aussi [...] le général Hanesse [de la Luftwaffe], en spencer blanc, la poitrine bardée de décorations [sans doute attribuées pour avoir tué des Français au combat]. [...] Le rythme mondain a repris avec les amis, les proches et les nouveaux invités allemands[40]. »

« Le champagne coulait à flots. Les officiers allemands, surtout des aviateurs, dans leur costume de gala, faisaient les honneurs, papillonnaient et tournoyaient, et aucun d'eux n'utilisait la langue allemande. Une véritable “soirée française” comme l’avait voulue l’ambassadrice. L’allemand était prohibé. Et c’était à qui rivaliserait de finesse et d’érudition dans la vieille langue de Rabelais. [...] Aussi bien, personne ne pensait-il plus très sérieusement à la guerre. Les Russes étaient alors les collaborateurs des Allemands, l’Amérique n’était pas en guerre, et seule, toute seule, l’Angleterre continuait à faire face à l’hydre germanique. Chacun pensait que cela ne pourrait aller bien loin et que la paix, la paix définitive, la paix germanique, régnerait bientôt sur le monde avec la bénédiction de Staline et le consentement de Roosevelt[41]. »

Contraste saisissant, la vie quotidienne des Parisiens s’avère de plus en plus dure au cours de l’un des hivers les plus rigoureux du siècle, comme le seront ceux qui suivront. Pas de soirées au champagne pour le commun des mortels. Le charbon se fait rare, le gaz également, et il y a souvent des coupures d’électricité. On trouve parfois de l’essence au marché noir, mais la plupart des véhicules sont convertis pour fonctionner au gaz naturel ou sont dotés de gazogène, permettant d’utiliser des combustibles solides. Tout au long de l’Occupation, les conditions de vie vont empirer.

Quelques semaines après l’arrivée des Allemands à Paris, les principaux biens de consommation disparaissent. Ils seront revendus le double – ou le triple – un peu plus tard. En quelques mois, l’occupant impose un régime de quasi-disette à la population. Le *Feldmarschall* Göring décrète que les Français devront se contenter de mille deux cents calories par jour – la moitié de ce qui est nécessaire à n’importe quel travailleur. Les personnes âgées perçoivent huit cent cinquante calories. Ces mesures sont ahurissantes.

Tous les biens sont rationnés. Les personnes âgées sont les plus exposées aux maladies et à la mort par hypothermie ou sous-alimentation, alors qu’elles ne peuvent plus chauffer leur domicile pendant les longs mois d’un hiver rigoureux et humide. L’hôpital américain de Neuilly, toujours dirigé par un médecin américain et géré par Otto Gresser, de nationalité suisse, parvient à compléter le régime de ses patients en passant un accord avec un riche agriculteur qui leur vend des pommes de terre à un prix raisonnable. Les tubercules arrivent dans les cuisines de l'hôpital, transportés dans des ambulances. Gresser raconte comment il négocie du vin contre davantage de nourriture : « Nous avions deux cent cinquante patients [...] Les autorités françaises nous autorisaient à leur donner un demi-litre de vin par jour. Nous avons bientôt eu trop de vin par personne. Quant aux fermiers, ils ne pouvaient en obtenir suffisamment. Alors nous avons échangé cinq cents litres contre cinq tonnes d'engrais. Un paysan nous a donné dix tonnes de patates contre l'engrais. Nous avons pu offrir cinquante kilos à chaque membre du personnel. Ils ont ainsi pu nourrir leurs familles[42]. »

Vers la fin 1941, la viande – primordiale pour combattre la malnutrition – est presque impossible à trouver, sinon à des prix prohibitifs. Gresser se souvient qu'une livraison de trois cents kilos de bœuf à l'hôpital dans une voiture allemande « empruntée » a failli mal tourner et que le personnel a dû cacher la viande dans les jardins pendant une inspection des cuisines par les autorités.

Il y a même une pénurie de vin[43]. Dans leur livre *La Guerre et le vin*, Don et Petie Kladstrup montrent que la production a été divisée par deux entre 1939 et 1942. Les Allemands, connaisseurs, aiment le vin, en particulier français. Les *Weinführers* siphonnent non seulement le meilleur de la production, mais également d'énormes quantités du vin ordinaire distribué aux forces armées. Chaque année, à des prix fixés par l'occupant, les Allemands saisissent plus de trois cent vingt millions de bouteilles à destination du Reich.

Göring ordonne aux *Weinführers* d'exporter même les vins les plus médiocres. Le résultat se révèle catastrophique. En effet : « Les vieux et les malades ont besoin de vin, déclarent les médecins français aux autorités allemandes et françaises. Car c'est un excellent produit... très digeste... une source vitale de vitamines et de minéraux. »

8.

Chanel, agent de l'Abwehr

À la guerre comme à la guerre[1].

Proverbe

Début 1941, Dincklage laisse Chanel à Paris[2]. Il se rend à Berlin avec le baron Louis de Vaufreland, une personnalité sulfureuse de la capitale. C'est cet homme, qui se dit baron, qui va présenter à Chanel* un officier allemand de haut rang, le lieutenant-colonel Neubauer, chargé des services de renseignements de l'armée allemande à Paris. Les deux hommes se sont rencontrés à Paris avant guerre, quand Dincklage était l'amant de Mme Esnault-Pelterie, épouse de l'un des pionniers français de l'aéronautique.

À Berlin, Dincklage connaît un singulier honneur : il est reçu par Hitler et Goebbels, le ministre de la Propagande, son ancien supérieur lorsque Spatz était en poste à l'ambassade d'Allemagne à Paris, en 1934[3]. Un rapport du contre-espionnage français sur cette réunion au sommet évoque son rôle crucial en France : « Le baron von Dincklagen [*sic*] qui habitait avant la guerre Paris, rue des Sablons, et qui se disait de nationalité suédoise, est en réalité de nationalité allemande. Von D. a fait récemment un voyage à Berlin où il a été reçu par Hitler et Goebbels. Il est également

* Cf. Annexe 1.

très lié à von Brauchitsch [commandant en chef de l'armée allemande]. »

Dincklage se réjouit de l'humeur triomphale qui règne à Berlin au cours de l'hiver 1941. La Wehrmacht a conquis l'Europe de l'Ouest et va bientôt s'emparer de la Yougoslavie et de la Grèce. En secret, Hitler planifie l'invasion de l'Union soviétique ; elle devrait intervenir au printemps.

Nous ne savons rien des activités de Vaufreland à Berlin durant son voyage avec Dincklage. Cependant, un document des archives du Bureau central de renseignements et d'action (BCRA), les services de renseignements gaullistes à Londres, explique qu'après Berlin, « Louis de Vaufreland a été envoyé en Tunisie. Il prétendait être alsacien et utilisait son alias de "Richmond"[4] ». Si le séjour de Vaufreland reste entouré de mystère, il semble peu probable que sa visite en Tunisie, l'ancien terrain de chasse de Dincklage lorsqu'il essayait de retourner les populations locales, soit une pure coïncidence. Le rapport poursuit : « D. [Dincklage] est par contre dans les plus mauvais termes avec Abetz et il ne se gêne pas pour dire que celui-ci vient de voler deux cent millions de francs [plus de soixante-cinq millions d'euros][5]. » (Allusion à un important pot-de-vin qu'il aurait partagé avec Laval à propos de la liquidation des mines de Bor.)

Être reçu par Hitler est, en effet, un grand honneur pour un simple officier de l'Abwehr et Dincklage revient à Paris avec l'ordre de travailler directement, désormais, pour Berlin. Il devient dès lors un personnage important et influent au sein du renseignement militaire allemand. Entre-temps, Vaufreland a gagné le titre de *V-Mann* : c'est un homme de confiance, l'agent n° F-7667, nom de code « Piscatory[6] ». (Notons que *V-Mann* a la même signification dans la Gestapo.)

Dincklage organise alors une rencontre entre Vaufreland et Chanel. Cette première réunion semble si naturelle que Chanel ne réalise pas immédiatement que l'aventure qui va suivre a, en réalité, été planifiée par son amant et qu'elle va l'entraîner à travailler, de fait, pour les Allemands.

Toujours aussi opportuniste, Chanel croit savoir comment manœuvrer dans Paris occupé et comment faire libérer son neveu André Palasse du stalag où il est interné, afin de le faire rentrer sain et sauf auprès d'elle. C'est un problème urgent. À Corbère, elle a appris qu'André avait peut-être contracté la tuberculose. L'Abwehr connaît pertinemment l'angoisse qui étreint Chanel à ce sujet. Le renseignement militaire allemand va l'aider, mais il y aura un prix à payer[7]. Chanel semble une cible parfaite pour les recruteurs allemands : elle a besoin de quelque chose que l'Abwehr peut lui offrir et elle a des relations haut placées à Londres, en Espagne et à Paris.

Chanel et Dincklage se rendent brièvement à La Pausa, sa villa de Roquebrune. Grâce à l'agent allemand, ils peuvent voyager librement entre les deux zones. Lorsqu'ils reviennent à Paris, la réunion Chanel-Vaufreland est arrangée au Ritz[8].

Bientôt, Vaufreland parvient à convaincre Chanel que, grâce à ses amis, il pourra faire libérer André et organiser son retour à Paris. Il lui laisse également entendre que ses puissants alliés pourraient lui permettre de reprendre le contrôle des Parfums Chanel au détriment des Wertheimer et de leur mandataire.

Vaufreland et Chanel forment, semble-t-il, une paire d'agents plutôt improbable. Le baron, dandy nonchalant, affiche ouvertement son homosexualité. Un rapport des Français libres de Londres le décrit en ces termes : « Trente-neuf ans, blond roux, un play-boy aristocrate ; alias connus : Pescatori [*sic*], marquis d'Awygo, de Richmond[9]. » Dans un autre document, on parle d'un « homosexuel grassouillet de taille moyenne et toujours impeccablement vêtu » et d'un « agent de l'Abwehr dont l'officier traitant est Hermann Neubauer. [Vaufreland] a toujours besoin d'argent, il est intelligent, volubile, parle couramment l'anglais, l'allemand, l'italien et l'espagnol […] un espion allemand des plus dangereux ». Le dossier poursuit : « En 1940, Vaufreland travaillait pour la Gestapo au Maroc, avant d'être affecté à l'Abwehr à Paris. » Plus tard, un autre rapport de la France libre expliquera qu'au moment où il rencontre Chanel, Vaufreland est déjà responsable de l'arrestation de résistants gaullistes travaillant clandestinement à Casablanca.

Le supérieur de Vaufreland à l'Abwehr est un certain Neubauer* qui intervient bientôt pour conclure le marché avec Chanel. Tout suggère que Neubauer connaît Dincklage. Son bureau, comme celui du baron, se trouve à l'hôtel Lutetia, au 45, boulevard Raspail, réquisitionné par l'Abwehr. Comme Dincklage, il s'habille en civil et parle un excellent français.

Protégé de Dincklage, le baron Louis de Vaufreland est un « agent de confiance » allemand. Il se rend à Madrid avec Chanel en 1941 et lui présentera plus tard des dignitaires nazis à Paris.

Au cours du printemps 1941, Neubauer rencontre Vaufreland et Chanel dans sa boutique de la rue Cambon[10]. Neubauer assure à la créatrice qu'il l'aidera à faire libérer André si elle permet aux Allemands d'obtenir des informations politiques sensibles à Madrid.

* Cf. Annexe 1.

Chanel est ravie à la perspective d'un voyage en Espagne. D'après le témoignage ultérieur de Vaufreland devant un juge français, Chanel « a adroitement annoncé l'idée d'un voyage en Angleterre qu'elle désirait faire pour atteindre un certain nombre de personnalités anglaises à qui elle désirait faire passer des renseignements ».

Selon Vaufreland, à la suite de ces propos de Mademoiselle, « Neubauer a marché ».

Dès 1941, l'Abwehr inscrit Gabrielle Chanel dans ses registres berlinois sous le nom d'Agent F-7124, nom de code « Westminster[11] ». On s'interroge : qui a voulu lui donner comme alias le titre ducal de Bendor ? S'agit-il de Dincklage qui, dans la coulisse, glisse cette allusion à l'ancien amant de Chanel ? Après guerre, la créatrice niera avoir eu connaissance de ces éléments.

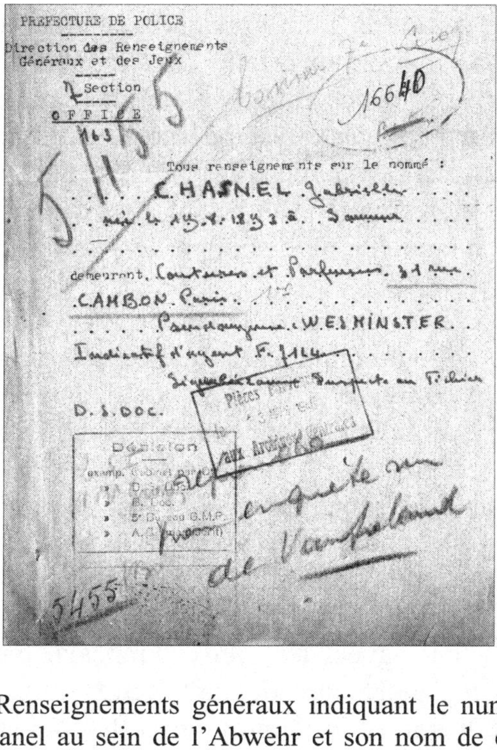
PREFECTURE DE POLICE

Direction des Renseignements Généraux et des Jeux

Section

OFFICE

16640

Tous renseignements sur le nommé :

CHANEL Gabrielle

demeurant Couturier et Parfumeur 31 rue CAMBON Paris

WESTMINSTER

Indicatif d'agent F. 7124

D. S. DOC.

Décision

enquête ... de Vaufreland

5455

Fiche des Renseignements généraux indiquant le numéro matricule de Chanel au sein de l'Abwehr et son nom de code.

L'officier Neubauer prend alors les choses en main. Chanel et Vaufreland quittent Paris le 5 août 1941 dans la touffeur de la nuit. Ils se rendent en Espagne par le train qui traverse la frontière à Hendaye. La nuit précédente, le bureau parisien de l'Abwehr a télégraphié à la police des frontières allemande : « Le 5 août 1941, à 20 h 10, partent de Paris pour arriver le 6 août 9 h 11 à Hendaye : le baron Giscatory [*sic*] de Vaufreland, titulaire du passeport français n° 3284 délivré à Casablanca, et Gabrielle Chasnel [*sic*], titulaire du passeport français n° 18348, délivré à Paris. Prière de traiter les deux voyageurs avec prévenance, leur éviter toute difficulté et leur accorder toutes les facilités possibles. » Le télégramme est signé : « Bureau de l'Abwehr de Paris, n° 695 L/7.41 g IIIF[12]. » (IIIF se rapporte au département du contre-espionnage à l'étranger de l'Abwehr.)

Vaufreland, qui parle espagnol, s'adapte parfaitement à la mission. En outre, il a de la famille dans la capitale, dont une tante appartenant à la noblesse madrilène. Les rapports français et britanniques décrivent cette initiative comme faisant partie d'un effort de recrutement des renseignements militaires allemands. Mais ce voyage sert également les intérêts de Chanel, car elle espère toujours faire rentrer son neveu André. Et puis, à Madrid, elle pourra aussi chercher à développer les ventes du Chanel N° 5 en Espagne !

Dans la capitale espagnole, elle séjourne au Ritz où elle bénéficie du luxe qu'elle a connu avant guerre, tandis que Vaufreland habite chez des amis en ville. Les archives franquistes de la Seconde Guerre mondiale ayant toutes été détruites, il se révèle impossible de reconstituer l'emploi du temps de la créatrice à Madrid entre août et septembre 1941. Un document britannique indique qu'elle et Vaufreland passent une soirée en compagnie de Brian Wallace, un diplomate anglais, et son épouse. Wallace, nom de code « Ramon », rapporte en détail à Londres une conversation qu'il a eue avec les deux Français lors d'un dîner madrilène[13]. On ignore qui donnait cette soirée. La dépêche envoyée à Londres avec le rapport sur cette conversation n'a pas été retrouvée. La pièce jointe à la dépêche de Wallace, n° 347, 22 août 1941, est édifiante, comme on peut en juger :

MI, Copie. Joint à dépêche Madrid n° 347, le 22 août 1941.

Mémorandum de M. Brian Wallace

(Compte-rendu d'une conversation avec Mlle Chanel et le baron Luis [*sic*] Vaufreland.)

Le jeudi 13 août, ma femme et moi participions à un dîner auquel étaient invités Mlle Chanel et le baron Vaufreland (un Français). Ce qui suit est le résumé de notre conversation.

Vaufreland : – Nous l'avons connu tous les deux à Paris (mais pas très bien). C'était un jeune homme ambitieux, avec de fortes sympathies de droite. Il aurait eu des tendances homosexuelles. Officier de liaison avec les Grenadier Guards et les Inniskilling Dragoons, il a été évacué de Dunkerque le 2 juin. À moitié espagnol, il est le neveu de la duchesse d'Almazan. En Espagne, il sert de factotum à Mlle Chanel (qu'il vient de rencontrer à Paris). Sur le plan personnel, il n'est pas fiable…

Vaufreland et Chanel nous ont tous deux mis en garde contre l'ambassade de France à Madrid et, en particulier, l'ambassadeur et sa femme qui, d'après eux, seraient « antibritanniques ».

Mlle Chanel : – Elle a parlé de Paris pendant près de trois heures et avec beaucoup de franchise. Sa sincérité m'a impressionnée. C'est une amie de notre Premier ministre et elle est toujours manifestement très attachée au duc de Westminster. Elle voudrait aller en Angleterre, mais ne peut se résoudre à abandonner la France. Elle affirme être venue en Espagne (et vouloir se diriger vers le Portugal) parce qu'elle ne supporte plus Paris et a besoin de vacances. Les Parisiens représentent l'essentiel de sa conversation. Ses principales réflexions sont les suivantes :

1. Les Allemands ne comprennent pas les Français, ce qui explique pourquoi ils les détestent au point que Mlle Chanel a peur de ce qui pourrait se produire.

2. Le Français *rigole** sans cesse et *fait des blagues**. Ce sont des plaisanteries sans conséquences, mais elles rendent les Allemands furieux. Il y en a eu tellement dans le métro, en train de plier les billets en forme de V ou, plus tard, en H (pour Hitler), de griffonner sur les murs, etc., que les Allemands ont menacé de le fermer.

3. Les Français affectent une gaieté extrême. « Pourquoi, demandent les Allemands, êtes-vous si joyeux alors que vous avez perdu la guerre ? – Pourquoi, répondent les Parisiens, êtes-vous si tristes, alors que vous l'avez gagnée ? »

4. Dans la zone occupée, les gens ne sont pas pro-britanniques ; ils sont seulement anti-allemands.

5. La France se transforme lentement en deux pays. Les habitants de la zone non occupée semblent croire que ceux qui résident en zone occupée le font de leur plein gré.

6. Très peu de Français réalisent qu'ils ont perdu la guerre. « Attendez qu'on se soit débarrassés de ces porcs », disent-ils, et : « Si vous leur faites remarquer que la France a été battue, ils vous accusent d'être antifrançais et font allusion à un soulèvement et à l'aide anglaise. »

7. Les Allemands détestent les Français mais sont généralement pro-anglais (car ils ont une grande admiration pour tout ce qui est britannique).

8. Les Allemands détestent Churchill et ils en ont peur. Ils divisent l'Angleterre en deux : Churchill et les autres. Ceux-ci, ils en sont persuadés, veulent la paix ; celui-là veut anéantir l'Allemagne.

9. Il y a un grand manque de coordination entre les Allemands, notamment entre les autorités civiles et militaires qui se ruinent et se réjouissent en ruinant les efforts du voisin. Ils ont tous peur, ils sont malheureux et les surveillants sont eux-mêmes surveillés.

10. Il existe une organisation [allemande] commerciale séparée extrêmement active. Chanel lance un avertissement très sérieux : « Ils investissent toutes les affaires et se couvrent de façon que, lorsque la paix viendra, il deviendra très difficile d'extirper tous les intérêts allemands. »

11. En résumé, Chanel dit que la France n'a toujours pas compris ce qui l'avait frappée. Elle est en état de sidération, mais elle parvient désormais à ouvrir les yeux et à voir ce qui se passe autour d'elle. Bientôt, elle recouvrera l'usage de ses membres et les problèmes commenceront. Ils s'efforcent de ne pas en tenir compte, mais l'hypothèse est toujours présente. Une sorte de perplexité et de rage impuissante montent chez les Allemands qui finissent par comprendre leur vraie position parmi les Français.

Signé : Brian Wallace, 21 août 1941.

Note : Ils sont tous deux partis à Lisbonne pour deux semaines en date du mercredi 20[14].

Chanel et Vaufreland ne sont, en réalité, jamais allés au Portugal[15]. À la fin de l'automne 1941, ils retournent à Paris. Chanel découvre qu'André Palasse est lui aussi revenu en France. Sauf, mais souffrant. Les services de renseignements des Français de Londres indiquent dès lors dans leurs dossiers que Vaufreland est « un ami intime de Chanel ».

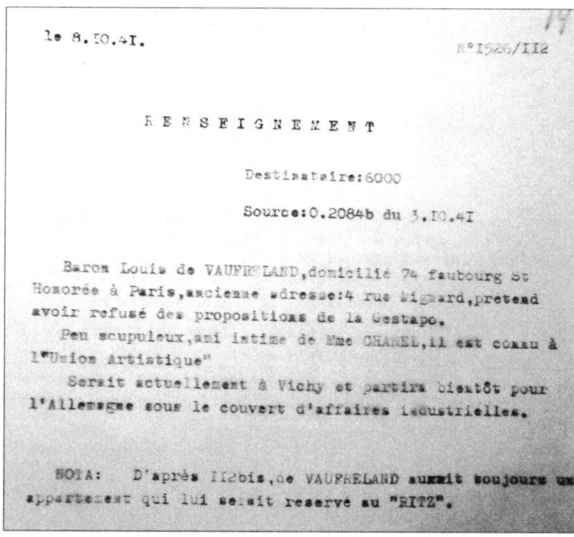

le 8.10.41.

14

N°1526/112

RENSEIGNEMENT

Destinataire:6000

Source:0.2084b du 3.10.41

Baron Louis de VAUFRELAND,domicilié 74 faubourg St Honorée à Paris,ancienne adresse:4 rue Mignard,pretend avoir refusé des propositions de la Gestapo.

Peu scupuleux,ami intime de Mme CHANEL,il est connu à l'"Union Artistique"

Serait actuellement à Vichy et partira bientôt pour l'Allemagne sous le couvert d'affaires industrielles.

NOTA: D'après 112bis,de VAUFRELAND aurait toujours un appartement qui lui serait reservé au "RITZ".

Document français révélant que l'agent français de l'Abwehr Vaufreland est un « ami intime de Mme Chanel ».

Une fois André libéré, Chanel peut alors se concentrer sur ses affaires et en particulier sur ses parfums. Elle va utiliser son statut de citoyenne française aryenne – c'est la terminologie officielle des autorités de Vichy – pour récupérer ce qui lui a, juge-t-elle, été « volé » par ses actionnaires, les Wertheimer.

Pendant les douze mois suivants, Vaufreland va l'aider dans ses efforts pour convaincre les Allemands que les affaires relatives au parfum Chanel N° 5, vendues en 1924 à cette grande famille juive, lui appartiennent légalement. Vaufreland va organiser une rencontre entre Mademoiselle et le dignitaire nazi qui gère l'aryanisation des propriétés juives[16]. Edmonde Charles-Roux, principale biographe de Chanel en France, décrit ainsi les efforts de la créatrice pour recouvrer la propriété de son jus : « Voilà que c'était à elle de jouer, elle, l'exploitée, la grugée, et le clan Wertheimer allait voir de quel bois elle se chauffait. Elle était aryenne, elle, eux pas. Elle était en France, ils étaient aux États-Unis. Des émigrés... Des juifs. Aux yeux de la puissance occupante, il n'y avait qu'elle, en somme[17]. »

9.

ÉCHEC ET MAT PAR LES WERTHEIMER

La guerre ou la paix... Elle vivait seule, retranchée dans la forteresse Chanel[1]...

MARCEL HAEDRICH

FIN 1941, l'Europe apprend des nouvelles décisives.

Les Japonais attaquent Pearl Harbor et, quelques jours plus tard, l'Allemagne déclare la guerre aux États-Unis. Churchill rencontre bientôt le président Roosevelt. Les deux hommes planifient leurs actions contre l'Allemagne et le Japon au cours de ce premier Noël de guerre en Amérique.

En France, les réseaux de résistance recrutent des groupes clandestins de combattants qui sabotent l'effort de guerre allemand et exécutent des nazis. Ceux-ci dénoncent ces « terroristes », qui seront poursuivis impitoyablement. Capturés, ils sont parfois retournés ou bien torturés, exécutés et, dans certains cas, déportés dans les camps d'extermination.

Lorsque Chanel et Vaufreland reviennent de Madrid au début de l'automne 1941, les Parisiens ont déjà vécu quatorze mois d'occupation. Le couvre-feu allemand enveloppe les nuits d'une chape de silence. Face à l'Occupation, beaucoup de Français renoncent à leurs droits et acceptent la dictature supposée bienveillante de Pétain. Nombreux sont ceux qui pensent également que le vieux maréchal a sauvé la nation d'une catastrophe encore plus terrible.

Entre-temps, dans l'Allemagne nazie, l'un des protégés de Hitler, Reinhard Heydrich, devient le véritable architecte de la Solution finale. Depuis l'été 1941, son adjoint, Adolf Eichmann, élabore des méthodes pour l'extermination massive des juifs. En janvier 1942, lors de la conférence de Wannsee, non loin de Berlin, Heydrich et Eichmann exposent les modalités de la Solution finale.

À Vichy, dans la zone non occupée, les juifs ont déjà été bannis de toute position pouvant influencer l'opinion publique. Bientôt, ils sont également exclus du commerce et de l'industrie, leurs affaires et propriétés sont confisquées. À Paris et dans toute la France occupée, les juifs non-français – les immigrés – sont arrêtés et déportés. Rapidement, une partie des juifs de France subit le même sort : arrestation, déportation et extermination dans les camps.

La guerre s'achemine vers une conclusion dramatique en Europe. Les puissances de l'Axe contrôlent la Grèce, la Yougoslavie et une partie de l'Afrique du Nord. Le 22 juin 1941, les divisions de panzers lancent une offensive surprise contre l'Union soviétique. Mais l'Allemagne nazie échouera devant Leningrad, Moscou et Stalingrad.

En France, les mouvements de résistance gaullistes et communistes abattent des soldats allemands dans les rues de Bordeaux et de Nantes. À Paris, un officier de marine est tué dans le métro.

Les représailles ne tardent pas : dans tout le pays, des otages français sont fusillés par la Wehrmacht.

La terrifiante machine nazie ordonne alors que tous les juifs âgés de plus de six ans portent l'étoile jaune, barrée des mots *Juive** ou *Juif** en lettres noires, cousue sur les vêtements au niveau du cœur. Près de quatre-vingt mille juifs parisiens se conforment à cette nouvelle loi. En cas de désobéissance, les châtiments sont sévères. Dans les camps, homosexuels, tziganes, prisonniers politiques et autres portent des triangles de couleurs différentes. À partir de l'été 1942, les Parisiens assistent aux rafles de juifs français et étrangers destinés à être déportés. Hitler a décrété leur destruction complète.

Au milieu de ce chaos, Eichmann, maître d'œuvre de la Shoah, hésite quant à la déportation des jeunes Français de moins de seize ans. Pierre Laval, à Vichy, prend parti. Dannecker, chargé de la question juive en France, envoie un télégramme à Eichmann à Berlin, à l'époque responsable de l'extermination : « Laval propose que les enfants de moins de seize ans soient inclus dans la déportation des familles juives de la zone libre. Le sort des enfants en zone occupée ne l'intéresse pas[2]. » Pour de nombreux Français, les juifs européens réfugiés en France et même, en réalité, tous les juifs, « ont mis à mal l'ordre normal des choses ». On approuve parfois les lois antisémites appliquées par l'administration et la police françaises, et par l'occupant nazi.

Chanel est forcément au courant des rafles dont sont victimes les juifs parisiens. Le grand romancier américain John Updike notait dans le numéro de septembre 1998 du *New Yorker* que « tout semble prouver l'indifférence totale de Chanel au sort de ses voisins juifs – ou même aux privations et humiliations vécues par la vaste majorité des Parisiens[3] ». Updike raconte qu'à cinquante-huit ans, Chanel paraît « heureuse » avec son amant allemand. « Heureuse dans un monde où des montagnes de malheurs s'accumulent autour d'eux [...] dans le quartier juif, à quinze minutes à pied du Ritz. »

Chanel sait que les Allemands font respecter avec la plus grande rigueur les lois antisémites, en particulier celles touchant à l'aryanisation du commerce et des affaires[4]. À la noël 1941, elle explique à Misia Sert qu'avec les nazis au pouvoir, elle espère reprendre le contrôle de sa société pour l'instant aux mains des Wertheimer, qui ont fui aux États-Unis. Chanel et Dincklage prévoient probablement que si Hitler remporte la victoire – comme le croit le monde entier ou presque –, Chanel reviendra à la tête de la société des Parfums Chanel « aryanisée ». Pour elle, la récompense serait incommensurable. À l'instar de nombre d'Anglais et d'Allemands, dont Bendor, duc de Westminster, Chanel et son amant espèrent sans doute la signature d'une paix séparée entre Londres et Berlin. Avant guerre, ils ont tiré profit du commerce avec l'Allemagne et ils veulent le voir restauré. En outre, un accord avec Hitler permettrait de réunir les noblesses des deux pays. Rares sont ceux qui ont oublié que Hitler a promis de remettre sur le trône le précédent roi devenu duc de Windsor. Or Édouard est un intime de Chanel. Avec le retour des échanges commerciaux entre les deux nations, les deux pays formeraient une force considérable et les parts de Chanel dans sa société deviendraient inestimables.

Chanel est rassurée : l'Abwehr a rempli ses promesses quant à la libération de son neveu André. Il réside désormais à Paris avec sa fille Gabrielle. Il est traité pour sa tuberculose grâce aux subsides de la créatrice. Plus tard, il sera soigné en Suisse.

Comme promis, Vaufreland contacte alors l'un de ses amis, un dignitaire allemand (également proche de Dincklage), le prince Ernst Ratibor-Corvey[5]. Celui-ci suggère à Vaufreland de présenter Chanel au Dr Kurt Blanke qui supervise l'aryanisation et la confiscation des biens juifs depuis ses bureaux de l'hôtel Majestic. Chanel va donc lui demander conseil.

Dès le début de l'Occupation, Berlin a nommé Blanke, quarante ans, juriste et membre du parti, à la tête du bureau parisien responsable de l'*Entjudung*, « l'élimination de l'influence juive[6] ». Jusqu'en 1944, il jouera un rôle clé dans la spoliation des biens juifs et le transfert des commerces et entreprises juives dans d'autres mains[7].

Chanel et Blanke se rencontrent à l'hôtel Majestic au début de l'hiver 1941-1942. Après cet entretien, elle pense qu'elle se rapproche de la victoire sur les Wertheimer et qu'elle va reprendre le plein contrôle des Parfums Chanel. Mais elle a lamentablement sous-estimé la clairvoyance et la finesse des deux frères. De longue date, ils ont conçu un plan pour sauver leurs affaires si les nazis mettaient la France à genoux.

Dès 1936, ils pensent que les Allemands veulent conquérir l'Europe. Ils pressentent que les juifs sont condamnés. L'invasion de la Rhénanie, cette année-là, confirme leurs craintes : la guerre paraît inévitable. La Nuit de cristal du 9 au 10 novembre 1938 – offensive concertée contre les juifs et leurs biens en Allemagne et en Autriche – les convainc que Hitler est résolu à les anéantir[8].

À la fin de la Première Guerre mondiale, alors que l'aviation balbutie encore, les Wertheimer ont investi dans l'affaire de Félix Amiot, un pionnier de l'aviation, dont ils deviennent actionnaires minoritaires. En 1934, Amiot fournit des bombardiers à l'armée de l'Air : les Amiot 370, 350 et 340 attirent l'attention des ingénieurs de la Luftwaffe. Afin de s'ouvrir le marché américain, Pierre Wertheimer se rend à La Nouvelle-Orléans en 1939 pour négocier la construction d'une usine destinée à l'assemblage des avions. Mais la déclaration de guerre et la neutralité américaine mettent un terme à ce projet. Pierre rejoint son frère aîné Paul en France. Ils organisent dès lors le rapatriement du clan en Amérique.

En août 1939, un rapport du deuxième bureau explique que Félix Amiot, quarante-trois ans, président de la Société d'emboutissage et de constructions mécaniques (SECM) qui fabrique des bombardiers pour l'armée de l'Air française depuis 1925, a touché cinquante millions de francs (environ vingt-deux millions d'euros) provenant des frères Wertheimer, via un virement bancaire depuis leur compte à la banque Manheimer Mendelsohn en France[9]. On ignore comment ces cinquante millions ont été investis. Cependant, au cours des mois suivants, Amiot usera de son influence sur le bras droit de Hitler et commandant en chef de la Luftwaffe, le *Reichsmarschall* Göring, pour protéger les affaires des Wertheimer en France.

Lorsque les troupes allemandes franchissent les frontières françaises, la famille trouve refuge dans la vallée de Chevreuse, au sud-ouest de Paris. Juste avant leur fuite, alors que les nazis menacent Paris, Pierre Wertheimer et Félix Amiot se rencontrent dans l'appartement du premier. Les journalistes Bruno Abescat et Yves Stavridès citent Félix Amiot : « Nous nous fîmes nos adieux. Pierre me pria d'aider à sauver ce qui était possible de ses biens. Et il me confia son fils, Jacques, qui était toujours mobilisé[10]. » Ce Normand de quarante-trois ans, issu d'une famille aisée de Cherbourg, et les Wertheimer concluent alors un pacte secret : Amiot assume le contrôle de la Société des Parfums Chanel qu'il détiendra en fiducie pour le compte des Wertheimer. (Après guerre et seulement à la suite d'une bataille juridique entre Amiot et les Wertheimer, ceux-ci en reprendront les rênes.)

Paul et Pierre rassemblent leur famille et s'exilent au Brésil en passant par l'Espagne. Bien des mois plus tard, Pierre et sa femme Germaine embarquent pour New York à bord du *SS Argentina*. Ils atteignent Manhattan début août 1940. Paul, son épouse Madeleine et leurs enfants, Antoine et Mathilde, les suivent quelques semaines plus tard.

Les Wertheimer trouvent un refuge accueillant aux États-Unis. Leur argent, des ressources illimitées et leur réputation déjà établie d'entrepreneurs fiables leur garantissent le succès en Amérique. Paul et Pierre commencent une nouvelle vie : Paul, dans une maison typique de six étages au 35 West Seventy-fifth Street, non loin de Central Park West, et Pierre, au 784 Park Avenue. Ils lancent un nouveau parfum Bourjois, sous le nom de Courage, conçu pour toucher la corde sensible d'une clientèle américaine compatissante. Après tout, de nombreux Américains et une population de réfugiés de plus en plus nombreuse sont nostalgiques de Paris et de la France. Ils se déplacent en nombre pour voir *Casablanca* avec Humphrey Bogart et Ingrid Bergman et, en 1941, font de la chanson *The Last Time I Saw Paris* un succès[11].

Les ventes de Courage explosent. Plus tard, l'usine des Wertheimer à Hoboken, dans le New Jersey, se lancera dans la production d'un N° 5 distinct. Ce parfum connaît le succès sur les marchés nord- et sud-américains. Les Wertheimer exploiteront ensuite les lucratifs magasins militaires américains, les « post exchanges » (PX) présents en Amérique et à l'étranger, pour vendre le N° 5.

Dès 1940, le clan Wertheimer devient l'un des premiers partisans de la France libre de De Gaulle et de la cause juive à New York. Leur succès exaspère Chanel.

Mi-août 1940, un garde-frontière allemand observe « un homme, un colosse puissamment charpenté au visage anguleux[12] » qui s'avance dans la queue des voyageurs traversant à Hendaye la frontière entre l'Espagne et la France. Lorsque le militaire allemand examine son passeport, il apprend qu'il s'agit de don Armando Guevaray Sotto Mayor, mesurant deux mètres. Après une fastidieuse série de questions et une fouille minutieuse de ses bagages, don Sotto Mayor obtient l'autorisation de passer. Il monte alors dans le train Hendaye/Paris-Austerlitz pour un voyage de huit cents kilomètres.

En plus de sa taille, Don Sotto Mayor possède une autre particularité. En ce jour caniculaire d'août, l'homme se rendant à Paris ne s'appelle pas don Sotto Mayor. Il s'agit en réalité d'un Américain, Herbert Gregory Thomas, trente-trois ans, vice-président de la société Bourjois à New York. Thomas a pris une fausse identité afin de conduire des missions secrètes pour le compte de la famille Wertheimer[13].

Thomas, qui a fait ses études en Suisse, est diplômé du Corpus Christi College de Cambridge, et détient des diplômes de droit délivrés par la Sorbonne et par l'université de Salamanque, en Espagne. Il a pratiqué le droit international à Paris, Genève et La Haye avant de déménager à New York pour travailler chez Guerlain. En 1939, il intègre Bourjois, la société des frères Wertheimer.

Ce jour d'août, quand il part en Europe, Thomas rencontre la presse dans les salons de l'aéroport municipal de New York (rebaptisé LaGuardia en 1947). Il explique à un journaliste du *New Yorker* qu'il a démissionné de Bourjois, Inc., et travaille désormais pour The Toilet Goods Association de New York. Il lui raconte qu'il se rend en Europe pour étudier les conditions relatives à la fourniture et au transport des matières premières et des huiles essentielles provenant de France, d'Italie et de Suisse.

Pour la postérité, H. Gregory Thomas, homme de confiance des Wertheimer, dépose un échantillon de parfum Bourjois dans un coffre lors de l'Exposition internationale de New York en 1939.

C'est on ne peut plus loin de la vérité. Car, en réalité, Thomas a de nombreux objectifs. Primo, en se faisant passer pour don Sotto Mayor, il doit récupérer la formule chimique nécessaire à la fabrication du Chanel N° 5. Secundo, il doit se procurer les ingrédients primaires – « composés aromatiques » tels que le jasmin – afin que le parfum puisse être produit à Hoboken[14]. Tertio, Thomas doit aider Félix Amiot à retrouver Jacques, trente-neuf ans, le fils de Pierre, qui se cache à Bordeaux et le faire sortir de France pour le ramener à New York. Jacques a été mobilisé en 1939. Après la débâcle, il s'est échappé d'un camp de prisonniers de guerre allemand avec l'aide de Félix Amiot.

En 1942, lorsqu'il rejoint les rangs de l'Office of Strategic Services, l'ancêtre de la CIA, Thomas admet devant ses employeurs que deux ans plus tôt il travaillait encore pour les Wertheimer et qu'il avait accompli une mission clandestine en France durant quatre mois. Jusqu'à la fin de ses jours, Thomas ne se confiera plus guère.

Ses rares intimes témoignent de sa nature secrète. L'un de ses collègues de l'OSS, Peter M.F. Sichel, expliquera ainsi à l'auteur : « Il était difficile de devenir un ami de Thomas ; une ambiance mystérieuse l'entourait, lui et son passé. Pourtant, il montrait une certaine empathie : c'était un homme imposant et érudit, mais jamais snob. »

Le détail exact de ses activités clandestines pour les Wertheimer – en particulier la manière dont il réussit à récupérer la formule du Chanel N° 5 – reste inconnu. Mais il y parvient !

Thomas n'a pas laissé de détails lorsqu'il est décédé en 1990, à quatre-vingt-deux ans ; mais Peter Sichel nous a permis de remplir quelques blancs. Pendant la guerre, Sichel, stationné au quartier général de l'OSS à Alger, puis en Europe, prend connaissance du travail de Thomas pour l'Agence, au Portugal et en Espagne. En 2005, les journalistes Bruno Abescat et Yves Stavridès, de *L'Express*, ainsi que Véronique Maurus du *Monde*, révèlent des informations supplémentaires. Abescat et Stavridès racontent que Claude Lévy, l'avocat de Wertheimer, ancien maire d'Orléans, leur a avoué : « Les prouesses accomplies par l'agent de Pierre et de Paul [Wertheimer], Gregory Thomas, et sa capacité à sortir de France de grosses quantités de jasmin à destination des États-Unis, sont dignes d'un film de James Bond[15]. »

Sichel pense que Thomas, lors de ses missions clandestines, utilisait des « louis d'or ou des souverains anglais[16] » pour ses transactions et la rémunération de ses agents. À propos des techniques de l'OSS pendant la Seconde Guerre mondiale, Sichel écrit : « L'OSS utilisait des pièces d'or afin de financer ses missions en Europe et d'acheter des devises étrangères pour les opérations de ses agents. Une fois, j'ai même fait sortir des louis d'or cachés dans une chaussure, au milieu de mes bagages. Un costaud comme Gregory aurait pu facilement emporter cinq cents louis dans ses valises, malgré leur poids. » De nos jours, un louis d'or, en fonction de sa date d'émission, peut valoir entre huit cents et trois mille dollars. Sichel ajoute que « les francs français ne valaient pas grand-chose et Gregory avait accès à des devises en Suisse [...]. [L'OSS], durant l'Occupation, est parvenue à payer des agents français en francs français avancés par d'autres. L'OSS les remboursait en déposant des sommes sur leurs comptes en Suisse ».

En 1989, dans un entretien accordé au magazine *Forbes*, Thomas a révélé qu'il avait « graissé la patte à des gangsters français » pour aider Jacques Wertheimer à gagner les États-Unis[17]. Grâce à d'autres sources, nous savons qu'il est parti de Lisbonne à bord de l'*Excalibur*, un transatlantique de l'American Export Lines, jaugeant sept mille tonneaux, attendu à New York le 21 novembre 1940[18]. Sur la liste des passagers, Jacques, citoyen français, est curieusement répertorié comme « Hébreu ».

Thomas achève sa mission pour les frères Wertheimer et retourne à New York. Quelques mois après Pearl Harbor, avec l'entrée en guerre des États-Unis, l'OSS de William J. Donovan recrute Thomas pour l'envoyer en Espagne et au Portugal comme chef de station. (Thomas est d'ailleurs à Madrid en 1944, lorsque Chanel s'y rend en mission pour le compte du *SS Reichsführer* Himmler, mais elle n'apparaît pas dans ses dossiers.)

Après guerre, les frères Wertheimer nommeront Gregory Thomas président de Chanel, Inc., la maison mère américaine. Il le restera pendant vingt-cinq ans.

10.

MISSION SECRÈTE !

Elle voulait vivre cachée.

EDMONDE CHARLES-ROUX, *L'Irrégulière*

LUNDI MATIN 9 novembre 1942, la France se réveille en lisant la presse. « Odieuse agression anglo-américaine contre notre Afrique du Nord », proclame la une du *Matin*[1].

Chanel est sidérée. Paris chancelle.

L'opération, restée secrète, était audacieuse. L'éditorial en première page du *Matin* propose un bouc émissaire connu : « Les coups des juifs comme les coups de Jarnac ne réussissent pas toujours. Celui [...] que les Anglais et les Américains ont tenté contre notre Afrique du Nord rentre dans cette catégorie. »

Un autre quotidien rassure ses lecteurs : « "Nous sommes attaqués. Nous nous défendrons. C'est l'ordre que je donne", riposte le maréchal Pétain[2]. » Quelques heures plus tard, une radio parisienne annonce que les troupes britanniques et américaines, sous les ordres du général Dwight D. Eisenhower, ont débarqué sur les plages d'Algérie et du Maroc. Le monde apprend bientôt que cette offensive risquée, l'opération Torch, est « le bébé du président Roosevelt ».

Une fois les côtes du Maroc et de l'Algérie sécurisées, Winston Churchill parle à la BBC, à l'intention de toute l'Europe : « Ce n'est pas la fin. Ce n'est pas même le commencement de la fin. Mais c'est peut-être la fin du commencement[3]. » Bien que les nazis interdisent aux Français d'écouter la BBC, ces derniers suivent clandestinement les programmes du soir de la radio britannique : « Ici Londres. » Nuit après nuit, des speakers austères évoquent les succès alliés en Afrique du Nord et informent que le bras droit de Pétain, l'amiral François Darlan, se rallie avec réticence aux Américains. La BBC ne rate pas une occasion d'avertir les *collabos** qu'ils seront châtiés à la Libération.

Les menaces de la BBC et les propos de Churchill effraient de nombreux collaborateurs. Chanel, à l'instar d'Arletty, est déjà traitée de « collaboratrice horizontale[4] ». En 1942, le magazine *Life* publie une liste noire de citoyens français accusés de collaboration avec les Allemands[5]. On y trouve l'avocat de Chanel, René de Chambrun, par ailleurs gendre de Pierre Laval. Les Français libres savent que Chambrun possède à son domicile des toiles de valeur volées par les nazis à la famille Schloss et aux collections Rosenberg[6]. La revue américaine prévient : « Des [collaborateurs] seront exécutés [...] d'autres seront jugés lorsque la France sera libérée. »

L'article de *Life* choque probablement Chambrun, descendant de La Fayette, citoyen d'honneur de l'État américain du Delaware, un homme respecté par les élites de Washington. L'armée secrète du général de Gaulle le condamne[7]. Chanel et les autres collaborateurs s'interrogent sur leur avenir.

Le jour du débarquement, l'amie de Chanel, Josée de Chambrun, note dans son journal : « Attaque américaine sur Alger et le Maroc. André Dubonnet nous réveille avec ça et demande si c'est vrai[8]. » Josée va déjeuner au Fouquet's, le restaurant chic des Champs-Élysées, et écrira plus tard : « Darlan et Juin [commandant des forces françaises en Afrique du Nord] sont pris. Sensation analogue à celle de mai et juin 1940 de vie en suspens, de fin d'une époque. »

René et Josée ont raison de s'inquiéter. Depuis le début de l'Occupation ou presque, l'avocat de Chanel publie une note d'information confidentielle pour le compte de Pierre Laval, dévoilant les actions antisémites de Vichy. Il représente également des firmes américaines qui possèdent des filiales en Allemagne. Chambrun ne cache pas son enthousiasme à collaborer avec le Reich. Jusqu'au débarquement allié en Afrique du Nord, il organise des déjeuners d'affaires au Ritz où nazis et *collabos** français se rencontrent pour s'associer.

Les Allemands envahissent la zone non occupée et lorsqu'ils tentent de s'emparer de la flotte à Toulon, les marins français préfèrent la saborder. La France est désormais intégralement sous la botte allemande. Pétain perd chaque jour un peu plus de son pouvoir au profit de Laval. À Noël, la presse s'enflamme de nouveau : « Les gaullistes assassinent l'amiral Darlan à Alger. »

En janvier 1943, Chambrun, démoralisé, confie à son ami le Dr Ernst Achenbach, le bras droit d'Otto Abetz à l'ambassade : « C'est dur, la collaboration[9] ! »

L'hiver 1943 est extrêmement rigoureux. Les températures chutent, la bise souffle sur Paris. L'humeur plonge en même temps que les thermomètres. Ce froid polaire est d'autant plus insoutenable que les Parisiens qui n'ont pas d'argent pour se fournir au marché noir sont affamés. Tout est rationné : chaussures, vêtements, lait, fromage, beurre, viande, vin. Les personnes âgées meurent littéralement de faim dans leur lit en essayant de garder un peu de chaleur pour passer la journée.

L'image de l'ennemi, le bel et fier aryen défilant sur les Champs-Élysées en flirtant avec de jolies *demoiselles**, se transforme : il s'agit maintenant de soldats autoritaires, arrogants, trop âgés pour se battre sur le front russe. À la réticence résignée du Parisien succède le renoncement lugubre de l'occupé.

À la fin de l'année, une franche hostilité se manifeste plus ouvertement[10]. Dans les bureaux d'un cabinet d'avocats des Champs-Élysées, les employés affichent leur dégoût en tournant ostensiblement le dos aux fenêtres lorsque les troupes allemandes paradent. En 1943, un dignitaire nazi rapporte à Berlin qu'il n'est plus temps de nier « le rejet de tout ce qui est allemand » et l'espoir partagé par les Français « d'un effondrement imminent de l'Allemagne et d'une victoire alliée au cours de l'année ».

Dincklage et Chanel se demandent s'ils pourront échapper à la fureur de la Résistance. Les Français libres de De Gaulle et les communistes deviennent de plus en plus violents envers les collaborateurs. Les relations de Chanel avec les nazis, son antisémitisme virulent et sa déclaration : « La France a eu ce qu'elle méritait[11] » faite lors d'un déjeuner sur la Côte d'Azur en 1943 sont enregistrés dans les dossiers des renseignements français de Londres. Ainsi Chanel, Jean Cocteau et Serge Lifar sont-ils désignés à la vindicte.

Dincklage sait sa vie menacée[12]. Les agents clandestins britanniques et français travaillant en France et les Français libres de Londres possèdent des dossiers relatifs à ses missions sur la Côte d'Azur, à Paris et en Suisse. Sa coopération avec la Gestapo, les juifs qu'il a dénoncés en France, et le fait qu'il ait rencontré un jour Hitler, tout est consigné. C'est désormais inévitable : Chanel et Dincklage subiront des représailles. Ils savent que le rideau descend sur leur petit monde. Déjà le major nazi, ami de Dincklage et collègue de l'Abwehr, Theodor Momm, lui fait comprendre qu'il devrait quitter Paris. Momm souhaiterait en effet qu'il se rende en Turquie pour travailler avec son frère au quartier général de l'Abwehr à Istanbul[13].

Lorsque Coco apprend que Momm serait susceptible de la séparer de Dincklage, elle est sans doute anéantie. Depuis la mort d'Iribe à la fin de l'été 1935 jusqu'à sa rencontre avec Dincklage, Chanel, soixante ans (elle a menti sur sa demande de passeport en indiquant 1893 plutôt que 1883 comme année de naissance), n'a pas eu de compagnon. Momm, un homme guère séduisant, a peut-être voulu remplacer « Spatz » dans le cœur de Chanel. En vain. Celle-ci aurait remué ciel et terre pour garder son baron auprès d'elle[14].

Car Dincklage et Chanel ont un plan. Elle doit rencontrer son vieil ami l'ambassadeur britannique sir Samuel Hoare, à Madrid. Il s'agit d'une répétition de sa mission madrilène avec Vaufreland, mais cette fois c'est une cause en laquelle elle croit. Chanel sait, grâce à sir Samuel, qu'elle pourra correspondre avec le duc

Le major de l'Abwehr Theodor Momm, compagnon de Dincklage pendant la Première Guerre mondiale. Chanel et Dincklage envoient Momm à Berlin en 1943 pour offrir les services de Chanel au général SS Walter Schellenberg.

de Westminster à Londres via le réseau de communication de l'ambassade britannique à Madrid. Avec l'aide de Bendor, elle espère informer le Premier ministre Churchill que certains dignitaires nazis voudraient renverser Hitler et cesser les hostilités avec la Grande-Bretagne. Churchill doit le comprendre : il serait désastreux que l'Allemagne tombe aux mains de l'Union soviétique.

Dincklage devrait accompagner Chanel à Madrid – là, il servirait de liaison entre Chanel et l'ambassade d'Allemagne où il pourrait communiquer avec Berlin[15]. Il explorerait en outre la possibilité de contacter d'autres sources alliées à Madrid.

Au début de l'hiver 1943[16], Dincklage se rend à Berlin dans l'espoir de convaincre ses supérieurs de l'Abwehr que Chanel est un intermédiaire précieux et de nouveau volontaire pour coopérer et se déplacer à Madrid ; elle usera de ses contacts pour approcher Westminster et Churchill grâce à l'ambassadeur britannique, sir Samuel Hoare.

À Berlin, Dincklage a dû voir les effets des bombardements alliés sur la ville[17]. Sa mère, Lorry, soixante-dix-sept ans, qui vit à la campagne près du port de Kiel avec sa tante, la baronne Weher-Rosenkranz, a raconté à son fils que la vie devient de plus en plus difficile dans sa patrie. La région de Kiel est dévastée. Dincklage revient à Paris convaincu que l'Allemagne nazie est condamnée et que ses supérieurs à l'Abwehr verront d'un œil favorable son offre d'employer Chanel comme intermédiaire avec « des Britanniques et des Américains très importants[18] ».

Selon Henry Gidel, biographe de Chanel, Mademoiselle pense pouvoir user de son amitié avec Churchill pour persuader les nazis que Dincklage et elle ont les contacts nécessaires pour négocier une paix séparée avec la Grande-Bretagne. Rien de moins ! Gidel croit que le duc de Westminster, notoirement pro-allemand – comme de nombreux politiciens britanniques ainsi que des membres de la famille royale –, craint que l'Union soviétique ne s'empare de toute l'Europe. Bendor encourage Chanel à servir d'émissaire entre Berlin et Londres. « On a vu, écrit Gidel, que Westminster était un partisan déterminé d'une paix séparée. Il semble à peu près certain, à présent, que l'initiative de Coco [transmettre un message des Allemands aux Britanniques], dès le début, était appuyée en sous-main par Bendor. Il est même permis de penser que c'est le duc lui-même qui, ayant déjà tenté vainement de convaincre son ami Winston du bien-fondé de son point de vue [une négociation bilatérale visant la fin des hostilités], aurait jugé, en désespoir de cause, que Chanel avait quelques petites chances d'y parvenir[19]. »

Bendor n'est pas le seul membre de l'establishment britannique à souhaiter que les hostilités cessent entre la Grande-Bretagne et l'Allemagne. James Lonsdale-Bryans, diplomate britannique et sympathisant nazi, s'est rendu en Italie pour le compte du Foreign Office afin de rencontrer Ulrich von Hassell, ambassadeur d'Allemagne à Rome. Toutefois, pour des raisons demeurées inconnues, sa mission a échoué. D'après un rapport du contre-espionnage britannique, le MI5, Lonsdale-Bryans « avait de l'influence sur plusieurs membres du Parlement britannique, dont lord Halifax[20] ».

Dans l'Allemagne nazie, Himmler, ministre de l'Intérieur du Reich, chef de la SS et de la Gestapo – l'homme que Hitler a choisi pour être « l'architecte de la Solution finale » – demeure secrètement convaincu que l'Allemagne ne peut gagner la guerre[21]. Dès l'automne 1942, Himmler autorise tacitement le général Walter Schellenberg, alors chef du renseignement SS, à réfléchir à un moyen d'utiliser des représentants suisses et suédois pour mettre un terme aux hostilités avec la Grande-Bretagne[22]. Himmler souhaite que celui-ci trouve « une solution autre que les flots de sang déversés par les massacres que les SS perpètrent[23] ». Schellenberg, fils d'un facteur de pianos catholique, trente-trois ans, est un ancien avocat. Le journaliste américain William L. Shirer le décrit ainsi : « Un bandit intelligent bardé de diplômes universitaires[24]. » L'historien britannique Anthony Cave Brown appelle Schellenberg « le sixième homme le plus puissant du Reich ; il ne s'agit pas d'un quelconque chefaillon nazi. C'est un homme capable, vif et dangereux[25] ».

Après guerre, les distingués « chasseur d'espions » qui interrogent Schellenberg, – Hugh Trevor-Roper, Helenus Patrick Milmo, Klop Ustinov, sir Stuart Hampshire et Roy Cameron – émettent tous un avis différent sur le chef du renseignement SS. La lecture de ce résumé succinct de la personnalité de Schellenberg recueilli par l'un de ses geôliers, qui signe d'un « MFIU 3 HDH » cryptique, glace le sang :

> De toute évidence, [Schellenberg est] un personnage vil, déloyal et immoral – un homme auquel, en aucun cas, on ne doit se fier. Un acteur consommé. Il sait jouer de son charme et lorsqu'il le fait, on ne peut résister à l'impression d'être face à un charmant jeune homme inoffensif et plutôt naïf... [Il] vous regarde droit dans les yeux comme pour dire : « Croyez-moi, ce que je vous raconte vient

> du fond du cœur. » Le vrai Schellenberg est un opportuniste froid et calculateur qui ne laisse rien au hasard. Dans ses moments de faiblesse, il sait doser ses effets. Schellenberg sait ce qu'il veut et comment l'obtenir, quitte à semer les cadavres. Pour Schellenberg, les mots « amitié » et « loyauté » n'ont aucun sens. [...]. Au-delà de ses talents multiples et d'un amour-propre insolent, Schellenberg souffre d'un grave complexe d'infériorité[26].

Avec l'approbation de Himmler, et malgré la volonté inébranlable affichée par Hitler de mener une guerre totale – qui conduira soit à la destruction du Reich, soit à la victoire ultime –, Schellenberg utilise désormais ses contacts dans les pays neutres afin de trouver une solution si jamais l'Allemagne devait échouer[27]. D'abord, il réussit à obtenir une promesse du commandant en chef de l'armée helvète, le général Henri Guisan : la Suisse restera neutre. Elle repoussera néanmoins toute invasion. Sur la foi du serment de Guisan, Schellenberg convainc Himmler et la hiérarchie nazie de ne pas envahir son voisin. Grâce à cette manœuvre, Schellenberg améliore ses relations avec Berne et pousse maintenant ses contacts à ouvrir le dialogue avec des agents américains de l'OSS travaillant pour Allen Dulles dans la capitale suisse. Comme preuve de sa bonne volonté, Schellenberg relâche des juifs détenus dans certains camps de concentration et les autorise à se rendre en Suisse.

L'année 1943 commence mal pour Hitler. Les troupes allemandes battent en retraite après la rupture du siège de Stalingrad par l'Armée rouge. Dans une déclaration commune, Churchill, Roosevelt et de Gaulle (avec l'approbation de Staline) affirment que les Alliés exigeront la capitulation sans conditions des forces de l'Axe. Bientôt, les armées allemandes et italiennes offrent leur reddition en Afrique du Nord et les GI d'Eisenhower se lancent à l'assaut de la Sicile. À la suite de l'invasion de la Botte, le roi Victor-Emmanuel III révoque Benito Mussolini. En juillet 1943, l'Italie capitule. Plus tard, cette année-là, le roi et son président du Conseil, le général Pietro Badoglio, déclarent la guerre à l'Allemagne. Même les informations parisiennes, pourtant censurées, ne peuvent dissimuler la fragilité de sa situation. Les émissions du soir de la BBC expliquent en détail comment les villes du Reich sont bombardées jour après jour. L'Allemagne nazie semble condamnée.

Au début du printemps 1943, le comte Joseph Ledebur-Wicheln, officier supérieur de l'Abwehr en poste à Paris, reçoit un coup de fil de Berlin. Le capitaine Erich Pheiffer, chef du service des renseignements extérieurs de l'Abwehr dans la capitale du Reich, appelle depuis une ligne sécurisée. Il souhaite que le comte Ledebur entre en contact avec… le baron Hans Günther von Dincklage.

Or Ledebur fera défection et passera au MI6, à Madrid, en 1944. Il expliquera aux inspecteurs britanniques qui l'interrogent ce qui s'est passé après son entretien avec son supérieur hiérarchique, le capitaine Pheiffer : « [Il] m'a dit que Dincklage offrait les contacts à un très haut niveau de Coco Chanel à Londres pour aider les services de renseignements allemands […]. Il m'a demandé d'enquêter sur sa proposition[28]. »

Ledebur convoque Dincklage dans son bureau de la rue de Tilsitt, près des Champs-Élysées. Pendant le premier entretien, il explique à l'officier allemand comment « Chanel est prête à coopérer avec l'Abwehr – elle peut se rendre à Madrid et Lisbonne pour contacter des personnalités britanniques et américaines importantes et, plus tard, en Angleterre ». Mais Dincklage insiste : « L'Abwehr doit d'abord amener en France une Italienne à laquelle Coco Chanel est attachée en raison de ses perversions lesbiennes. Cette jeune femme doit accompagner Chanel lors de ses voyages dans la péninsule Ibérique et à Londres. »

Ledebur s'arrangera pour que l'Abwehr fournisse des passeports et des visas pour Chanel, la femme et Dincklage.

À ce moment-là, Dincklage n'offre pas de détails complémentaires relatifs à la mission qu'il propose à Madrid et à Londres. Mais il a déjà expliqué à Ledebur que la femme en question, Vera Bate Lombardi, est membre de la famille royale britannique, amie d'enfance de Churchill et du duc de Westminster. Ledebur

L'agent allemand de l'Abwehr, le comte Joseph von Ledebur-Wicheln, s'entretient avec Dincklage à Paris. Son plan consiste à utiliser Chanel à Madrid pour contacter Churchill via l'ambassade britannique. Ledebur est d'ailleurs repéré en Espagne après avoir fait défection ; il rejoindra les rangs du MI6 britannique en 1944.

recueille alors d'autres informations sur Dincklage et Chanel. Il interroge Fern Bedaux, la femme de l'agent nazi Charles Bedaux qu'il connaît bien. Fern réside dans une suite du Ritz, au même étage que Chanel. Elle raconte à Ledebur que Coco est toxicomane et « reçoit Dincklage tous les soirs dans sa suite ».

Mais Ledebur veut en savoir davantage avant de donner son avis au capitaine Pheiffer. Il se tourne alors vers l'ancien supérieur de Dincklage à l'Abwehr, en France et en Suisse, le colonel Alexander Waag, toujours stationné à Paris. Waag lui confie que, « avant guerre, Dincklage a été l'un de ses agents et qu'il a organisé des réseaux pour l'Abwehr sur la Côte d'Azur et à Toulon où il vivait avec deux jolies Britanniques, les sœurs Joyce – dont l'une était la maîtresse de Dincklage[29] ». (Nous ne savons rien sur ces deux sœurs.) Selon Waag, « c'est un excellent professionnel qui parle couramment anglais et français et a fourni de nombreux rapports sur les fortifications françaises et les navires de guerre de la base navale. Plus tard, il est devenu diplomate à l'ambassade d'Allemagne à Paris ».

En 1938, Dincklage est contraint de mettre un terme à sa besogne d'espion en France « parce que le contre-espionnage français, le deuxième bureau, l'a "grillé". Il est alors parti en Suisse où il a encore travaillé sous les ordres du colonel Waag pour y monter un nouveau réseau[30] ».

Toutefois, maintenant, c'est-à-dire pendant l'Occupation, Waag explique : « Je ne peux employer Dincklage parce qu'il veut trop d'argent [...]. Il lui manque un certain sens du devoir[31]. » De toute façon, « Il officie directement pour le service des renseignements extérieurs de l'Abwehr [...] sous une couverture de négociateur pour la centrale d'achat allemande à Paris ». Waag ajoute que, à Paris, « Dincklage est en contact avec le major von Momm à Berlin ».

Ledebur consulte ensuite les archives du service de renseignements de l'armée allemande. Il y apprend que « Dincklage a eu des problèmes avec la Gestapo en 1940, apparemment parce que sa femme était à moitié juive[32] ». Enfin, le comte Ledebur s'invite chez Dincklage, « dans un appartement somptueux, luxueux, de l'avenue Foch ». Là, il découvre un majordome en livrée, des clubs de golf qui trônent dans l'entrée et autres signes extérieurs de richesse destinés à impressionner le visiteur. Cet appartement fait manifestement partie de ceux destinés à des hommes très haut placés dans l'Abwehr.

Pendant leur conversation chez Dincklage, celui-ci « explique qu'un séjour à Madrid offrirait de nombreuses occasions à Chanel de placer ses amis britanniques et américains dans les mains de [l'Abwehr] ». Ledebur exige des détails supplémentaires et Dincklage le presse alors de la rencontrer.

Comme il n'a pas le temps de la convoquer, Ledebur répond à Dincklage que le colonel Waag, son ancien supérieur, « s'oppose au voyage de Chanel à Madrid ». Ledebur appelle ensuite Berlin pour prévenir le capitaine Pheiffer. « Je me suis opposé au voyage de Dincklage à Madrid. Pheiffer était de mon avis. »

Pour Ledebur, l'affaire est close[33]. Toutefois, de façon ironique, l'un de ses contacts à Paris, la comtesse Édith de Beaumont, lui apprend quelques mois plus tard qu'elle a vu Dincklage à Hendaye, au poste frontière entre la France et l'Espagne.

> J'ai appris, expliquera-t-il plus tard, qu'en janvier 1944, à Hendaye, Dincklage a eu une longue conversation avec un responsable de la Gestapo au poste frontière [...]. J'ai alors demandé à des sources du renseignement militaire si Chanel et Dincklage avaient obtenu des visas. J'ai aussi enquêté auprès du service allemand des passeports, le *Passerierschein Pruefstelle*, pour savoir comment [ils] s'étaient rendus à Madrid.
>
> Quelques jours plus tard, le *Passerierschein Pruefstelle* m'a répondu que le couple avait dû voyager sous des noms d'emprunt.

Ledebur n'a peut-être jamais su que le voyage de Chanel à Madrid avait, en réalité, été organisé par les services de sécurité de la SS à Paris, sous les ordres directs de Berlin[34]. Il n'a sans doute jamais appris que l'officier de la Gestapo que Dincklage a rencontré à Hendaye est l'officier de liaison en France du général SS Schellenberg, le capitaine Walter Kutschmann, quarante-neuf ans, responsable SS de la police des frontières. Un rapport secret rédigé après guerre par le conseiller politique américain concernant les criminels de guerre nazis explique comment Kutschmann « a été sélectionné par Schellenberg pour assister Chanel de toutes les façons possibles et lui livrer une grosse somme d'argent à Madrid[35] ».

Au moment où Dincklage rencontre le comte Ledebur à Paris, à Berlin quelques membres du ministère des Affaires étrangères de Ribbentrop essaient toujours clandestinement de trouver un moyen d'ouvrir des négociations avec la Grande-Bretagne[36]. Himmler n'est pas le seul nazi en quête d'une échappatoire. En effet, Ribbentrop et son équipe « cherchent des alliés occidentaux, mais également soviétiques ». Simultanément, Allen Dulles, chef de l'OSS à Berne, en Suisse (et futur directeur de la CIA), et des agents britanniques souhaitent rencontrer des sources allemandes fiables. En Turquie, l'amiral Wilhelm Canaris, numéro un de l'Abwehr et supérieur de Dincklage, et l'ambassadeur Fritz von Papen « reçoivent en 1943 des offres de paix provenant de sources américaines[37] ».

Durant les mois suivants, négocier une stratégie de sortie devient un impératif pour Himmler. Ses comparses et lui savent pertinemment qu'ils seront jugés pour leur comportement criminel si l'Allemagne devait accepter une reddition sans condition[38]. Schellenberg est tellement préoccupé par la santé mentale de Hitler qu'il se risque désormais à parler de l'issue de la guerre avec son ami psychiatre, William Bitter, de l'université de Berlin[39].

Schellenberg n'est pas le seul à craindre que l'Allemagne soit condamnée par le règne de Hitler. En 1943, des officiers supérieurs de la Wehrmacht à Berlin et à Paris – certains liés à l'Abwehr et conduits par le prince Claus von Stauffenberg – complotent pour tuer le Führer.

À la fin de l'été ou au début de l'automne 1943, Dincklage ne sait rien de plus que ce que ses supérieurs à Berlin lui ont appris[40]. À Paris, Chanel et lui réussissent à convaincre le frère d'armes du baron pendant la Première Guerre mondiale, le major Theodor Momm, membre du parti nazi et officier de l'Abwehr à Berlin, de les laisser se rendre dans la capitale du Reich afin d'explorer la possibilité que Chanel contacte le duc de Westminster, entre autres.

En arrivant à Berlin, Momm approche des fonctionnaires des Affaires étrangères, sans pour autant susciter leur intérêt[41]. Il se tourne alors vers un vieil ami, le Dr Walter Schieber, conseiller d'État et Reich *SS-Brigadeführer*. À cette époque, Schieber sert

Albert Speer, l'architecte reconverti en ministre de l'Armement. Avec l'aide de Schieber, Momm apprend vite que Schellenberg, le chef du service de renseignements de Himmler, pourrait être intéressé. Lors d'une rencontre préliminaire avec Schellenberg, celui-ci « exige que Chanel soit amenée à Berlin ». Dincklage s'emploie alors immédiatement à préparer un voyage avec Mademoiselle[42].

À l'automne 1943, il est facile de se rendre à Berlin. Le voyage n'est pas dangereux, à moins d'avoir la malchance de subir un bombardement britannique. Chanel et Dincklage ont le choix : ils peuvent utiliser le chemin de fer franco-allemand ou le service aérien allemand régulier *Alte Tante Ju* (la « vieille tante Ju », du nom des Junkers qui effectuent les liaisons)[43]. Il y a un vol quotidien entre Berlin Tempelhof et Le Bourget, où Lindbergh a atterri en 1927, après la première traversée de l'Atlantique.

Les wagons-lits entre la gare du Nord et la gare de Berlin, Zoologischer Garten, rendent toutefois le voyage plus confortable. Ils partent de Paris tous les soirs à 23 h 17 et arrivent le lendemain à Berlin à 21 h 34. Chanel choisit cette prestation incomparable.

À la gare de Berlin, flanqués par des hommes du rang pour porter les bagages, des officiers de confiance envoyés par Schellenberg ont dû accueillir la créatrice. Le groupe est peut-être sorti sur Jebenstrasse, avant de grimper dans une limousine pour parcourir les rues berlinoises enténébrées par le black-out. Il fait froid en cet hiver 1943 et des congères bordent les trottoirs. Chanel constate forcément que la ville a été bombardée. Même l'église du Souvenir de l'empereur Guillaume a été éventrée par les bombes incendiaires britanniques.

Le chauffeur les dépose probablement à Wannsee, quartier résidentiel au bord du lac éponyme, où les SS logent leurs invités de marque. La zone n'a pas été bombardée. (Toutefois, en cas de raid aérien, un abri se trouve près de la résidence.) Quelques mois plus tôt, en janvier 1942, à Wannsee, Reinhard Heydrich avait exposé aux dignitaires du Reich son programme pour anéantir les juifs d'Europe.

Chanel va donc rencontrer le bras droit de Himmler, un général SS. Elle pénètre le dernier carré du pouvoir nazi.

Schellenberg a son bureau dans l'Office central de la sécurité du Reich. Ce bâtiment servait d'hospice pour les membres de la communauté juive jusqu'à ce que les nazis se l'approprient en 1941.

Quartier général de la SS à Berlin, où Chanel s'est rendue fin 1943. On voit ici l'ancien hospice juif. Chanel, Dincklage et Momm rencontrent Schellenberg dès leur arrivée.

L'histoire de la rencontre à Berlin de Chanel et Dincklage avec le chef du renseignement de la SS, ce général Schellenberg, est relatée dans la transcription, réalisée en 1945 par les services secrets britanniques, du témoignage qu'il a apporté lors des interrogatoires « durs » auxquels il a été soumis pendant six mois. Le rapport de soixante pages révèle qu'il est malade et stressé : « Au bout de huit semaines passées dans une cellule sans lumière, j'étais cuit[44]. » Pourtant, une simple vérification des archives confirme que les informations qu'il fournit lors de ses interrogatoires sont pour la plupart précises. Cependant, la date de la première visite de Chanel à Schellenberg n'est pas exacte. Chanel l'a rencontré pour la première fois en décembre 1943 ou en janvier 1944 – et non en avril, comme l'indique le document. La date d'avril se rapporte peut-être au retour de Chanel après l'échec de la mission de Madrid[45].

Voici ce que Schellenberg explique au MI6 au sujet de la première visite de Chanel à son quartier général de Berlin :

> En avril 1944, le *Staatsrat* Sheibe [Schieber], SS *Brigadeführer* et bras droit d'Albert Speer au ministère de l'Armement, et le *Rittmeister* Momm évoquent l'existence d'une certaine *Frau* Chanel, citoyenne française propriétaire d'une célèbre maison de parfum. Cette femme est censée connaître suffisamment Churchill pour se lancer dans des négociations politiques avec lui. [Elle] est une ennemie de la Russie et désire aider la France et l'Allemagne dont les destins, d'après elle, sont étroitement liés. Schellenberg exige alors que Chanel soit convoquée à Berlin et elle arrive alors dans la capitale, accompagnée par un certain *Herr* Dincklage. [Schellenberg pense que ce Dincklage est lié professionnellement avec l'Abwehr et le SD, mais ne peut le confirmer.]
>
> Schellenberg fait la connaissance de Chanel en présence de Dincklage, Schieber et Momm à la date convenue : une certaine *Frau* Lombardi, sujet britannique de haute extraction, mariée à un Italien, doit être libérée d'un camp d'internement en Italie et être envoyée à Madrid en tant qu'intermédiaire. *Frau* Lombardi est une vieille amie de *Frau* Chanel et a été internée avec [son] mari[46] pour des raisons politiques [...][47]. La tâche de Lombardi consistera à remettre une lettre manuscrite de Chanel à des membres de l'ambassade britannique à Madrid pour qu'ils la transmettent à Churchill. [La lettre en question n'a jamais été retrouvée.] Dincklage doit servir de liaison entre Lombardi à Madrid, Chanel à Paris et Schellenberg à Berlin[48]. [« Modellhut » – modèle de chapeau – est le nom attribué à la mission madrilène.]

Pendant ce temps, à Rome, Vera Lombardi ne sait rien de cette rencontre ! Edmonde Charles-Roux, dans sa biographie, affirme

Le général Schellenberg (au centre), chef du renseignement de la SS de Himmler, et des comparses SS (date inconnue). Fin 1943, Schellenberg rencontre Chanel, Dincklage et Momm à Berlin, et approuve la mission « Modellhut » à Madrid en janvier 1944.

que Chanel écrit à Vera pour lui demander son aide afin d'ouvrir une boutique à Madrid. La créatrice promet également que les Allemands aideront Vera à la contacter à Paris[49].

Pendant les premières années de guerre, Vera Lombardi, la femme qui a présenté Chanel à Bendor, le duc de Westminster, à l'aristocratie britannique et à Churchill, vit à Parioli, quartier chic et résidentiel de Rome, situé près de la villa Borghèse, avec son époux le colonel Alberto Lombardi, membre du parti fasciste depuis 1929[50]. La famille du colonel Lombardi côtoie Mussolini depuis près de vingt ans. Son frère, Giuseppe, est à la tête du service de renseignements de la Marine.

Malgré sa nationalité italienne, acquise grâce à son mariage, et ses liens avec des personnalités fascistes de premier plan, le sang royal de Vera, ses manières et ses airs britanniques la rendent suspecte. D'ailleurs, depuis 1936, la police secrète italienne, rattachée au ministère de l'Intérieur, et le renseignement militaire surveillent ses allées et venues à l'ambassade britannique et ses relations avec la communauté anglaise de Rome. On la soupçonne d'être une « informatrice britannique ».

Vera l'est en effet, mais on ne possède aucun dossier révélant qu'elle aurait été un agent britannique. Lorsque la police la soupçonne de trahir l'Italie, elle écrit à son ami d'enfance, Churchill, à Londres – il est alors membre du Parlement –, pour lui raconter combien Mussolini est populaire en Italie. « Mon cher Winston, je regrette tellement que tu ne sois pas là [...] » : dans cette lettre datée de juin 1935[51], elle le presse de travailler à la réconciliation anglo-italienne.

Un rapport de la police secrète italienne de 1941 note : « Une lady anglaise, épouse d'un officier italien vivant dans une petite villa du 32, Barnaba Oriana [l'adresse des Lombardi à Parioli], a laissé les lumières allumées lors d'une attaque aérienne. » Deux ans plus tard, tandis que les Alliés avancent sur Rome, la police secrète fasciste se met à arrêter systématiquement toute personne soupçonnée de sympathies avec eux. Dans la plupart des cas, elles sont internées dans le camp de concentration de Bagno a Ripoli, près de Florence.

« Soupçonnée d'être un agent des services secrets britanniques depuis dix ans[52] », Vera est arrêtée le 12 novembre 1943, quatre mois après la chute de Mussolini, et détenue à Rome dans une prison pour femmes. Trois jours plus tard, un ordre du ministère de l'Intérieur stipule : « La femme mentionnée doit être transférée au nord du Pô. Interrogation quant à son lieu de détention. » La réponse arrive le 15 novembre : « La femme doit être internée à Bagno a Ripoli. » Un ajout manuscrit sur le document exige que le transfert de Vera soit « l'objet d'un accord avec les autorités allemandes compétentes ».

Sept jours plus tard, Vera est libérée. Une directive conjointe du ministère de l'Intérieur et du ministère de la Défense, datée du 24 novembre 1943, notifie : « La personne en question détenue dans une prison romaine a été libérée le 22 novembre sur les ordres du quartier général de la police allemande à Rome[53]. Il semblerait qu'Arkwright Vera soit de nouveau libre [Arkwright est le nom de jeune fille de Vera]… » Le document est signé par le commandant de la police du district.

En fait, Schellenberg a retrouvé Vera et l'a sauvée.

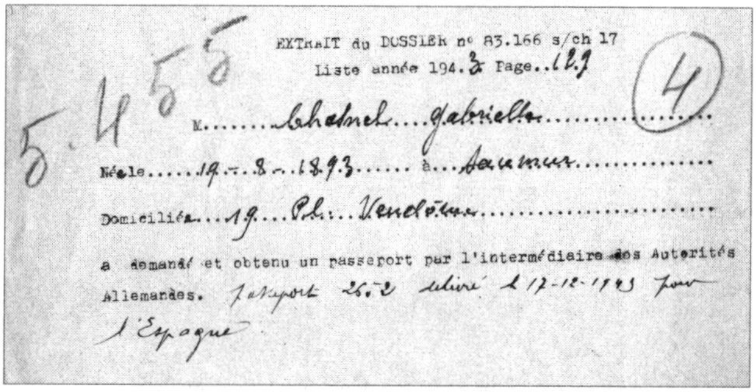

EXTRAIT du DOSSIER n° 83.166 s/ch 17
Liste année 1943 Page 129

M. Chanel Gabrielle

Né(e) le 19-8-1893 à Saumur

Domicilié 19 Pl. Vendôme

a demandé et obtenu un passeport par l'intermédiaire des Autorités Allemandes. Passeport 2652 délivré le 17-12-1943 pour l'Espagne

Document issu du dossier de police révélant que Chanel a « demandé et obtenu un passeport [pour voyager en Espagne en 1943] par l'intermédiaire des autorités allemandes ». Un rapport de police de 1948 explique que Chanel n'avait pas donné de justification pour ce séjour. Les autorités françaises lui ont délivré un visa sur ordre direct du chef de la Gestapo à Paris, Karl Bömelburg.

De retour à Paris avec Chanel, Dincklage lui permet d'obtenir un passeport et un visa pour l'Espagne. Les documents sont délivrés le 17 décembre 1943. L'extrait du dossier français accompagnant le passeport mentionne, écrit à la main : « Passeport 2652 délivré le 17-12-1943 pour l'Espagne[54]. » Il est remis par les autorités françaises sur ordre direct du chef de la Gestapo à Paris,

Karl Bömelburg[55]. (Un an plus tard, un rapport secret adressé au secrétaire particulier de Churchill au 10, Downing Street, révélera : « Il existe une preuve absolue que [Vera Lombardi] a été directement aidée lors de son voyage [entre Rome et Madrid] par le Sicherheitsdienst[56] », le Sicherheitsdienst (SD), c'est-à-dire le service de renseignements dirigé par Schellenberg.)

Le capitaine SS Walter Kutschmann en civil. Kutschmann, l'officier de liaison du général SS Schellenberg au poste frontière de Hendaye en 1944 a pour ordre de remettre une grosse somme d'argent à Chanel, cette année-là, à Madrid. En 1946, il apparaît à la 182e place sur la liste des criminels de guerre nazis. Il est accusé d'avoir massacré des milliers de juifs en Pologne.

Fin décembre 1943 ou début janvier 1944, Chanel et Dincklage, de retour de Berlin, accompagnés par Vera, repartent de Paris en train, direction la frontière espagnole à Hendaye. Ils y interrompent leur voyage afin de franchir les contrôles. Dincklage rencontre l'officier de liaison de Schellenberg, le capitaine Kutschmann, « qui a pour ordre de remettre une grosse somme d'argent à Chanel à Madrid[57] ».

Le rapport du MI6 relatif à Schellenberg présente une version légèrement différente : « Une semaine après la libération de Vera, celle-ci prend un avion pour Madrid[58]... »

La mémoire de Schellenberg est-elle défaillante ou a-t-il perdu le contact avec Dincklage et son officier de liaison ?

À Madrid, Chanel et Vera Lombardi descendent au Ritz[59]. La créatrice de mode rencontre ensuite son ami sir Samuel Hoare à l'ambassade de Grande-Bretagne. Le diplomate britannique Brian Wallace (nom de code « Ramon », qui a déjà signalé à Londres, en 1941, la mission Chanel-Vaufreland pour le compte de l'Abwehr) assiste de nouveau Chanel.

L'interrogatoire de Schellenberg par le MI6 révèle : « ... avec l'autorisation de Schellenberg[60], Lombardi a également reçu une lettre de Chanel délivrée par [Reinhard] Spitzy la pressant [Vera] de voir Churchill lorsqu'elle reviendrait en Angleterre. » Dincklage a sûrement connu Reihard Spitzy ; les deux hommes ont travaillé pour l'amiral Canaris, le chef de l'Abwehr ! Le contenu de cette lettre n'a jamais été divulgué et l'auteur ne l'a pas retrouvée dans les archives qu'il a explorées*. (Apparemment, Schellenberg pensait que Vera Lombardi cherchait à passer en Angleterre via Madrid.)

La transcription de l'interrogatoire de Schellenberg relate alors un événement ahurissant : « Lors de son arrivée [à Madrid][61] [...] au lieu de poursuivre la mission qui lui avait été assignée, [Vera] dénonce tout le monde aux autorités britanniques. » Résultat : non seulement elle accuse Chanel d'être un agent allemand, mais aussi Spitzy ! La grande mission tourne au fiasco, l'échec est patent, « tout contact est immédiatement abandonné avec Chanel et Lombardi ». Le rapport du MI6 ajoute : « Schellenberg ne sait pas si l'information transmise par cette femme a transité jusqu'à Churchill. »

* Cf. Annexe 2.

De nouveau, le rôle de Dincklage à Madrid reste mystérieux. Les Britanniques ont-ils appris qu'il servait de contact à Schellenberg ? Est-il forcé de quitter Madrid ?

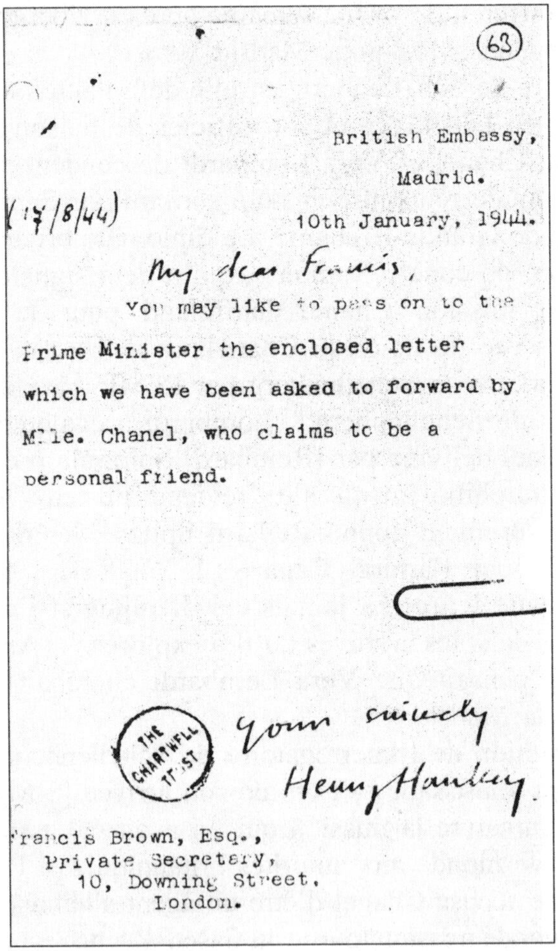

(63)

British Embassy,
Madrid.

(17/8/44)

10th January, 1944.

My dear Francis,

You may like to pass on to the Prime Minister the enclosed letter which we have been asked to forward by Mlle. Chanel, who claims to be a personal friend.

Yours sincerely
Henry Hankey.

THE CHARTWELL TRUST

Francis Brown, Esq.,
Private Secretary,
10, Downing Street.
London.

Message datant de janvier 1944 de Henry Hankey, membre de l'ambassade britannique à Madrid : « Mon cher Francis, Voulez-vous remettre au Premier ministre la lettre ci-jointe que Mlle Chanel, qui assure en être une amie personnelle, nous a demandé de bien vouloir lui transmettre. »

Peu après la trahison de Vera, Chanel demande à Henry Hankey, un diplomate de l'ambassade britannique à Madrid, de transmettre une lettre à Churchill. La lettre de Chanel, envoyée juste avant son départ pour Paris, ne mentionne ni Schellenberg ni la mission « Modellhut ». Il s'agit d'un appel lancé à son vieil ami pour venir en aide à Vera Lombardi, soupçonnée désormais d'être un agent SS en raison de son implication avec Chanel dans la mission madrilène.

Henry Hankey transmet alors la missive de six pages manuscrites au bureau du Premier ministre, 10, Downing Street. Les archives Churchill à Chartwell possèdent une copie de cette lettre annotée par l'un des assistants de Churchill qui en accuse réception ; quelques jours plus tard, un autre mémo de Downing Street prouve que Mme Churchill a pris connaissance du message de Chanel pendant l'absence de son époux.

Voici le texte de l'extraordinaire document qu'est cette lettre de Chanel à l'intention de Churchill, écrite à la main sur du papier à en-tête du Ritz, place du Prado, Madrid :

> Mon cher Winston,
>
> Excusez-moi de vous approcher en de tels moments [...]. J'ai entendu dire depuis un certain temps que Vera Lombardi n'a pas été très bien traitée en Italie du fait de sa naissance anglaise et parce qu'elle a épousé un officier italien [...]. Vous me connaissez assez bien pour comprendre que j'ai fait tout ce qui était en mon pouvoir pour la sortir de cette situation qui est véritablement devenue tragique quand les fascistes l'ont fait enfermer en prison [...]. J'ai été moi-même obligée de m'adresser à une personne plutôt importante pour la faire libérer et avoir l'autorisation de descendre ici avec elle [...]. Le fait que j'y sois parvenue m'a placée dans une situation très délicate, étant donné qu'elle a un passeport italien et un visa allemand. Je comprends très bien qu'il paraisse un peu suspect [...]. Vous pouvez imaginer, mon cher, après toutes ces années dans la France occupée, que j'ai rencontré beaucoup de monde ! J'aurais énormément de plaisir à en parler avec vous !
>
> Enfin, Vera veut [revenir] en Italie où se trouve son mari. Je crois

qu'un mot de vous aplanirait toutes les difficultés et je rentrerais [...] tranquille en France car je ne peux pas l'abandonner là. J'espère que votre santé est meilleure. Je n'ose pas vous demander de me répondre, mais naturellement un mot de vous serait un grand réconfort pour attendre la fin* [...].

Croyez-moi toujours très affectueusement*...

Coco Chanel*

(Peut-être Randolph peut me donner de vos nouvelles.)

Churchill n'est pas à Londres pour recevoir la missive de Chanel[62]. Il se trouve en Tunisie depuis le 12 décembre 1943 où une pneumonie le cloue au lit avec une fièvre qui atteint 39°. Il revient de la conférence de Téhéran avec Roosevelt et Staline, et a fait escale en Tunisie pour y voir Eisenhower. Le Premier ministre est ensuite logé à La Mamounia, le palace de Marrakech, le 5 janvier. Il ne reviendra à Londres que le 19 janvier 1944. L'indisposition de Churchill demeure un secret bien gardé, mais l'ambassadeur britannique à Madrid, Samuel Hoare, savait peut-être qu'il était malade. La référence de Chanel à la santé de Churchill semble indiquer que Hoare l'en avait informée. En tout état de cause, l'opération « Modellhut » est devenue un échec total.

Au moment où la lettre de Chanel arrive au 10, Downing Street, Chanel et Dincklage sont revenus à Paris. Plus tard, la créatrice se rendra de nouveau à Berlin pour expliquer à Schellenberg pourquoi sa mission madrilène a échoué[63].

À la suite de ce désastre, Churchill, le MI6 et les diplomates britanniques se retrouvent enchevêtrés dans l'imbroglio Lombardi. Mais surtout, Chanel va craindre de devenir l'objet d'un chantage de la part de certains acteurs de cette mission absurde.

En mars 1944, une lettre de deux pages écrite par Vera Lombardi parvient à South Street, Londres, chez lady Ursula Filmer Sankey, la fille de Bendor. Elle contient une supplique de Vera adressée à son amie Ursula : elle voudrait qu'elle intervienne à la fois auprès de son père et de Churchill pour lui faire quitter

Madrid et rentrer chez elle, à Rome[64]. L'anxiété de Vera croît depuis le départ de Chanel quelques semaines auparavant. Mme Lombardi sait que les Britanniques la soupçonnent d'être un agent SS. Elle redoute également qu'ils l'empêchent de regagner Rome pour y retrouver son mari.

Cet appel adressé à la fille du duc de Westminster arrive à Londres au moment où Churchill affronte les Américains à propos de ce qui se passe en Méditerranée. Alors que les États-Unis veulent débarquer en France pour se concilier Staline, Churchill préférerait attaquer vers la Méditerranée.

Curieusement, les mois suivants, le Premier ministre britannique consacrera de précieux moments à sauver Vera Lombardi.

Certains historiens, certains biographes jugent parfaitement loufoque l'idée que Schellenberg ait utilisé Chanel comme émissaire à Madrid pour prendre contact avec Churchill. Sir Stuart Hampshire, officier du MI6 pendant le conflit, pense que Schellenberg ne se rendait pas compte de la détermination du Premier ministre britannique, résolu à voir l'Allemagne capituler.

Au printemps 1944, il est avéré que de nombreux officiers des services de renseignements, mais aussi de l'Abwehr, parmi lesquels Dincklage, cessent de croire à la victoire ultime de l'Allemagne. Bientôt, l'Abwehr fusionne avec les agences SS sous l'autorité de Schellenberg. On cherche des solutions pour ouvrir les négociations en vue de mettre un terme aux hostilités. Dans ce cadre, l'échec de Schellenberg – ses manœuvres et ses stratagèmes – coïncide avec l'envoi de signaux par certains politiciens alliés : une fin des hostilités anticipée permettrait de stopper l'avance soviétique en Allemagne et l'invasion de l'Europe par Staline.

Le chef SS n'est pas le seul en quête d'une nouvelle stratégie pour l'Allemagne. En 1943, le ministre allemand des Affaires étrangères Ribbentrop et le supérieur de Dincklage, l'amiral Canaris, commandant de l'Abwehr, entrent en contact avec les autorités alliées pour négocier un accord. Dès 1943, Dulles, chef de l'OSS à Berne, étudie secrètement une solution avec l'Allemagne par l'intermédiaire de contacts suisses et suédois, et d'Allemands gagnés à cette cause. Dulles pense que les États-Unis et le Royaume-Uni doivent s'entendre avec les Allemands avant que les Soviétiques n'envahissent toute l'Europe. Il estime que la conférence de Casablanca de janvier 1943 appelant à la capitulation sans conditions des puissances de l'Axe « n'est qu'un bout de papier qu'on peut déchirer si l'Allemagne cherche la paix ». Dulles admet cependant que « Hitler doit partir ».

Le comte Claus von Stauffenberg, trente-huit ans, chef d'état-major auprès du commandement de l'armée de réserve, et des complices vont d'ailleurs passer à l'action. Le complot pour assassiner Hitler, l'opération « Walkyrie », comprend également un volet appelant à la signature d'une paix rapide avec les Britanniques afin d'empêcher les Soviétiques de prendre Berlin et de la bolcheviser.

Le 20 juillet 1944, Stauffenberg assiste à une réunion présidée par Hitler dans son quartier général de Wolfsschanze (la Tanière du loup) près de Rastenburg en Prusse-Orientale. Il place une mallette équipée d'une charge explosive et d'un détonateur près de Hitler. Il amorce la bombe et quitte la pièce.

Hitler n'est que blessé. Le complot échoue. Stauffenberg et ses héroïques compagnons le paieront de leur vie. Quelques mois plus tard, Canaris est arrêté par Schellenberg sur ordre de Himmler, car il existe des preuves que l'amiral a aidé les conjurés. Il est exécuté en avril 1945 dans le camp de Flossenbürg.

Au même moment, Dincklage est transféré dans la nouvelle organisation du renseignement SS à laquelle se rattache l'Abwehr.

Le dénouement approche.

11.

Coco, la baraka

Le riche, le rusé et le puissant ont échappé au châtiment – ils sont revenus après l'orage...

Gaston Defferre

Très tôt dans la matinée du mardi 6 juin 1944, les émissions en français de la BBC annoncent le débarquement en Normandie. Paris sera bientôt libéré ! C'est le Jour J : des milliers d'Américains, de Britanniques, de Français et autres soldats des pays alliés débarquent sur les plages, sont parachutés ou atterrissent en planeur, à seulement cent vingt-trois kilomètres de la capitale. La France est stupéfaite.

Moment grave pour Chanel et les autres collaborateurs. Son nom se trouve sur la liste noire dressée par la Résistance, avec ceux de Jean Cocteau, Serge Lifar ou Paul Morand[1]. Si les Allemands quittent Paris, Chanel et ses amis devront affronter le jugement et le châtiment de tous ceux, femmes et hommes, qui ont souffert les pires humiliations pendant quatre ans. Les jours suivants, les Parisiens ont le regard fixé sur les mâts qui se dressent sur les bâtiments officiels. La croix gammée flotte-t-elle toujours ? Si oui, alors les Allemands sont encore là. Sinon, c'est qu'ils ont fui.

À Portsmouth, sur la côte anglaise, Eisenhower, commandant en chef de l'opération « Overlord », affiche un large sourire[2].

Tandis qu'à Berlin, Hitler tempête[3]. Ses anciens généraux préférés, von Rundstedt et Erwin Rommel, le « Renard du désert », ont prévenu leur maître sans ménagement : « Il faut arrêter cette guerre pendant qu'une grande partie de l'armée allemande existe encore. » Von Rundstedt est limogé[4]. Rommel se suicide pour sauver sa famille du courroux de Hitler.

À l'hôtel Lutetia, pendant ce temps, Dincklage, Momm et leurs comparses de l'Abwehr rangent les dossiers et brûlent les plus sensibles. Alors que ces agents se préparent à partir, les avions alliés bombardent Paris et ses alentours. Lentement, le Ritz se vide.

Dincklage fuit peu après l'échec de l'attentat du 20 juillet contre Hitler. Chanel, soixante et un ans (elle en fait toujours dix de moins), retrouve son appartement de la rue Cambon, non loin du Ritz, dans la chaleur accablante d'août. De nouveau, les cendres recouvrent les rues. Tandis que les bombardiers alliés frappent la banlieue, les Allemands brûlent jour et nuit des documents, comme les fonctionnaires français l'avaient fait quatre ans auparavant au moment d'évacuer Paris[5]. Chanel n'est pas totalement seule : Léon, le majordome, et Germaine, sa fidèle femme de chambre, restent à ses côtés.

À Berlin, Schellenberg redouble d'efforts pour approcher des intermédiaires neutres[6]. Il finit par contacter le comte Bernadotte, diplomate suédois, et lui demande de négocier une trêve via ses homologues britanniques en poste à Stockholm. En gage de sincérité, il ordonne à ses SS de libérer quelques prisonniers américains, français et anglais détenus à Ravensbrück et Neuengamme. Il signale par là même aux Anglais que Himmler et lui ne sont plus des nazis fanatiques. Ce qui lui sauvera plus tard la vie.

Tandis que les armées alliées s'approchent de Paris, Chanel contacte Pierre Reverdy, son amant par intermittence depuis une vingtaine d'années, entré dans la Résistance. Chanel le pousse désormais à traquer Vaufreland ! Elle espère sans doute que ce dernier, le seul Français susceptible de révéler ses relations avec les nazis, disparaîtra à jamais.

Avec son groupe, Reverdy localise Vaufreland dans l'appartement parisien du comte Jean-René de Gaigneron[7]. Celui-ci est arrêté et détenu avec d'autres *collabos**. Plus tard, il sera interné à Drancy – dans le camp même où des familles juives attendaient leur déportation vers la mort. Plus tard, Vaufreland se contentera de dire à propos de cette curieuse traque menée par Reverdy : « [...] Il avait peut-être contre moi quelques ressentiments personnels[8]. »

Serge Lifar, l'ami de Chanel, a répété le ballet *Chota Roustavelli* à l'Opéra de Paris durant tout le mois de juin, sous la direction d'Arthur Honegger et Charles Munch[9]. Au moment où les Alliés s'approchent de Paris, Lifar refuse de s'enfuir en Suisse à bord d'un avion privé appartenant au chef d'orchestre autrichien Herbert von Karajan. Il se terre rue Cambon, dans l'appartement de Chanel. Plus tard, elle confiera à des amis : « Je ne pouvais me promener dans mon appartement en petite tenue, car Serge était peut-être caché dans une penderie[10]. » Lifar se livrera lui-même au comité d'épuration de l'Opéra qui lui interdira d'exercer pendant un an : une punition bien légère pour sa collaboration avérée. Nombre d'autres amis de Coco ont également de bonnes raisons de se tapir. « Les sentiments de haine et de vengeance imprègnent la société française [...]. Il y a eu tant de souffrance, d'humiliation, de honte, il y a eu tant de victimes de la trahison, de la torture et de la déportation[11]. »

Le dernier convoi de déportés juifs part le 17 août vers Auschwitz ; quelques jours plus tard éclatent les combats entre la Résistance et les troupes allemandes. L'insurrection a commencé contre l'occupant abhorré au moment où de Gaulle débarque en France. Leclerc, pendant ce temps, avance vers Paris à la tête de la Deuxième Division blindée.

Le 26 août, de Gaulle descend les Champs-Élysées, avant de se rendre à Notre-Dame pour assister à une messe solennelle. La

Officiers allemands aux mains de la Deuxième Division blindée de Leclerc, Paris, août 1944.

veille à l'Hôtel de Ville, il a déclaré : « Paris ! Paris outragé ! Paris brisé ! Paris martyrisé ! Mais Paris libéré ! » Ces mots arrachent des larmes de joie aux habitants.

Toutefois, pour certains, ils résonnent de façon sinistre, car l'heure de la vengeance a sonné. Coco et ses amis dorment mal.

Mais il s'agit maintenant de préparer l'avenir.

Pour voir le Général défiler, Chanel, Lifar et d'autres invités se rassemblent dans l'appartement des Sert qui donne sur la place de la Concorde[12]. Si l'on en croit leurs biographes la plupart d'entre eux, dont Chanel, son ami le comte de Beaumont et Lifar, s'inquiètent de leur rôle très visible de *collabos**. Ils espèrent que José Maria Sert, ambassadeur d'Espagne auprès du Vatican pendant la guerre (un poste basé à Paris), pourra les protéger de la vengeance que ne manqueront pas d'exercer sur eux les résistants.

Deux semaines plus tard, Chanel est arrêtée[13].

Après la Libération, l'historien Robert Aron estime qu'entre trente et quarante mille collaborateurs ont été exécutés sommairement[14].

Pour faire cesser cette justice expéditive, le gouvernement provisoire de De Gaulle crée des tribunaux spéciaux dès la mi-septembre 1944. Certains inculpés encourent la peine capitale. Un état d'*indignité nationale** est instauré, interdisant aux individus reconnus coupables tout mandat électif, certaines fonctions économiques, syndicales, ou certaines professions.

Partout en France, l'arrivée des troupes alliées et françaises libère toutes les énergies. À Paris, lors des célébrations, panonceaux et panneaux de circulation rédigés en allemand sont arrachés. La plupart des Français fêtent la liberté retrouvée, mais d'autres cherchent à se venger. Pour les collaborateurs les plus connus, c'est la fuite ou la mort ; s'ils sont débusqués, ils risquent d'être fusillés sur-le-champ. Des « collaboratrices horizontales » sont tirées nues de leur lit et tondues en public. Douze mille Allemands, militaires, dignitaires et courtisans ne sortiront pas libres de Paris. La plupart seront internés dans des camps français.

Parmi eux, l'ex-femme de Dincklage, Catsy, soupçonnée par les services de renseignements de la France libre d'être une espionne allemande[15]. Juste avant l'Occupation, elle a été détenue au camp de Gurs, un centre d'internement français destiné aux civils allemands. Sous l'Occupation, libérée, elle est retournée à Paris[16]. Après guerre, sa demi-sœur, Sybille Bedford, dans un livre consacré à cette période, affirme qu'elle a souffert de privations pendant l'Occupation parce qu'elle était juive.

Toutefois, un rapport du renseignement français donne un autre son de cloche : Catsy aurait travaillé pour les Allemands pendant le conflit, protégée par Dincklage et de nombreux amis nazis[17]. Ce dossier révèle que, après la Libération, elle s'est livrée à la police, de crainte d'être capturée par la Résistance. Elle espérait

Les collaborateurs sont traqués dans la France libérée ; les femmes ayant fréquenté l'envahisseur allemand sont humiliées. Ici, on en voit deux, tondues, le front marqué d'une croix gammée.

y trouver une protection, mais elle a immédiatement été internée avec d'autres citoyens allemands à Drancy, avant d'être transférée à Noisy-le-Sec, puis en Basse-Normandie où elle restera en prison pendant dix-huit mois.

Elle est relâchée grâce aux efforts insistants de son avocat. Pour la libérer, il présente aux autorités françaises une lettre de recommandation écrite par la femme d'un officier. Mais des rapports secrets du contre-espionnage révèlent qu'elle n'a pas été une victime de l'Occupation[18]. Au contraire, Catsy a collaboré avec l'occupant, elle a gagné de l'argent grâce au marché noir et espionné pour le compte du régime nazi. Juive, elle n'a pas vécu cachée, comme beaucoup[19]. Non, « elle a vécu [pendant l'Occupation] dans les meilleurs termes avec les Allemands [...] des individus qu'elle prétend maintenant détester ».

Pour obtenir sa libération, « Catsy recueille des lettres de ses complices qui vendaient de la lingerie fine au marché noir. Elle tente de les utiliser pour prouver qu'elle méprisait les troupes d'occupation allemandes[20] ». Le rapport français précise : « Contrairement aux témoignages qu'elle a apportés aux autorités françaises, Catsy recevait fréquemment son ex-mari Hans Günther Dincklage chez elle, dans son appartement de la rue des Sablons. » Après tout, ces deux agents de l'Abwehr étaient restés amis. Ce même rapport n'épargne pas Dincklage : « Dincklage est un agent de propagande actif et dangereux. Il a employé Mme Chasnel [*sic*] afin d'obtenir des renseignements pour son service[21]. » Le document explique qu'au moment où les Alliés s'approchent de Paris, « l'ami de Catsy, le SS *Standartführer* Otto Abetz, lui a conseillé de quitter la France[22] », avant de conclure : « Maximilienne von Schoenebeck [Catsy] est un agent des services de renseignements allemands et sa présence en France constitue un danger pour la sécurité nationale. Nous pensons qu'elle a reçu l'ordre de rester en France afin de pouvoir continuer son travail d'espionnage. Elle doit être considérée comme indésirable en France. »

Malgré un décret d'expulsion pris à l'encontre de Catsy et Dincklage le 5 juillet 1947, elle réussit à rester en France jusqu'à sa mort à Nice en 1978. Elle avait soixante-dix-neuf ans. Les membres de la famille Shoenebeck, lors d'un entretien accordé au cours de l'été 2010, ont affirmé que Catsy était employée par Chanel, mais n'ont pu en apporter la preuve[23].

Depuis 1942, la couturière figure sur les listes noires officielles des Forces françaises de l'intérieur[24]. En cette première semaine de septembre 1944, une poignée de jeunes FFI, les *Fifis** comme elle les appelle, la conduisent devant un comité d'épuration[25].

Les biographes de Chanel révèlent qu'elle méprise ces jeunes en bras de chemise, chaussés de sandales[26]. Cependant, le groupe qui l'interroge ne sait rien de son travail clandestin ; ils ignorent tout de sa collaboration avec l'Abwehr ou de sa mission en 1941 avec Vaufreland à Madrid. En outre, ils ne connaissent pas son rôle clé dans la mission « Modellhut ».

D'après tous les récits, Chanel se sent plus insultée par la grossièreté et la conduite des FFI que par son arrestation. Après quelques heures d'un interrogatoire mené par le comité d'*épuration**, elle revient rue Cambon. Selon sa petite-nièce, Gabrielle Palasse-Labrunie, lorsque Chanel rentre chez elle, elle explique à sa fidèle Germaine : « Churchill m'a fait libérer[27]. »

Bien qu'il n'y ait pas de preuve, Mme Labrunie et certains biographes de Chanel pensent que le Premier ministre est intervenu en personne pour la faire relâcher, par l'intermédiaire de Duff Cooper, l'ambassadeur britannique auprès du gouvernement provisoire de De Gaulle. Paul Morand écrit à ce propos que Churchill a ordonné à Cooper de « protéger Chanel[28] ».

Germaine, la femme de chambre, s'est livrée à la petite-nièce de Chanel : « Après le départ de Mademoiselle de la rue Cambon [...], elle a reçu un message urgent [du duc] de Westminster » par l'entremise d'une personne inconnue qui a lui dit : « Ne perdez pas une minute [...] quittez la France[29]. » Quelques heures plus tard, Chanel part dans sa Cadillac avec chauffeur en direction de la Suisse et plus précisément de Lausanne.

L'intervention de Churchill pour mettre Chanel à l'abri de poursuites judiciaires demeure l'objet de spéculations chez ses biographes. Première théorie : Chanel sait que Churchill a violé sa propre loi de 1939, le *Trading with the Enemy Act* (interdisant de commercer avec l'ennemi en temps de guerre), en payant secrètement les Allemands pour qu'ils protègent la résidence du duc de Windsor à Paris. L'appartement, situé dans le seizième arrondissement, n'a pas été touché pendant son exil aux Bahamas (il en était le gouverneur). Un biographe de Windsor affirme : « Si Chanel avait comparu en raison de sa collaboration avec l'ennemi en temps de guerre, elle aurait dénoncé les Windsor ainsi qu'un certain nombre de personnalités haut placées. La famille royale n'aurait jamais toléré de voir ainsi exposé l'un de ses membres[30]. »

D'ailleurs, cette dernière paraît si ombrageuse au sujet de la collaboration du duc qu'elle envoie Anthony Blunt, l'historien royal, en Europe à la fin de la guerre. Blunt, plus tard démasqué comme espion soviétique, se rend clandestinement à Schloss Friedrichshof en 1945 pour y récupérer les lettres échangées par celui qui a renoncé à la couronne avec Hitler et des dignitaires du régime. (Notons que la correspondance du duc avec le Führer et les nazis reste encore secrète.)

Chanel ne peut ignorer les sympathies nazies du duc et de son épouse ; il est également possible qu'elle connaisse la correspondance de Windsor avec Hitler. L'agent Malcolm Muggeridge du MI6 se trouve à Paris à la Libération en tant qu'officier de liaison avec la *sécurité militaire** française. Il s'étonne de la façon dont Chanel échappe à l'épuration : « Par l'un de ces coups majestueux qui ont fait le succès de Napoléon lorsqu'il était général, elle colle une affiche sur la vitrine de sa boutique : elle offre son parfum aux GI. Ils font dès lors la queue pour obtenir leur flacon gratuit de Chanel N° 5 ; quel scandale, si la police française avait touché à un seul des cheveux de Chanel[31]. » Elle parvient également à différer son témoignage devant la cour qui doit décider du sort de Maurice Chevalier, Jean Cocteau, Sacha Guitry et Serge Lifar.

À partir de 1944, Chanel fait de Lausanne l'un de ses refuges. Entre-temps, Dincklage est caché par des amis en Autriche et en Allemagne. Plus tard, il rejoindra Chanel à l'hôtel Beau Rivage, un quatre étoiles au bord du lac Léman où Mademoiselle descend avant d'acheter une maison sur les hauteurs, dans la forêt de Sauvabelin à Lausanne.

Avec la fin de la guerre, Chanel vient souvent à Paris. De là, elle se rend à Monaco avec Misia Sert[32]. Mais elles retournent à Lausanne pour y acheter leur drogue. D'après les biographes de Misia, les deux femmes passent par un réseau de pharmacies bienveillantes, car il reste dangereux de se procurer des substances vendues sous ordonnance. Mais elles pensent que leurs « puissants amis » les mettent à l'abri.

Misia « téméraire, impatiente, [...] n'essayait même pas de dissimuler ce qu'elle faisait. Alors qu'elle était en train de bavarder à un dîner ou de flâner au marché aux puces, elle s'arrêtait pour se piquer directement à travers sa jupe. Un jour à Monte-Carlo, elle entra carrément dans une pharmacie pour demander de la morphine, malgré les objurgations de Chanel qui, terrifiée, la suppliait de se montrer plus prudente[33] ».

En Suisse, Chanel entretient une relation privilégiée avec une pharmacie de Lausanne que Misia et elle fréquentent assidûment. « Combien les deux amies avaient changé au long des années !

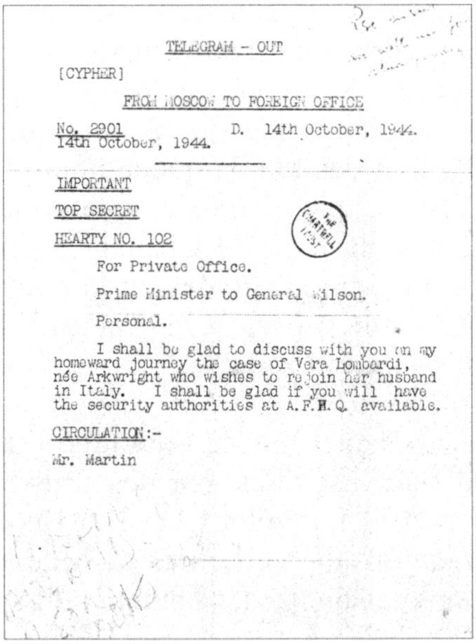

TELEGRAM - OUT

[CYPHER]

FROM MOSCOW TO FOREIGN OFFICE

No. 2901 D. 14th October, 1944.
14th October, 1944.

IMPORTANT

TOP SECRET

HEARTY NO. 102

For Private Office.

Prime Minister to General Wilson.

Personal.

I shall be glad to discuss with you on my homeward journey the case of Vera Lombardi, née Arkwright who wishes to rejoin her husband in Italy. I shall be glad if you will have the security authorities at A.F.H.Q. available.

CIRCULATION:-

Mr. Martin

Alors qu'il négocie avec Staline à Moscou, Churchill trouve tout de même le temps d'envoyer ce télégramme personnel et top secret au général Wilson, à Rome : « De Moscou au Foreign Office : Dès mon retour, je serais heureux de discuter avec vous de l'affaire Vera Lombardi, née Arkwright, qui souhaite rejoindre son époux en Italie. Je serais également satisfait si vous pouviez mettre à notre disposition la sécurité de l'AFHQ. »

La beauté gavroche de Chanel s'était muée en une sorte d'élégance simiesque, sa causticité en animosité. Misia, autrefois épanouie et radieuse, n'était plus que l'ombre d'elle-même, rongée par le pessimisme et les désillusions. » Pourtant, dans le train, « assises côte à côte, plongées dans leur conversation, riant de bon cœur, elles étaient distinguées, élégantes, toujours aussi mondaines. L'habitude, cette tisseuse de vieilles amitiés, les avait rendues aussi indispensables l'une à l'autre que les drogues qu'elles achetaient ».

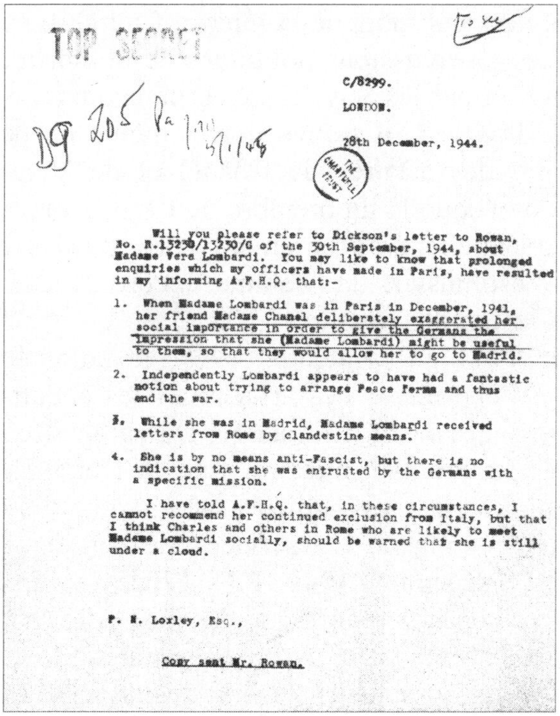

TOP SECRET

C/8299.

LONDON.

28th December, 1944.

Will you please refer to Dickson's letter to Rowan, No. R.13250/13250/G of the 30th September, 1944, about Madame Vera Lombardi. You may like to know that prolonged enquiries which my officers have made in Paris, have resulted in my informing A.F.H.Q. that:-

1. When Madame Lombardi was in Paris in December, 1941, her friend Madame Chanel deliberately exaggerated her social importance in order to give the Germans the impression that she (Madame Lombardi) might be useful to them, so that they would allow her to go to Madrid.

2. Independently Lombardi appears to have had a fantastic notion about trying to arrange Peace Terms and thus end the war.

3. While she was in Madrid, Madame Lombardi received letters from Rome by clandestine means.

4. She is by no means anti-Fascist, but there is no indication that she was entrusted by the Germans with a specific mission.

I have told A.F.H.Q. that, in these circumstances, I cannot recommend her continued exclusion from Italy, but that I think Charles and others in Rome who are likely to meet Madame Lombardi socially, should be warned that she is still under a cloud.

P. N. Loxley, Esq.,

Copy sent Mr. Rowan.

Dépêche top-secrète de décembre 1944 d'un diplomate britannique exposant que Chanel a « délibérément exagéré sa position sociale afin de donner aux Allemands l'impression qu'elle [Mme Lombardi] pourrait leur être utile et ainsi qu'ils l'autorisent à se rendre à Madrid ».

Les biographes de Misia Sert affirment que lorsque Chanel se trouve « en compagnie de cet autre collaborateur, Paul Morand, elle continuait à critiquer l'amitié de Misia pour certains juifs ou homosexuels. Elle continuait à se plaindre de la perfidie dévorante de Misia qu'elle traitait de parasite du cœur. Mais malgré sa haine, chaque fois qu'elle éprouvait le besoin d'aimer quelqu'un, c'était vers [elle] qu'elle se tournait. Pour elle, déclara-t-elle à Morand, Misia représentait toutes les femmes et toutes les femmes étaient réunies en Misia ».

Durant les derniers mois de la guerre, Churchill est tout entier absorbé par les répercussions politiques de la mort de Roosevelt, la prise de Berlin par les Soviétiques et la capitulation allemande en mai 1945. Pourtant, il trouve quand même un peu de temps pour s'occuper des affaires de Chanel et de Vera Lombardi ! Après tout, on évoque là un membre de l'aristocratie britannique, une amie personnelle du Premier ministre, du duc de Windsor, du duc de Westminster, une femme encore proche de certains membres de la famille royale.

De l'hiver 1944 au printemps 1945, le colonel Hill-Dillon, appartenant à l'état-major des armées alliées à Paris, envoie de nombreux messages à Churchill au 10, Downing Street. Il informe en particulier le Premier ministre que des enquêteurs veulent savoir pourquoi Vera Lombardi « a été chargée d'une mission à Madrid pour le compte des services de renseignements allemands ». Le 28 décembre 1944, P.N. Loxley, officier supérieur au SIS-MI6 et conseiller politique de lord Alexander Cadogan, sous-secrétaire d'État aux Affaires étrangères, envoie cette dépêche top secret au quartier général des armées alliées à Rome (AFHQ). Une copie est transmise à sir Leslie Rowan, secrétaire de Churchill, au 10, Downing Street[34] :

> Lorsque Mme Lombardi se trouvait à Paris en décembre 1941[35] [*sic*], son amie, Mme Chanel, a délibérément exagéré sa position sociale afin de donner aux Allemands l'impression qu'elle

[Mme Lombardi] pourrait leur être utile et qu'ils l'autorisent à se rendre à Madrid.

Parallèlement, Lombardi semble avoir échafaudé un projet véritablement chimérique : parvenir à un accord de paix et mettre un terme à la guerre. Pendant qu'elle était à Madrid, Mme Lombardi recevait de Rome des lettres transmises par des moyens clandestins. Elle n'est absolument pas antifasciste, mais rien ne prouve que les Allemands l'aient chargée d'une mission précise.

J'ai expliqué au AFHQ que, dans ces circonstances, je ne pouvais recommander de la maintenir hors d'Italie [...]. Je pense que [ceux], à Rome, qui désireraient voir Mme Lombardi devraient cependant savoir qu'elle fait toujours l'objet de soupçons.

Au préalable, un fonctionnaire britannique du Foreign Office a informé le bureau de Churchill au 10, Downing Street :

Depuis le début, [Vera Lombardi] est l'objet de soupçons de la part de nos hommes à Madrid ; ils trouvent son récit d'un voyage à travers l'Allemagne et les pays occupés à la fois contradictoire et peu convaincant[36]. Il existe également des preuves formelles selon lesquelles elle aurait été directement assistée par le Sicherheitsdienst [le service de renseignements de la SS, dirigé par Schellenberg].

À Madrid, fin 1944, les efforts de Vera pour rentrer à Rome paraissent voués à l'échec. Mais, peu après le 1er janvier 1945, le Foreign Office avise son ambassade à Madrid par un message chiffré : « Le quartier général des armées alliées a levé son objection et cette femme est libre de rentrer en Italie. Une notification préalable du lieu et de la date de son arrivée est toutefois nécessaire[37]. » Churchill, une fois encore, est intervenu.

Quatre jours plus tard, Downing Street envoie une note ultrasecrète au colonel Hill-Dillon du quartier général des armées alliées à Paris : « J'ai montré au Premier ministre votre lettre du 30 décembre[38] [...] au sujet de Mme Lombardi ; M. Churchill m'a demandé de vous remercier pour les investigations effectuées ainsi que pour toutes les difficultés soulevées par cette affaire. » (La signature est illisible.)

Vera retrouve enfin son mari, Alberto, en avril ou mai 1945, comme le mentionne cette lettre de remerciement adressée à Churchill :

Rome, 9 mai 1945

Mon cher Winston[39],

Je vous remercie de tout mon cœur d'avoir trouvé le temps de faire ce que vous avez fait et de me pardonner ce que je ne parviens pas à me pardonner moi-même. D'avoir pensé à une personne de si peu d'importance pendant que vous sauviez certainement le monde. Randolph nous a procuré de nombreuses joies et nous le regretterons beaucoup. Son caractère anglais et son grand cœur m'ont apporté un souffle de vie après avoir passé cinq ans cloîtrée dans ces pays étouffants.

Plaise à Dieu que je rentre chez moi bientôt et que je puisse respirer un bref instant.

Avec toute mon affection et ma gratitude,

(Signé :) Vera

Entre-temps, Alberto Lombardi est parvenu à enterrer ses relations passées avec Mussolini. Il se met au service des Alliés, comme il l'avait fait précédemment avec le dictateur fasciste. Vera Lombardi meurt de maladie à Rome, un an après son retour de Madrid.

Quelques mois après la libération de Paris, la Deuxième Division blindée de Leclerc délivre Strasbourg et les troupes américaines brisent l'offensive von Runstedt lors de la bataille des Ardennes. Deux mois plus tard, les Soviétiques arrivent au camp nazi d'Auschwitz, dans la Pologne occupée. Entre-temps, Dincklage, grâce à l'Abwehr – maintenant contrôlée par Schellenberg[40] –, entame des négociations. Son objectif : obtenir un visa pour la Suisse. Selon la police chargée des étrangers, une entreprise allemande – United Silk-Weawing Mill, Ltd., Berlin – demande pour Dincklage la permission de se rendre à Zurich afin d'ouvrir des pourparlers avec la filiale suisse de la société et la chambre de commerce allemande à Berne[41]. La société affirme que Dincklage doit négocier l'importation de soie et l'exportation de machines. En pratique, la transaction impliquerait un échange entre de la soie artificielle suisse et des machines-outils allemandes. D'après United Silk-Weaving Mill, la négociation porterait sur un million deux cent mille francs suisses.

Les autorités suisses comprennent le subterfuge[42] et refusent son visa à Dincklage en décembre 1944. Le rapport helvète est succinct : « Le visa d'entrée en Suisse neutre est refusé au citoyen allemand du Reich, Hans Günther von Dincklage, résidant à Berlin. »

Tandis que les troupes alliées ne vont pas tarder à libérer Paris, Dincklage repart en Allemagne, toujours sous la botte nazie. En décembre 1944, il demande un visa pour la Suisse, l'un de ses nombreux efforts pour rejoindre Chanel qui a déjà fui à Lausanne. Les autorités helvétiques le lui refuseront.

Plus tard, Dincklage s'adjoint les services d'un avocat afin de devenir citoyen du Liechtenstein – ce qui lui permettrait d'entrer automatiquement en Suisse. Le ministère de la Justice et la police de la Confédération préviennent les autorités de Vaduz que Dincklage demeure persona non grata. Sa demande de naturalisation est dès lors refusée.

Berne n'a pas oublié qu'en 1939, Dincklage a espionné pour le compte de l'Abwehr. Les autorités du Liechtenstein sont averties en ces termes : « Les informations concernant Dincklage sont négatives et il a été expulsé de France en 1947. » Ce ne serait pas la dernière fois que Dincklage tenterait d'obtenir un permis de séjour pour la Suisse ou le Liechtenstein.

À Paris, les initiés se demandent si la baraka de Coco sera suffisante. En mai 1946, le juge d'instruction Roger Serre ouvre l'enquête. Étrangement, le dossier sur Chanel à cette période a disparu des archives du ministère de la Justice. Il n'en reste qu'une fiche manuscrite portant la notation « art. 75 I4787 » : il s'agit donc d'une affaire relevant de « l'intelligence avec l'ennemi ». D'après le conservateur en chef des Archives françaises du vingtième siècle, cette fiche indique clairement que « les tribunaux spéciaux chargés des affaires de collaboration ont poursuivi Chanel sur des accusations d'intelligence avec l'ennemi[43] ».

En 1946, Serre souhaite interroger Chanel, démarche dont il reste une trace, celle de l'ordonnance du juge d'instruction qui enquêtait sur son ami, le mystérieux Louis de Vaufreland*. À Berlin, ses sources appartenant au renseignement français lui apportent des documents évoquant l'agent F-7124, nom de code « Westminster » – inspiré de Bendor, l'ancien amant et ami intime. Les fonctionnaires qui travaillent pour le juge découvrent également que Vaufreland a rédigé de nombreux rapports pour l'Abwehr. Mais ils ne trouvent rien de la main de Chanel. C'est pour cette raison, et parce que les enquêteurs n'ont jamais fait

* Cf. Annexe 3.

le lien avec la mission « Modellhut » menée pour les Allemands, que Mademoiselle n'est pas arrêtée. Un mandat d'amener est cependant délivré[44].

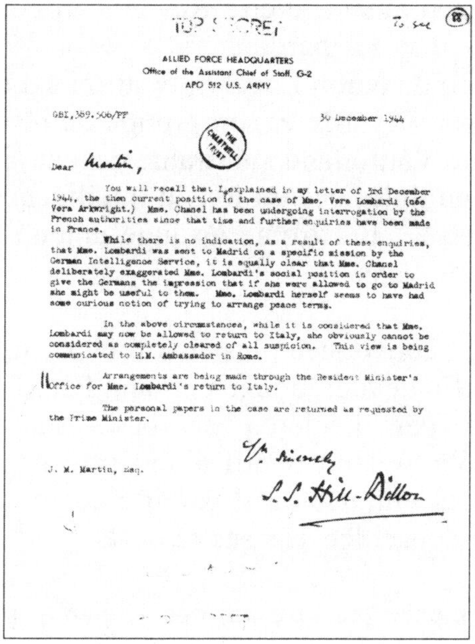

TOP SECRET

To see

ALLIED FORCE HEADQUARTERS
Office of the Assistant Chief of Staff, G-2
APO 512 U.S. ARMY

GBI,389.506/PF 30 December 1944

THE CHARTWELL TRUST

Dear Martin,

You will recall that I explained in my letter of 3rd December 1944, the then current position in the case of Mme. Vera Lombardi (née Vera Arkwright.) Mme. Chanel has been undergoing interrogation by the French authorities since that time and further enquiries have been made in France.

While there is no indication, as a result of these enquiries, that Mme. Lombardi was sent to Madrid on a specific mission by the German Intelligence Service, it is equally clear that Mme. Chanel deliberately exaggerated Mme. Lombardi's social position in order to give the Germans the impression that if she were allowed to go to Madrid she might be useful to them. Mme. Lombardi herself seems to have had some curious notion of trying to arrange peace terms.

In the above circumstances, while it is considered that Mme. Lombardi may now be allowed to return to Italy, she obviously cannot be considered as completely cleared of all suspicion. This view is being communicated to H.M. Ambassador in Rome.

Arrangements are being made through the Resident Minister's Office for Mme. Lombardi's return to Italy.

The personal papers in the case are returned as requested by the Prime Minister.

Yrs sincerely
S.S. Hill-Dillon

J. M. Martin, Esq.

30 décembre 1944, lettre top-secrète de S.S. Hill-Dixon, officier supérieur au quartier général des Forces alliées à Paris. Il y affirme : « Mme Chanel est interrogée actuellement par les autorités françaises. Il paraît clair que Mme Chanel a délibérément exagéré la position sociale de Mme Lombardi afin de donner aux Allemands l'impression que cette dernière pourrait leur être utile et qu'ils l'autorisent ainsi à se rendre à Madrid. Mme Lombardi avait la curieuse idée d'essayer de parvenir à un accord de paix […] »

Chanel sait combien elle est devenue vulnérable. Elle croit être menacée non seulement par Vaufreland mais aussi par Theodor Momm et Walter Schellenberg. De toute évidence, les principaux acteurs de la mission « Modellhut » compromettent son avenir en

France. Et Dincklage ? Que pourrait-il révéler s'il était interrogé ? Plus tard, une observatrice avisée écrira : « Spatz... C'était cela sa damnation, son enfer[45]. » Elle était comme « le capitaine en colère qui arpente le pont d'un navire en train de sombrer ». Quant à son ancien amant, Pierre Reverdy, il connaît la trahison de Chanel, mais il la lui pardonnera[46].

L'interrogatoire du baron Louis de Vaufreland commence après son arrestation par Reverdy et son groupe de résistants. Il faudra cinq ans pour que Vaufreland soit traîné devant la justice et doive faire face à de multiples accusations d'intelligence avec l'ennemi en temps de guerre[47]. Il affronte un juge unique et un jury composé de quatre citoyens.

Après avoir été convoquée plusieurs fois par Roger Serre, Chanel comparaît enfin devant le juge Fernand Paul Leclercq. L'interrogatoire mené par Leclercq se base sur le volumineux témoignage de Vaufreland relatif à son travail pour l'Abwehr[48]. Suit un extrait des minutes où il paraît évident que Chanel a été minutieusement conseillée par ses avocats.

> Chanel commence par dire au juge Leclercq qu'elle a rencontré Vaufreland en 1941 à l'hôtel Ritz par l'entremise du comte et de la comtesse Gabriel de La Rochefoucauld[49].
>
> Elle ajoute que Vaufreland lui a donné l'impression d'être « un jeune homme léger qui parlait à tort et à travers. Il était visiblement de mœurs anormales et tout dans sa manière de s'habiller et de se parfumer laissait deviner ce qu'il pouvait être. Je ne lui ai donc fait aucune confiance [...]. S'il entretenait des relations avec certains Allemands, elles ne pouvaient être que de l'ordre sexuel. » Toutefois, « cela ne l'empêchait pas d'être un garçon fort aimable et tout disposé à rendre service ».
>
> Chanel admet qu'au moment de leur première rencontre, Vaufreland savait tout de son neveu, André Palasse, qui était à l'époque prisonnier de guerre en Allemagne.
>
> Leclercq ne demande pas à Chanel comment Vaufreland savait qu'André était prisonnier en Allemagne, ni comment il l'avait rencontrée. De toute façon, d'après la déposition de Chanel : « Vaufreland

s'est dit en mesure de le faire revenir. J'ai accepté l'offre que Vaufreland me faisait spontanément et je lui ai donné les indications utiles.

« Effectivement mon neveu a été rapatrié quelques mois plus tard et sans que je puisse dire personnellement si ce rapatriement était dû ou non à l'intervention auprès des Allemands, et de la part de Vaufreland. Celui-ci me l'a assuré et personnellement je l'ai cru, et je continue de le croire car il paraissait très désireux de me faire plaisir [...].

« J'ai offert de l'argent à Vaufreland, qu'il a refusé, et il m'a seulement demandé de lui prêter pour son emménagement quelques meubles que je lui ai donnés. »

La transcription de la déposition de Chanel ne mentionne pas les questions de Leclercq pendant l'instruction du dossier. Cependant, le juge la presse de déterminer si elle était en contact avec des dignitaires allemands lorsqu'elle rencontrait Vaufreland. Cette fois, spontanément, elle se dévoile : « Vaufreland était venu me voir à plusieurs reprises sous prétexte de me donner des nouvelles de ses démarches. Jamais il n'est venu chez moi, du moins à mon domicile personnel, en compagnie d'un Allemand, car il est possible qu'il soit venu dans la boutique où je ne suis jamais, et où venaient effectivement des Allemands pour y faire des achats de parfumerie. Il ne m'a présentée à aucun Allemand et personnellement je n'ai connu pendant l'Occupation comme Allemand que le baron Dinchlage [*sic*] établi en France dès avant la guerre et marié à une israélite. »

Leclercq a sûrement étudié la déposition de Vaufreland devant le juge Serre. Leclercq demande d'ailleurs à Chanel comment elle en est venue à voyager avec Vaufreland pour se rendre à Madrid. Chanel reconnaît alors une partie des faits :

Je dois vous dire également que j'ai rencontré Vaufreland dans le train que j'avais pris vers le mois d'août 1941 pour me rendre en Espagne. J'avais obtenu pour cela un passeport que j'avais sollicité régulièrement de la préfecture de police et pour l'obtention et le visa duquel j'ai fait personnellement les démarches nécessaires au service allemand [...] sans que Vaufreland intervienne dans cette question. C'est tout à fait par hasard que nous nous sommes retrouvés dans le train. J'ai été heureuse pourtant de me retrouver avec lui à Madrid car, né d'une mère espagnole et parlant couramment cette langue, il m'a rendu là-bas les plus grands services dans un pays qui sortait à peine de la révolution et où les formalités policières étaient très strictes [...]. En tout cas, en ma présence, il n'a jamais eu une attitude qui me permette de la suspecter. Après le retour de mon neveu, j'ai invité Vaufreland à espacer ses visites. En effet mon neveu, auquel j'avais demandé de montrer quelque amabilité à Vaufreland [...], ne m'a pas caché qu'après quelques mois de guerre et plus d'un an de captivité, il ne pouvait supporter ce genre de personnage [les homosexuels] et comme mon neveu habitait avec moi et afin d'éviter tout incident entre eux, j'ai cru devoir en avertir Vaufreland.

Le juge Leclercq pose ensuite une série de questions à Chanel sur la base des documents fournis par la police et les services de renseignements. Lorsqu'on lui parle de ses relations avec les supérieurs de Vaufreland au sein de l'Abwehr : « Je n'ai jamais connu d'Allemands du nom de Neubauer ou Niebuhr et j'affirme à nouveau que Vaufreland ne m'a pas présentée aux Allemands de ses relations. » On sait qu'un document des Renseignements généraux conteste cette version des faits*.

Leclercq interroge ensuite Chanel au sujet d'un témoignage effectué sous serment par l'officier traitant de Vaufreland à l'Abwehr, le lieutenant Neubauer justement, et par le *Sonderführer* Notterman. (Notons que ces deux hommes ont entre-temps changé de camp pour offrir leurs services au contre-espionnage de l'armée américaine en Allemagne.)

Lorsqu'elle prend connaissance des déclarations de Niebuhr et de Notterman relatives à leurs rencontres ou à leurs réseaux, mais aussi à son voyage en Espagne, Chanel affirme : « Je maintiens d'abord que je n'ai jamais rien demandé à Vaufreland ni pour

* Cf. Annexe 1.

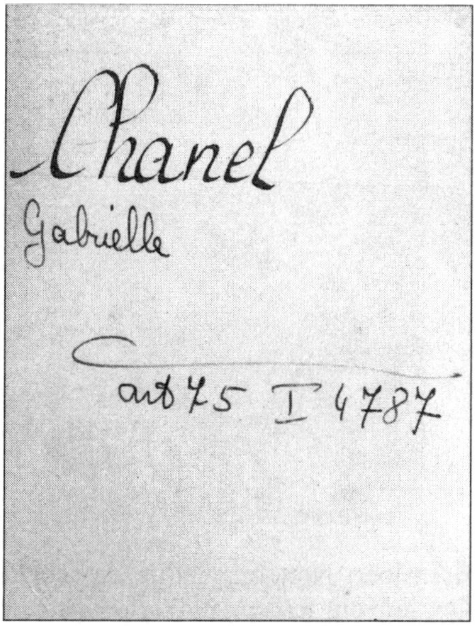

Fiche des Archives françaises portant le nom de Chanel manuscrit et la mention « art. 75 I 4787 » indiquant qu'on la soupçonne d'intelligence avec l'ennemi en temps de guerre. Le numéro qui suit fait référence à un dossier (jamais retrouvé) du ministère de la Justice.

mon neveu ni pour le voyage que je souhaitais faire en Espagne [...]. »

Vaufreland a témoigné devant le juge Serre qu'il avait aidé Chanel à entrer en contact avec les autorités nazies responsables de l'aryanisation des affaires et des commerces juifs – notamment à propos de la famille Wertheimer. Lorsqu'on la questionne à ce sujet, Chanel poursuit : elle n'a pas demandé non plus à Vaufreland de s'impliquer dans la réouverture de sa société de parfums. Puis, après une référence à son usage des lois inspirées par les nazis au régime de Pétain, Chanel esquive : « Les établissements Chanel n'ont jamais fait l'objet d'une mise sous séquestre, il y a eu, environ trois semaines, un administrateur provisoire, l'affaire ayant été aryanisée grâce à une combinaison des frères

Le *Sonderführer* Albert Notterman, l'un des contacts de Chanel à l'Abwehr. On le voit ici en 1947, lorsqu'il travaillait pour l'armée américaine.

Wertheimer avec l'un de leurs amis [...]. Vaufreland a pu entendre une conversation à ce sujet, mais je ne lui ai rien demandé et il n'a rien eu à demander pour moi. »

Leclercq ne pousse pas davantage l'interrogatoire. Il ne sait manifestement pas que Félix Amiot – un constructeur d'avions ayant des contacts avec Göring – a administré la société Les Parfums Chanel pour le compte des Wertheimer.

Chanel poursuit : « Quant à mon voyage en Espagne, l'objet officiel en était l'achat de matière première indispensable à la fabrication des parfums et c'est à ce titre que j'ai obtenu mon passeport sans aucune complaisance particulière. [...] En réalité, il est exact que j'avais en Angleterre des relations haut placées avec lesquelles j'ai en effet eu des entretiens téléphoniques grâce à l'ambassade d'Angleterre à Madrid. Je désirais surtout obtenir des nouvelles du duc de Westminster, très souffrant à l'époque, et dont j'avais été l'amie. [...] Je connaissais personnellement M. Winston Churchill, mais je ne lui ai pas téléphoné à ce sujet et n'aurais pas voulu le déranger pour cela et à cette époque. »

Lorsqu'on la confronte au témoignage sous serment de Vaufreland faisant état d'une rencontre entre Chanel et le lieutenant-colonel Neubauer dans ses bureaux, mais également du fameux voyage en Espagne, elle affirme : « Quant à la prétendue visite de Niebuhr [son vrai nom] rue Cambon, je conteste avec force les allégations de Vaufreland qui n'a jamais amené un seul Allemand avec lui. Je peux même dire que je ne l'ai vu qu'une seule fois en compagnie d'un Allemand et c'était le dernier jour de l'Occupation, quand il est venu rue Cambon avec un officier allemand. »

Ni Leclercq ni Roger Serre n'évoquent le second voyage de Chanel à Madrid pour le compte de Schellenberg. Ils n'ont, à l'évidence, pas eu connaissance des documents compilés par le renseignement français ou, pour des raisons politiques, ils ont choisi d'ignorer la collaboration de Chanel avec les SS. Plus étrange encore, le tribunal n'interrogera jamais Chanel sur sa relation de quatre ans avec le sulfureux von Dincklage, cet officier de haut rang de l'Abwehr.

Leclercq apprend alors à Chanel que, dans une déposition faite sous serment – témoignage d'ailleurs confirmé par Vaufreland –, Neubauer affirme que la mission accomplie par le couple Chanel-Vaufreland à Madrid en 1941 avait été financée par l'Abwehr.

Chanel réplique : « Je proteste contre ses déclarations qui tiennent du roman et qui sont d'une invraisemblance manifeste. Je vous affirme à nouveau n'avoir aucun souvenir d'un Allemand que Vaufreland m'aurait présenté. » Puis, face au témoignage de l'officier de l'Abwehr, elle poursuit : « Il n'est toutefois pas impossible qu'au Ritz où se rencontrait une société nombreuse et mélangée, Vaufreland m'ait présenté cet homme que je voudrais bien voir et qu'en tout cas je n'ai certainement pas vu en uniforme, et qui devait parler couramment le français, ce qui a pu me laisser dans l'ignorance de sa nationalité. »

Elle avoue alors : « Je n'estimais pas beaucoup Vaufreland et ne m'en cachais pas, car j'ai habitude de dire franchement ce que je pense. Quant à l'idée de m'envoyer en mission en Angleterre pour approcher le Premier ministre et la duchesse d'York, à l'époque reine d'Angleterre, c'est de l'enfantillage qui ne résiste même pas à l'examen. Je n'ai jamais reçu d'argent d'un tel individu et ma situation [financière] est suffisamment aisée pour que cela soit ridicule. À mon avis, cet individu [le lieutenant Neubauer] a essayé par des déclarations fantaisistes d'expliquer ses propres relations avec Vaufreland. »

Face aux documents de l'Abwehr où elle apparaît comme appartenant à ses services, Chanel se défend : « Je n'ai jamais eu connaissance d'une immatriculation me concernant dans un service allemand et je proteste avec indignation contre une pareille absurdité. Il est exact que je suis passée par le poste frontière d'Hendaye, mais je n'y ai été l'objet, non plus que Vaufreland, d'aucun égard de la part des Allemands. Nous sommes restés deux heures debout dans une salle d'attente et au bout d'une heure un officier allemand, me voyant très fatiguée, m'a fait donner une chaise. C'est la seule prévenance dont j'ai été l'objet. » Elle ajoute ensuite : « Je me souviens maintenant que Vaufreland m'avait dit qu'il partait [de Paris] également. S'il a cru devoir signaler notre départ à ce Neubauer [Niebuhr], il l'a fait de lui-même et à mon insu, sans doute pour nous éviter toute difficulté à la frontière. »

Enfin, Chanel explique au juge Leclercq : « Je pourrais également vous faire parvenir une attestation de M. Duff Cooper, ancien ambassadeur d'Angleterre, qui pourra attester de quelles considérations je jouis dans la société anglaise. »

Il n'y a aucun document[50] indiquant que Leclercq ait tenté de découvrir pourquoi Chanel avait entretenu une si longue relation avec Vaufreland ; elle était pourtant allée jusqu'à lui permettre de résider chez elle à Roquebrune, sur la Côte d'Azur, au printemps 1942. Dincklage et elle y avaient d'ailleurs séjourné à peu près à la même époque.

Leclercq, au préalable, avait interrogé André Palasse. Son témoignage est précis :

Avant la guerre, j'étais directeur des Établissements de Soieries Chanel à Lyon[51]. Fait prisonnier en 1940, j'ai été rapatrié en novembre 1941. Or, à cette époque, je me suis trouvé dans l'impossibilité de reprendre la direction des Éts Chanel à Lyon, Mlle Chanel a donc jugé nécessaire de me confier le poste de directeur du siège social, 31, rue Cambon à Paris.

Je ne connaissais pas Vaufreland avant la guerre, je n'ai fait sa connaissance que quelques jours après ma prise de fonction de directeur. Et c'est là qu'un jour il m'a déclaré « que c'était grâce à ses relations avec les Allemands que j'avais été libéré ».

D'un autre côté, Mlle Chanel m'a dit avoir demandé à Vaufreland d'user de ses relations pour me faire libérer.

J'ai rencontré Vaufreland cinq ou six fois chez Mlle Chanel [...], puis je l'ai perdu de vue au début 1942.

Il m'est toutefois impossible de préciser que c'est bien Vaufreland qui m'a fait libérer, je n'en ai aucune preuve. Je répète que je n'en connais que ce que m'ont dit Vaufreland et Mlle Chanel.

Le 13 juillet 1949, le baron Louis de Vaufreland est reconnu coupable d'intelligence avec l'ennemi en temps de guerre et condamné à six ans de prison[52]. On ignore si ce verdict inclut le temps déjà passé derrière les barreaux. Chanel retourne en Suisse, mais le juge qui a présidé les débats lors du procès Vaufreland n'est pas satisfait. Dans les minutes du procès, on lit : « [...] ses réponses [de Chanel] n'ont pas toujours été très nettes, l'audience dira s'il convient ou non de reprendre l'affaire en ce qui la concerne[53]. »

La presse de l'époque n'évoque ni le procès de Vaufreland ni la déposition de Chanel. Le verdict est tombé parmi tant d'autres jugements concernant des affaires de collaboration. Juges et jurés sont submergés par le nombre de dossiers et les lecteurs de la presse française sont inondés par les articles sur ces sujets.

L'un des principaux procès couverts par les médias locaux et internationaux reste cependant celui du criminel de guerre Otto Abetz, ambassadeur à Paris, cet homme réputé donner des fêtes somptueuses dans les locaux de l'ambassade. En juillet 1949, il est condamné à vingt ans de travaux forcés. Libéré en 1954, il

Audience lors d'un procès au Palais de justice de Paris où Chanel témoignera au sujet de son voyage en Espagne avec le baron Louis de Vaufreland, un espion de l'Abwehr.

meurt quatre ans plus tard dans un accident de voiture. Des journaux s'interrogent : il pourrait s'agir d'une vengeance contre lui, notamment en raison de son rôle dans les déportations.

Le démenti apporté par Chanel au sujet de sa coopération avec l'Abwehr et les réfutations qu'elle formule à l'encontre des témoignages de Vaufreland, du lieutenant Neubauer et du *Sonderführer* Notterman ne sont pas remis en question. On ne la confronte jamais à la copie de la note de l'Abwehr adressée à la Gestapo du poste frontière d'Hendaye, lui ordonnant d'aider Chanel et Vaufreland pour leur passage en Espagne. Les gaffes d'André sur les visites fréquentes de Vaufreland rue Cambon et son utilisation du bureau de Chanel passent inaperçues. Les juges Serre et Leclercq ne demandent pas à Coco pourquoi elle recevait le baron tellement souvent rue Cambon et au Ritz s'il lui déplaisait autant. Et Leclercq n'interroge jamais la créatrice de mode sur ses relations avec Dincklage et sa mission en Espagne pour l'Abwehr en 1941. Enfin, les minutes du procès ne contiennent aucune mention de la mission de Chanel pour le général Schellenberg. C'est seulement après la guerre que les autorités américaines apprendront que la seconde mission de Chanel en Espagne pour le compte de Himmler avait été financée par Schellenberg ou que son officier de liaison à Hendaye, le capitaine SS Walter Kutschmann, était un criminel de guerre. Le renseignement américain n'a peut-être jamais transmis les documents concernant ces faits irréfutables.

La vérité, c'est qu'en 1949, les autorités ne souhaitent pas réellement faire le lien entre tous ces éléments qui ont amené Chanel à trahir la France. Les détails de sa collaboration avec les nazis sont restés cachés pendant des années dans les archives françaises, allemandes, italiennes, soviétiques et américaines. En effet, pendant l'Occupation, les autorités allemandes ont acheminé à Berlin les dossiers du renseignement français. Plus tard, ils seront récupérés par les Soviétiques qui les transféreront à Moscou. Ils y resteront jusqu'au milieu des années quatre-vingt au cours desquelles un accord entre la France et la Russie permettra à des milliers de documents de revenir en France aux Archives militaires du château de Vincennes.

L'enquête sur Vaufreland, en France et en Allemagne, durera cinq ans et impliquera différents services de police et de renseignements à Berlin et à Paris. Les détails des dossiers français sont connus seulement par un petit cercle – et les services français et britanniques ne partagent pas leurs informations. Le témoignage de Vaufreland et les dépositions des officiers de l'Abwehr s'étant occupés de Chanel à Paris (rappelons que Neubauer et Notterman travaillent pour les services alliés depuis 1945) ont été retrouvés parmi des centaines de pages dactylographiées récemment déclassifiées par les autorités françaises et allemandes.

Les Françaises et les Français qui ont vécu sous l'Occupation préfèrent oublier les atrocités nazies. Quand on les interroge sur leur vie à cette époque, nombreux sont ceux qui répondent : « Les temps étaient durs. Pendant la guerre, il s'est produit bien des choses bizarres. Mieux vaut laisser tout ça derrière nous[54]. »

Après avoir témoigné au procès de Vaufreland, Chanel traverse la frontière discrètement et se retire dans une maison qu'elle a achetée et décorée près de Lausanne. Ses quatre années de collaboration vont rester dans l'ombre.

Dincklage va se cacher en Allemagne, tandis que les Alliés cherchent à interroger d'anciens officiers de l'Abwehr et de la SS. Plus tard, il trouvera refuge chez sa tante, au manoir Rosencrantz, près de Schinkel, dans le nord de l'Allemagne.

En octobre 1945, il se rend à Rosencrantz en compagnie d'un GI nommé Hans Schillinger, ami de l'ancien photographe de Chanel, Horst[55]. Soudain, au moment où ils traversent le canal Nord-Ostsee dans la zone occupée par les Anglais, les deux hommes sont arrêtés par une patrouille britannique[56]. Ils cachent sur eux plus de huit mille dollars, mille trois cent quarante kroner norvégiens, cent koruna slovaques et trente-trois pièces d'or, à une époque où il est interdit de transporter de grosses sommes d'argent dans les zones alliées sans les avoir déclarées[57]. Schillinger et Dincklage sont appréhendés, l'argent confisqué et les autorités britanniques ouvrent une enquête[58].

Durant l'interrogatoire mené par la police militaire britannique, Schillinger avoue que « c'est mademoiselle Chanel, de la société Les Parfums Chanel, qui lui a remis l'argent quand il était en permission à Paris. Elle lui a demandé de le confier à Dincklage[59] ».

Les Britanniques confisquent l'argent et relâchent les deux hommes. Bien plus tard, lorsqu'un officier anglais interrogera Chanel à Paris, il recevra la réponse suivante à l'une de ses questions : « Mademoiselle Chanel a déclaré qu'elle ne voulait pas récupérer l'argent parce qu'elle pourrait avoir des ennuis avec les autorités françaises. Les devises étrangères n'avaient pas été déclarées. Elle souhaiterait donc que cette somme soit versée à une œuvre de bienfaisance de notre choix[60]. » Il n'y a aucune trace de la façon dont les Britanniques ont utilisé cet argent.

En décembre 1945, Dincklage arrive au domaine Rosencrantz, où sa mère, Lorry, vit depuis le début de la guerre. Peu après, il retrouvera Chanel en Suisse.

Le domaine Rosencrantz, près de Kiel en Allemagne, où Dincklage a brièvement vécu alors qu'il tentait d'obtenir un visa pour rejoindre Chanel en Suisse.

12.

Coco, le come-back !

Je n'ai jamais connu l'insuccès[1].

Coco Chanel

Chanel, certes, ne rajeunit pas. Mais elle n'a aucune envie de jouir d'une retraite paisible en Suisse – avec ou sans Dincklage auprès d'elle. Des années auparavant, elle avait confié au photographe Horst : « Je suis fatiguée ! Bien sûr, c'est un mensonge. Je vais bien et j'ai plein d'idées pour l'avenir[2]. »

La vie de Chanel n'est pas finie, loin de là. Sa collaboration, son antisémitisme viscéral et sa tentative d'évincer les Wertheimer restent ignorés à cette époque. Dans les années qui suivent sa déposition au procès Vaufreland, Chanel mène une existence délibérément dépouillée. Dincklage est là. Cependant, la rumeur affirme que le couple s'est séparé[3]. Gabrielle Palasse rend souvent visite à *Auntie* Coco. Quant à André, Chanel lui offre une villa qui surplombe le lac Léman. Il recouvre la santé puis, avec sa nouvelle femme, s'installe en Bretagne.

À partir de 1945, Chanel se met à acheter le silence de tous ceux qui ont connu de près ou de loin ses relations troubles avec l'occupant. Elle continue également d'inventer des histoires sur son enfance ou ses amours et d'affabuler au sujet de ses activités pendant la guerre. Lorsqu'elle parcourt une première version des

Mémoires de Coco de Louise de Vilmorin, elle confie à Paul Morand, ancien haut fonctionnaire à Vichy, qu'elle n'aime pas ce qu'elle y a lu[4]. Depuis la Suisse, elle demande alors à Michel Déon, futur académicien, de l'aider à rédiger sa biographie. Pendant un an, il écrit un manuscrit de trois cents pages basé sur de « longs entretiens » avec Chanel. Il le lui fait lire, mais, un mois plus tard, ce livre « ne lui plaît plus[5] ». Elle n'en dit rien à Michel Déon, mais fait passer le message à un ami, Hervé Mille, le directeur de *Paris-Match*. Mille s'entretient avec Déon : Chanel veut qu'il sache que « dans ces trois cents pages, il n'y pas une seule phrase qui ne lui ressemble pas, mais maintenant qu'elle voit l'ouvrage tel qu'il est, elle pense que ce n'est pas ce que l'Amérique attend[6] ».

Selon Morand, Déon en conclut alors que « Chanel a une peur infantile d'abandonner le monde de ses rêves et d'être confrontée aux réalités de l'existence[7] ».

Exilée en Suisse, Chanel déprime. Alors que les années filent, elle pleure la perte de ses amis. Au début de l'automne 1950, elle se rend à Paris au chevet de Misia Sert. Fatiguée, affaiblie, toujours toxicomane à soixante-dix-huit ans, Misia évoque le temps où elle servait de modèle à Renoir et aux impressionnistes. La visite de Chanel sera un dernier adieu. Misia meurt auprès d'elle. Bendor décède peu après le couronnement d'Elizabeth II. Quant à Étienne Balsan, il disparaît dans un accident de voiture, comme Boy Capel des années auparavant.

Chanel continue à s'inquiéter du pouvoir que les autres peuvent exercer sur elle : Vaufreland, Momm, Schellenberg et, bien entendu, Dincklage. Tous témoins encore vivants de sa fascination passée pour le Reich.

En juin 1951, Momm apprend à Chanel que Schellenberg a été libéré de prison en raison de son état de santé[8]. Sa peine de six ans prononcée par le tribunal militaire de Nuremberg a été réduite. Quelques années auparavant, dans l'attente de son procès, Schellenberg, incarcéré, a écrit ses Mémoires. Maintenant, il va pouvoir les retravailler avec un journaliste allemand. Ce livre qui

Walter Schellenberg, ancien bras droit de Himmler, vu ici en 1945, alors qu'il s'est rendu aux Alliés. Il sera plus tard jugé et reconnu coupable de crimes de guerre. Une fois Schellenberg libéré pour des raisons de santé, Chanel l'entretiendra.

décrit l'existence d'un *Reichsführer* SS, qui plus est bras droit de Heinrich Himmler, sortira sous le titre *The Labyrinth**.

Theodor Momm confie probablement à Chanel que Schellenberg cherche désormais un éditeur pour son autobiographie. Elle comprend le danger et, par le biais de la fondation Coga (sigle reprenant les premières lettres de Coco et de Gabrielle), elle décide de financer une confortable retraite à Schellenberg et à sa femme Irene, et de leur payer une maison en Suisse dans le pays des Trois-Lacs. Mais les autorités helvètes refusent de voir un criminel de guerre vivre dans la Confédération et il est expulsé. Schellenberg parvient à obtenir un faux passeport au nom de

---

* *Le Chef du contre-espionnage nazi parle : 1933-1945*, traduit par Hélène Vincent. *(N.d.T.)*

Louis Kowalki, puis il part se cacher avec son épouse Irene en Italie, à Pallanza, sur les rives du lac Majeur.

Depuis l'Allemagne, Momm alerte de nouveau Chanel : Schellenberg est soigné pour sa maladie du foie à Pallanza et il a désespérément besoin d'argent pour payer son médecin, le Dr Francis Lang, ainsi que la clinique italienne où il reçoit son traitement.

Le professeur Reinhard Doerries, le principal biographe de Schellenberg, raconte alors ce qui se produit :

> Le Dr Lang et son épouse[9] rendent visite à Schellenberg à Pallanza [...]. Tandis qu'ils évoquent des questions d'ordre pécuniaire, le Dr Lang a dû laisser entendre [à Schellenberg] qu'il se trouvait financièrement aux abois : il avait financé de sa propre poche les dépenses médicales, entre autres, de Schellenberg à concurrence de vingt mille francs suisses. Le Dr Lang explique alors que « Schellenberg a contacté Chanel et lui a fait part de ses graves difficultés financières... Mademoiselle est bientôt arrivée [à Pallanza] dans une Mercedes noire aux vitres teintées. Elle a donné près de trente mille francs suisses à Schellenberg. [Le médecin suggère qu'il s'agit peut-être de francs français.]
>
> Pour expliquer le geste de Chanel, le Dr Lang déclare : « Pendant la guerre, Schellenberg l'a aidée, ainsi que d'autres personnalités du monde de la mode. »

Walter Schellenberg, quarante-deux ans, meurt à Turin le 31 mars 1952 ; il y est enterré le 2 avril. Après son décès, sa femme écrit à Momm : « Mme Chanel avait offert de nous aider financièrement dans notre situation difficile et ce fut grâce à elle qu'il nous fut donné de passer encore quelques mois ensemble[10]. » Irene et ses enfants retournent à Düsseldorf. Elle cherche à faire publier les Mémoires de son mari. Chanel, mise au courant, a peut-être reçu la promesse de la part d'Irene Schellenberg qu'elle n'y apparaîtrait pas si jamais ils étaient publiés.

Dincklage, malgré son expulsion de Suisse pour des faits d'espionnage, a vécu plusieurs années avec Chanel à Lausanne et à Davos. D'après ses amis, Spatz semble toujours aussi fringant. Il apparaît avec Chanel sur une photographie prise vers 1949 en Suisse : avec son manteau long et son chapeau mou, il ressemble à un officier distingué à la retraite. Le couple a l'air détendu. Ceux qui ont connu le baron à cette époque se souviennent d'un play-boy un peu vieillissant, mais d'un homme au maintien impeccable et aux manières irréprochables.

Chanel et Dincklage, Suisse, 1949.

Pierre Galante, le biographe de Chanel, raconte qu'entre Dincklage et Chanel l'idylle continue : « En Suisse, elle retrouve Spatz, qui s'y est réfugié et, ensemble, ils effectuent des séjours à Villars-sur-Ollon, station d'hiver du canton de Vaud, et font parfois de courtes incursions en Italie... Les amis suisses de Mademoiselle, qui sont des avocats [il y en eut trois], son dentiste, le docteur Valloton, ses médecins, un rhumatologue, le docteur

Théo de Preux, un ophtalmo, le professeur Streig, les ont fréquemment vus ensemble et l'on a même parlé de mariage[11]. » Mais un jour, Spatz disparaît.

Dincklage quitte Chanel et s'installe aux Baléares – ces îles au climat qui pourrait ressembler à celui de Sanary, le terrain de chasse de l'ancien espion dans les années trente. Il vit d'une belle pension versée par la fondation Coga de Chanel. Nul ne sait si Chanel et Dincklage se sont revus par la suite.

Pierre Galante interroge des amis de Chanel à cette époque[12]. Lorsqu'il leur demande de décrire son humeur après le départ de Dincklage, ils la dépeignent comme une « femme qui pouvait être charmante, simple, enjouée. Elle les recevait fréquemment, soit dans les hôtels où elle séjournait, soit dans les restaurants de la vieille ville, à Lausanne. [...] Son menu ne variait guère. Elle commandait presque toujours un potage de légumes, un filet mignon avec du riz sans beurre, une compote de fruits. » Elle va danser, courir les boutiques, en particulier un magasin populaire. « Elle va dîner chez les uns et les autres, notamment chez le Dr Valloton pour lequel elle a une grande sympathie et qu'elle invitera avec son épouse à La Pausa. »

Chanel parle peu de mode[13]. Un ami raconte : « Tout se passait comme si cela ne l'intéressait plus. Enfin presque... » Galante poursuit : « Un jour que Mme Valloton portait un chemisier qui déplaisait à Coco, celle-ci ne put s'empêcher de prendre une paire de ciseaux et d'effectuer séance tenante quelques retouches. »

Le photographe Horst dresse un autre portrait en 1951 : « Chanel semble un peu perdue à cette époque. Elle s'ennuie. Ses cheveux sont différents et elle s'épile désormais les sourcils. Elle ne ressemble plus à la Chanel que j'ai connue[14]. »

Que mijote donc cette femme étonnante ? Car elle déborde toujours de créativité et d'énergie. À soixante-dix ans, elle possède encore un atout précieux : son talent. Elle continue de jouir de l'admiration et de l'affection de Pierre Wertheimer – malgré leurs différends depuis une quarantaine d'années. Il a pourtant découvert qu'elle fabriquait des parfums en Suisse, en violation flagrante du contrat de 1924 par lequel elle vendait ses droits sur sa ligne de parfums et ses cosmétiques à la Société des Parfums Chanel, dont lui et sa famille possèdent quatre-vingt-dix pour cent des parts.

Au printemps 1947, Wertheimer et son avocat se rendent au cabinet de René de Chambrun sur les Champs-Élysées[15]. Pierre Wertheimer veut parvenir à un accord. Il offre cinquante mille dollars à Chanel et un petit pourcentage supplémentaire sur les ventes du N° 5. Chambrun demande plus et exige un dividende plus élevé sur les ventes annuelles. Les négociations durent près d'une journée. On se dispute pour des sommes qui, un jour, deviendront colossales. Au cours de ces longs pourparlers, Chambrun quitte plusieurs fois le bureau pour obtenir l'accord de sa cliente à Lausanne : il est censé la contacter par téléphone dans une autre pièce, au bout du couloir. En réalité, elle est là, dans ce réduit. Elle y patientera toute la journée pour écouter les propositions des Wertheimer.

Le lendemain matin, on parvient à un accord : Chanel touche cinquante mille dollars et deux pour cent sur toutes les ventes, c'est-à-dire environ un million de dollars par an (quelque sept millions d'euros). Les dividendes sont versés sur le compte de Chanel à l'Union de banques suisses. Plus tard, Chanel confiera à un ami : « Maintenant, je suis riche[16]. »

Effectivement, en 1947, Pierre Wertheimer avait fait un calcul astucieux. S'il avait poursuivi Chanel devant la justice française, il aurait exposé les relations de la créatrice de son empire avec les nazis, dont le Dr Kurt Blanke, et ses tentatives pour aryaniser ses sociétés. Devant la cour, les accords secrets entre les Wertheimer et Félix Amiot auraient été dévoilés, de même que le versement d'une grosse somme d'argent à l'avionneur en 1939 et le contrat de celui-ci pour construire des avions destinés à la Luftwaffe de Hermann Göring. La mission secrète de Gregory Thomas serait elle aussi devenue publique. Une presse négative aurait nui à l'image de Chanel ; cette société lucrative, choyée par la famille Wertheimer, pourrait être salie à jamais. Wertheimer protège donc la marque qui apportera une fortune colossale à sa famille. Rappelons que des années plus tard – en 2008 –, il se vend un flacon de Chanel N° 5 « toutes les trente secondes[17] ».

En 1965, après une relation de près de trente ans, Chanel renvoie René de Chambrun. (Ils se réconcilieront ultérieurement.) À cette époque, elle déclare : « Je ne supporte ni les avocats, ni les policiers, ni les soldats[18]. » Ensuite, malgré ce dédain qu'elle professe à l'égard du barreau, Chanel recrute Robert Badinter, ce brillant avocat international qui deviendra ministre de la Justice de François Mitterrand et abolira la peine de mort en 1981.

Pierre Galante raconte comment Badinter devint son conseil : « Je suis juif, lui dit Me Badinter. Vous ne le saviez peut-être pas, Mademoiselle ?

– Si, lui répond Chanel, et cela ne me gêne nullement. Je n'ai rien contre les juifs[19]. »

Quant à Chambrun et sa femme Josée, ils n'ont jamais parlé de Chanel en public. Le couple a échappé à l'épuration après guerre grâce à nombreux protecteurs – comme leur amie. Pendant des années, Chambrun a défendu Chanel en usant de tout son talent. Il mentira d'ailleurs dans une rétrospective que la BBC a consacrée aux relations de Chanel avec Dincklage et à sa mission à Berlin en 1944[20].

Sur une transcription de l'entretien de Chambrun accordé à la BBC, diffusé pour la dernière fois en 2009, on peut lire la réponse de l'avocat lorsqu'il est interrogé au sujet de Dincklage : « Je connais ce détail, parce qu'elle m'a parlé de lui. Il y avait un joueur de tennis allemand, un noble, Dincklage, et je sais qu'elle l'a aidé financièrement. Et c'est tout ce que je sais à propos des rumeurs qui courent autour de Coco. »

À propos de la mission de 1944 en Espagne : « Je ne vois pas son intérêt dans cette mission. [...] je pense que si on lui avait proposé de le faire, elle aurait refusé. C'est *ma* Chanel, c'est ce qu'elle aurait fait, je crois. Ce n'est pas mon problème. Son problème à elle, celui que *je connais*, c'est qu'elle a aidé un ancien joueur de tennis, réellement aidé, mais tout ce qui se rapporte à la négociation d'une paix séparée, pour moi, c'est du battage médiatique. »

René de Chambrun restera son chevalier servant pendant plus de trente ans.

À l'automne 1953, Chanel écrit à Carmel Snow, de *Harper's Bazaar* : « Au cours de l'été, il m'est venu à l'idée qu'il serait amusant de me remettre à travailler, car c'est toute ma vie. Je vous ai probablement déjà dit qu'un jour ou l'autre je reprendrai peut-être mon activité qui consistera à créer un nouveau style adapté à un nouveau mode de vie et que j'attendais le moment opportun[21]. » Pierre Wertheimer accepte ; c'est un bon moyen d'augmenter les profits de la marque.

Dessin de Chanel, par Cécil Beaton.

Le petit monde de la mode parisien enfle de rumeurs. « Mademoiselle Chanel fait son come-back ! Elle revient ! » D'ailleurs, elle annonce à la presse : « J'ai peut-être encore deux ou trois choses à dire. »

Alors que la noël 1953 approche, les médias dévoilent que « Chanel fera son retour en février ». Des stylistes parisiens la félicitent, d'autres tremblent. Elle recrute d'anciens membres de son équipe et quelques nouveaux. Mais elle souffre d'arthrite. Après tout, elle a soixante-dix ans. Cecil Beaton, photographe et costumier, note cependant que les doigts de Chanel « semblent encore assez forts pour ferrer un cheval ». À quatre pattes, elle épingle les ourlets, un canotier sur la tête pour cacher ses cheveux clairsemés, une cigarette toujours au coin des lèvres.

Chanel, avec ses lunettes, observe un défilé, assise sur les marches de l'escalier de la rue Cambon.

Quelques semaines avant le défilé, elle confie à *Vogue* : « Je vais commencer par une collection [...] d'une centaine de pièces [...] Ce ne sera pas une révolution. Mais une collection faite avec amour. » Le premier défilé de Chanel depuis la guerre a lieu le 5 février 1954 – de nouveau le 5, son chiffre porte-bonheur. Mais cette fois, la chance l'abandonne. Le Tout-Paris de la mode hoche poliment la tête devant les mannequins qui défilent dans le salon opulent récemment rénové. Un journaliste de *L'Aurore* écrit : « Touchante rétrospective [...]. C'est l'atmosphère des collections qui bouleversèrent Paris que chacun était venu chercher. Or il n'en reste rien, rien que des mannequins qui passent devant une salle qui ne se décide pas à applaudir [...]. Rétrospective un peu mélancolique[22] », conclut-il. Dans un article de *Combat*, sous le titre « Chez Coco Chanel à Fouilly-les-Oies en 1930 », Lucien François incrimine les petites robes « tout juste bonnes à nettoyer les cabinets[23] » et les mannequins qui ressemblent à une « volée d'oies[24] ».

Après le défilé, Pierre Wertheimer rend visite à Chanel dans le salon de la rue Cambon. Il la trouve à quatre pattes en train de piquer des ourlets. Il reste silencieux, la regarde travailler, puis l'accompagne au Ritz. « Vous savez, bougonne-t-elle, je veux continuer [...]. Continuer et gagner. – Vous avez raison, lui dit-il. Vous avez raison de continuer[25]. »

Malgré les sarcasmes de la presse française et la férocité des Britanniques qui évoquent un fiasco, les médias américains sont favorablement impressionnés. Un an plus tard, *Life* commente la rentrée de Chanel : « Elle a influencé toutes les collections actuelles. À soixante et onze ans, [Gabrielle Chanel] nous apporte mieux qu'une mode : elle nous amène une tempête... Elle a décidé de revenir et de reconquérir son ancien rang : le premier[26]... » *Harper's Bazaar* et *Vogue* émettent le même jugement. Marlene Dietrich se rend rue Cambon et commande plusieurs pièces : les *tailleurs** qui deviendront célèbres en 1956[27].

Les créations de Chanel remportent sans doute un succès relatif, mais ses affaires vont mal. Son come-back a coûté près de trente-cinq millions de francs. La société « n'a plus un sou[28] ».

L'ange gardien de Chanel, Pierre Wertheimer, intervient de nouveau. Au printemps 1954, Chanel et les Wertheimer concluent un ultime contrat : elle leur vend la maison de couture, la société immobilière et toutes celles qui portent le nom de Chanel[29]. Les Wertheimer s'engagent à régler la totalité de ses frais ; les suites du Ritz, les domestiques, les factures de téléphone, les timbres, etc. Contractuellement, elle se doit d'assurer son concours au développement de nouveaux parfums et de diriger la maison de couture. C'est un accord inestimable pour Chanel. Et, au cours des années qui vont suivre, une formidable rente pour les Wertheimer.

Automne 1956 : Chanel présente une nouvelle collection qui reçoit un accueil chaleureux. Depuis Paris, le *New York Times* rapporte : « Avec le retour de Chanel en février dernier, le monde de la mode s'attendait à une révolution tonitruante, mais elle ne s'est pas matérialisée. Chanel crée dans le même esprit qu'avant guerre, cependant le regard des stylistes s'est désormais accommodé depuis ces huit derniers mois au style Chanel. Naturel, simple et sobre, il s'accorde parfaitement à la vie de la femme d'aujourd'hui[30]. »

Chanel est de retour. Et, cette fois, elle connaît le succès. Elle présente ses *tailleurs**. Cette même année sortent les Mémoires de Schellenberg en anglais, *The Labyrinth*, avec une préface de l'historien britannique Alan Bullock, qui écrira plus tard une célèbre biographie de Hitler. On n'y trouve pas un mot sur Chanel.

De nouveau, Coco peut s'autoriser un soupir de soulagement.

Reine de la mode, la voilà invitée à Dallas, au Texas, par Stanley Marcus, entrepreneur dynamique et inventif, réputé présenter des articles particulièrement coûteux dans sa boutique de Dallas[31]. Son catalogue de Noël propose des baignoires, des avions ou des sous-marins de poche « pour lui et pour elle ». En 1957, elle reçoit le prix Neiman Marcus qui récompense « la créatrice de mode la plus influente du vingtième siècle ». Ironie du sort, elle s'y rend, accompagnée par H. Gregory Thomas, devenu président de la Société des Parfums Chanel.

Chanel trouve les manières américaines vulgaires, mais elle souhaite tout de même visiter un ranch. On lui organise alors une visite de Black Mark, la ferme du frère de Marcus, suivie par un dîner rustique et un spectacle de rodéo.

Malheureusement, Chanel n'aime pas la cuisine du Far West et se débarrasse de son assiette pleine de haricots et de viande grillée au feu de bois sous la table, directement sur les élégantes mules en satin d'une autre invitée… Elizabeth Arden. Coco a encore frappé !

Avant de revenir à Paris, elle fait escale à New York où une journaliste du *New Yorker* l'interroge dans une suite du Waldorf-Astoria de Park Avenue. Elle trouve qu'« elle fait encore sensation avec ses yeux sombres, un sourire éclatant et la vitalité d'une jeune femme de vingt ans. La poignée de main est ferme, et elle dit "*I'm très, très fatiguée**" avec l'assurance d'une femme qui sait qu'elle peut se le permettre[32] ».

Elle connaîtra d'autres honneurs. Des années plus tard, le producteur de Broadway Frederick Brisson monte une comédie musicale baptisée *Coco*. Katharine Hepburn tient le rôle principal. Celle-ci passe alors quelques jours à Paris en compagnie de Chanel. L'actrice affirmera plus tard : « Je suis partie de Paris en sachant que je pourrais jouer Chanel[33]. »

Aussi incroyable que cela puisse paraître, peu après 1962, Chanel, soixante-dix-neuf ans, s'entiche d'un nouveau galant. Elle engage un maître d'hôtel, François Mironnet, qui ressemble apparemment au duc de Westminster. D'après Lilou Marquand Grumbach, assistante, intime et amie de Coco, c'est « le coup de foudre[34] ». Mironnet devient bientôt son compagnon et confident. Il lui offre son bras dans les escaliers, il veille à ce qu'elle prenne ses médicaments. Pour le remercier de sa loyauté, Chanel lui apprend à créer des bijoux[35]. On le remarque souvent à côté d'elle dans la salle à manger du Ritz. Grumbach, qui voit le couple presque tous les jours, se souvient : oubliant les trente années qui les séparent, Chanel tombe amoureuse de François. D'après l'auteur, Chanel l'aurait même demandé en mariage[36].

Le célèbre escalier de la rue Cambon reconstitué pour la comédie musicale de Broadway *Coco*, avec Katharine Hepburn. Les *tailleurs** portés par les actrices sont de véritables modèles Chanel.

Janet Wallach, une biographe de Chanel, émet un autre avis : elle pense que Chanel a peur de la solitude. « À la fin de sa vie, elle s'entoure de femmes [...]. Le monde de la mode prétend que ses goûts changent, qu'elle préfère les femmes aux hommes. Ses mannequins, jeunes et belles, certaines lesbiennes, toutes façonnées à son image, deviennent l'objet de son affection[37]. » Chanel reste seule et si elle flirte peut-être avec ces magnifiques jeunes femmes, un véritable compagnon lui manque. Elle a besoin d'un homme à ses côtés et François Mironnet demeurera son dernier ami.

Claude Delay, auteur et psychanalyste, intime de Chanel, est d'un avis différent : les nombreuses aventures de Chanel, ses engouements, l'attention qu'elle porte à François Mironnet découlent de ses propres déclarations : « Une femme qui n'est pas aimée est une femme nulle, quel que soit son âge : jeune, vieille, mère, amante, tout ce que vous voudrez, une femme qui n'est pas aimée est une femme perdue. Elle peut mourir, cela n'a guère d'importance[38]. » Avec l'âge, les sentences de Chanel tendent à s'adoucir. Mais elle continue à faire forte impression.

Chanel pose pour *Vogue* dans l'un de ses tailleurs. Elle porte une toque en fourrure. Malgré le travail soigneux de sa *maquilleuse** personnelle, Chanel, quatre-vingt-un ans, paraît fanée comme une feuille d'automne. Elle reste dépendante à son injection quotidienne de morphine.

Dix mois avant sa mort, Cecil Beaton photographie Chanel : elle a toujours ce style personnel, cette « allure éternelle[39] ».

Moment de gloire pour Chanel, huit mois avant sa mort : en juin 1970, la femme du président de la République, Claude Pompidou, cliente et admiratrice depuis des années, invite la créatrice à dîner à l'Élysée. Après la réception, si l'on en croit Pierre Galante, Chanel remarquera simplement : « De mon temps, on n'invitait pas sa couturière[40] ! »

Gabrielle « Coco » Chanel disparaît durant la nuit du 10 janvier 1970, dans sa chambre du Ritz. Jeanne, sa femme de chambre, assiste à son agonie. Coco prononce ces derniers mots terribles : « C'est comme cela qu'on meurt[41]. »

Peu avant sept heures, jeudi 13 janvier, le froid est glacial. Le cercueil de Chanel arrive à l'église de la Madeleine située à quelques minutes à pied de la rue Cambon et du Ritz. Il fait encore nuit. Paris est presque silencieux. Vers neuf heures, nombre de personnalités viennent assister à la cérémonie : Lilou Marquand Grumbach au bras de Salvador Dalí, six mannequins vêtus de Chanel, les vieux amis Serge Lifar et lady Abdy, et de

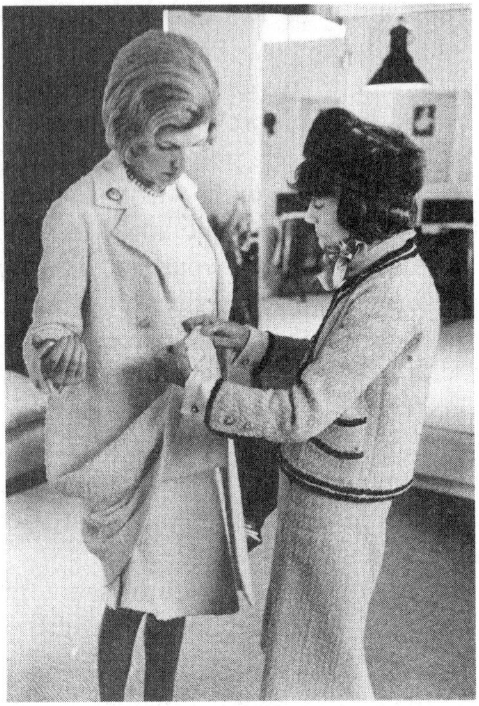

Claude Pompidou est une cliente fidèle de Coco Chanel. On la voit ici en sa compagnie en 1962.

nombreux concurrents dont Yves Saint Laurent et Marc Bohan, de la maison Dior. Luchino Visconti a fait envoyer une couronne de roses rouges.

Après la messe, le cercueil est placé dans un corbillard Renault pour être acheminé à Lausanne où Chanel a commandé une stèle en marbre portant cinq têtes de lion et une simple croix gravée à son nom.

La fortune de Chanel à sa mort – détenue par la fondation Coga et administrée par sa petite-nièce Gabrielle Palasse-Labrunie et des avocats suisses – est estimée à plus de dix millions de dollars, c'est-à-dire plus de quarante millions d'euros. Et tout le monde veut en croquer…

Le troisième mercredi de mars 1973[42], l'ancien maître d'hôtel de Chanel – l'homme qu'on suppose avoir été son dernier amour, François Mironnet – comparaît devant les juges de la première chambre civile de Paris. Il réclame une partie de la fortune. Pour appuyer ses dires, il présente une lettre de Chanel par laquelle elle lui cède un million de dollars, sa propriété de Lausanne et ses bijoux. Sur les instructions de Gabrielle Labrunie, l'avocat suisse de Chanel et un représentant de l'Union de banques suisses contestent[43] ces prétentions. Pourtant, les revendications de Mironnet sont appuyées par de nombreuses célébrités parisiennes dont Jean Cau, l'ancien secrétaire de Sartre, écrivain et journaliste à *L'Express*, *Le Figaro* et *Paris-Match* ; Jacques Chazot, ami de Chanel et célèbre danseur ; ainsi que Lilou Marquand Grumbach, sa secrétaire et « dame d'honneur[44] ». Lilou affirme que Chanel lui a lu le document accordant une fortune à Mironnet en mai 1968[45]. Lorsque la lettre est produite devant la cour, les experts suisses la déclarent fausse, contrairement à l'expert français[46].

Comment toute cette histoire se finit-elle ? D'après Gabrielle Palasse-Labrunie, le différend sera réglé à l'amiable[47]. Elle ne m'en dira pas davantage.

Trois ans plus tard, dans la nuit du 24 mars 1976, Dincklage meurt non loin du nid d'aigle où, bien des années auparavant, Hitler avait reçu le duc et la duchesse de Windsor. Parmi les dernières personnes qu'il fréquente se trouvent une femme qui vivait dans un village non loin de Berchtesgaden, Schönau am Königsee, Huberta von Dehn, issue d'une famille d'aristocrates bavarois, et le Dr Herbert Pfistere. Dincklage aurait dit au médecin qu'il avait été emprisonné durant peu de temps après guerre et qu'il avait été officier dans la SS.

Dincklage est incinéré près de Salzbourg et ses cendres sont acheminées à Hanovre, ville natale des Dincklage depuis plus d'une centaine d'années[48]. Ses cendres iront rejoindre dans le cimetière qui borde un lac celles des victimes des deux guerres mondiales ainsi que des bombardements alliés. Une fin digne d'un guerrier allemand, d'un homme qui a servi son pays pendant plus de quarante ans, au cours des deux conflits mondiaux.

Onze mois plus tard, Louis de Vaufreland meurt à l'âge de soixante-cinq ans, chez lui, en banlieue parisienne. L'agent payé par l'Abwehr pour œuvrer à Paris en temps de guerre, devenu la Némésis de Chanel après guerre, a connu une carrière à éclipses depuis sa libération de prison. Il a été impliqué dans un certain nombre de fraudes en France et en Irlande, dont une tentative d'émission de faux billets de cent dollars, ainsi que l'usurpation de l'identité d'un agent de police. En 1956, il a de nouveau connu la prison à Fresnes et à la Santé.

En 1951, le renseignement français rapporte que Vaufreland a été vu à la villa de Donald MacLean, La Sauvageonne, près de Sainte-Maxime sur la Côte d'Azur. C'est à cette époque que MacLean et Guy Burgess, espions, membres des « Cinq de Cambridge », fuient la Grande-Bretagne pour rallier l'Union soviétique.

Gregory Thomas, président à la retraite de Chanel, Inc., est mort en Floride à l'âge de quatre-vingt-cinq ans. Grand connaisseur de vin, il avait fondé la Commanderie de Bordeaux, aux États-Unis, un club très huppé d'œnologues dont il était devenu le *grand maître**.

ÉPILOGUE

Et tu seras à jamais enfermé dans l'esprit de cette incantation.

BYRON, *Manfred,* acte I, scène 1

AU CRÉPUSCULE DE SA VIE, Chanel est célébrée pour son génie. Malraux va même jusqu'à dire : « De ce siècle, en France, seuls trois noms resteront : de Gaulle, Picasso et Chanel[1]. »

Pour toutes sortes de raisons, ce nom demeure un symbole dans le monde entier. On peut juger de la séduction que ses créations exerçaient par la simple évocation de sa clientèle : des aristocrates, des femmes élégantes et distinguées telles Claude Pompidou et Jackie Kennedy qui portait un tailleur Chanel rose le jour de l'assassinat de son mari à Dallas, les actrices Jeanne Moreau, Delphine Seyrig, Romy Schneider, Elizabeth Taylor ou Marilyn Monroe qui déclarait qu'au lit, elle ne portait rien d'autre qu'un peu de Chanel N° 5.

Le jugement de Jean Cocteau à propos de Chanel était plus tranché : « Elle vous regarde tendrement, puis penche la tête… vous êtes condamné à mort[2] ! »

Deux visions : l'une héroïque, l'autre démoniaque.

Pierre Reverdy, poète romantique et homme du dix-neuvième siècle, trouvait que la femme était faible. Il pensait qu'une fois amoureuse, elle cédait au charme de l'homme et finissait par lui

Pour le film *L'Année dernière à Marienbad*, Chanel créera de mystérieux costumes à base de plumes et de dentelles destinés à Delphine Seyrig.

Dans le film *Les Amants* de Louis Malle, en 1958, Jeanne Moreau porte la fameuse « petite robe noire » de Chanel.

Dans le film *Boccace 70* de Luchino Visconti en 1962, Romy Schneider, qui porte un tailleur Chanel, pose entourée de bagatelles onéreuses, dont un flacon de Chanel N° 5.

obéir. Il aimait Chanel et voulait croire qu'elle s'était soumise au pouvoir de Dincklage : « Spatz… c'était cela sa damnation, son enfer[3]. »

Reverdy connaissait la solitude et la détresse de Chanel. Mais pas l'ampleur de sa collaboration. En bon catholique, il a mis de côté le dégoût que lui inspiraient les agissements de Chanel pendant la guerre et lui a pardonné sa faiblesse et ses actes condamnables.

Jusqu'à sa mort à soixante-dix ans, en 1960 à l'abbaye Saint-Pierre, monastère bénédictin de Solesmes, Reverdy écrivait pour Chanel. Ce résistant déterminé, engagé, qui avait combattu l'envahisseur allemand et le régime de Vichy, et qui avait rompu avec ses amis collaborateurs, gratifia Chanel d'une épitaphe ultime :

Voilà, Coco très chère,
Ce que de ma main

J'ai fait du meilleur
De moi-même.
Bien ou mal fait
Je vous le donne
Avec mon cœur
Avec ma main
Avant d'aller voir
Au plus sombre chemin
Si l'on condamne ou
Si l'on pardonne.
Et vous savez que je vous aime[4].

ANNEXES

1.

Note des Renseignements généraux qui analyse l'action du « baron » de Vaufreland pour le compte des autorités allemandes pendant la guerre. C'est lui qui aurait présenté Gabrielle Chanel au lieutenant Neubauer, agent des services de renseignements de l'armée allemande.

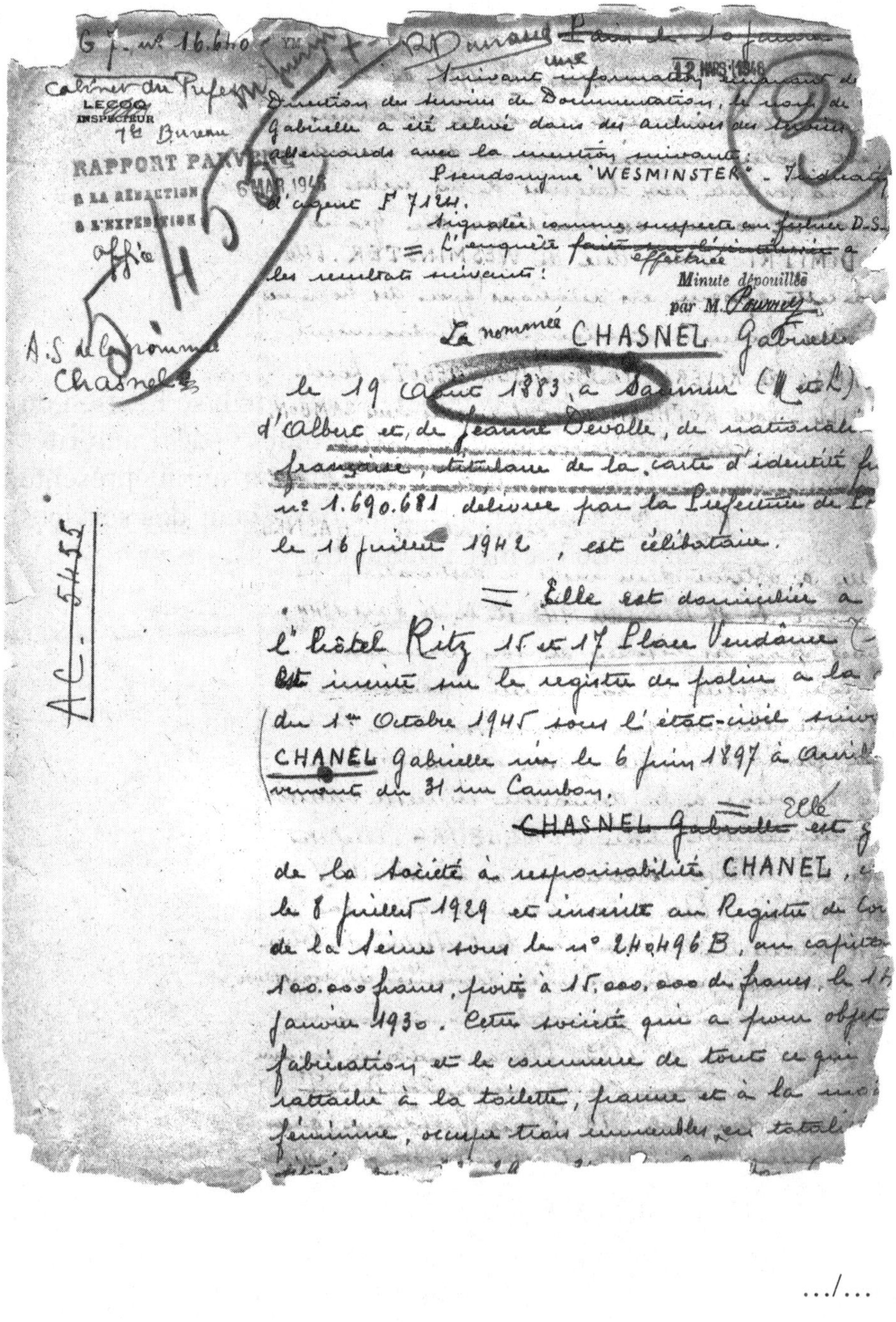
G. j. ut 16.640 – YM

Bureau ~~Paris, le ... février~~

12 MARS 1946

Cabinet du Préfet

LECOQ
INSPECTEUR

7e Bureau

RAPPORT PARVENU

6 MAR 1946

à LA RÉDACTION

à L'EXPÉDITION

affé

A.S. de la nommée Chasnel

AC. 5455

Suivant une information émanant de la Direction des Services de Documentation, le nom de Gabrielle a été relevé dans des archives des services allemands avec la mention suivante :

Pseudonyme "WESMINSTER" – Indicatif d'agent F 7124.

Signalée comme suspecte au fichier D.S.

= L'enquête ~~faite ...~~ effectuée a les résultats suivants :

Minute dépouillée
par M. Pourrey

La nommée CHASNEL Gabrielle

le 19 Août 1883, à Saumur (M et L) d'Albert et de Jeanne Devalle, de nationalité française, titulaire de la carte d'identité f n° 1.690.681 délivrée par la Préfecture de P le 16 juillet 1942, est célibataire.

= Elle est domiciliée à l'hôtel Ritz 15 et 17 Place Vendôme (
Est inscrite sur le registre de police à la du 1er Octobre 1945 sous l'état-civil suiv CHANEL Gabrielle née le 6 juin 1897 à Aurill venant du 31 rue Cambon.

= ~~CHASNEL Gabrielle~~ Elle est g de la société à responsabilité CHANEL, c le 8 juillet 1929 et inscrite au Registre du Co de la Seine sous le n° 240.496 B, au capital 100.000 francs, porté à 15.000.000 de francs le 1 janvier 1930. Cette société qui a pour objet fabrication et le commerce de tout ce qui rattache à la toilette, femme et à la mo féminine, occupe trois immeubles en totali

…/…

TRANSCRIPTION

RG
Cabinet du Préfet

Suivant une information émanant de la Direction des services de documentation, le nom de CHASNEL Gabrielle a été relevé dans des archives des services secrets allemands avec la mention suivante :

Pseudonyme WESMINSTER. Indicatif d'agent F 71211.

Signalée comme suspecte au fichier DS DOC

= L'enquête effectuée a donné les résultats suivants :

La nommée CHASNEL Gabrielle née le 19 août 1883, à Saumur (Maine-et-Loire), d'Albert et de Jeanne Devolle, de nationalité française, titulaire de la carte d'identité française n° 1.690.681 délivrée par la Préfecture de Police le 16 juillet 1942, est célibataire.

= Elle est domiciliée à l'hôtel Ritz, 15 et 17 place Vendôme (Ier) et est inscrite sur le registre de police à la date du 1er octobre 1945 sous l'état civil suivant : CHANEL Gabrielle née le 6 juin 1897 à Aurillac venant du 31 rue Cambon.

= Elle est gérante de la société à responsabilité CHANEL, créée le 8 juillet 1929 et inscrite au registre du commerce de la Seine sous le n° 240 496 B, au capital de 100 000 francs, porté à 15 millions de francs le 14 janvier 1930. Cette société qui a pour objet la fabrication et le commerce de tout ce qui est rattaché à la toilette, parure et à la mode féminine, occupe trois immeubles en totalité, situés au 23, 29 et 31 rue Cambon (Ier).

.../...

— Elle est connue de no[illegible]

...t que fondatrice, en Mai 1936, de la revue

... qui préconisait l'économie ordonnée.

...est notée comme ancienne demi-mondaine

...ue sa fortune aux largesses d'un riche

...isain et comme ex-maîtresse du Grand

DIMITRI et du duc de WESMINSTER. Elle

... à cette époque en relations avec des hommes

...iques français et étrangers, notamment

...AMS - de ROVERA - Philippe BERTHELOT, Lord

...ILL - Lord ROTHERMER et l'un des frères CAMBON.

~~Elle a fait également l'objet [illegible]~~

~~[illegible]~~

— Pendant l'occupation, CHASNEL

...lle a obtenu deux visas à destination de

...agne, le 17 Décembre 1943 et le 16 Mars 1944,

...tivés par les besoins de son commerce.

...son dossier à la Sûreté Nationale.

...t mentionné que ~~l'intéressée~~ elle n'a fourni

...e justification française et qu'elle a

...u ces visas à la demande expresse adressée

...notiquement par BOMELBURG, chef des

...es de police allemande, à Mr LEGUAY,

...t délégué. Elle n'a présenté que sa

... d'identité délivrée par la Préfecture de Police

...s dont elle a dû changer ~~la année~~ date de naissance,

... son passeport ~~a été établi comme née~~ indique

...893 au lieu de 1883. Elle a indiqué comme

~~Aux Archives de la D.S.T.~~,

...NEL domicile 19 Place Vendôme ; qui

...dresse d'une ... particulière et où elle

.../...

= Elle est connue de notre Direction, en tant que fondatrice en mai 1936, de la revue « Futur » qui préconisait l'économie ordonnée. Elle est notée comme ancienne demi-mondaine, devant sa fortune aux largesses d'un riche Américain et comme ex-maîtresse du grand-duc DIMITRI et du duc de WESMINSTER. Elle était à cette époque en relations avec des hommes politiques français et étrangers, notamment [illisible] PAMS, de ROVERA, Philippe BERTHELOT, Lord CHURCHILL, Lord ROTHERMER et l'un des frères CAMBON.

= Pendant l'occupation, CHASNEL Gabrielle a obtenu deux visas à destination de l'Espagne, le 17 décembre 1943 et le 16 mars 1944, motivés par les besoins de son commerce. Dans son dossier à la Sûreté Nationale, il est mentionné qu'elle n'a fourni aucune justification française et qu'elle a obtenu ces visas à la demande expresse adressée téléphoniquement par BÖMELBURG, chef des services de police allemande, à M. LEGUAY, préfet délégué. Elle n'a présenté que sa carte d'identité délivrée par la Préfecture de Police de Paris dont elle a dû changer la date de naissance, car son passeport indique 1893 au lieu de 1883. Elle a indiqué comme domicile 19 Place Vendôme : adresse d'un hôtel particulier et où elle est inconnue. Il est à supposer qu'elle

.../...

... au Ritz ...
17 de cette place.

= Il est à signaler que dans un
dossier provenant des services secrets allemands
est notée comme s'étant rendue à Hendaye
avec le nommé de VAUFRELAND-PISCATORY Louis
dit "PASTORET", immatriculé au S.R.A sous l'ind.
7667, domicilié 38 avenue Gabriel, recruté le 29 Mai
par le lieutenant NIEBURG et le sonderfuhrer
NOTTERMANN, agent de l'Ast III.

= D'autre part, il résulte de
l'audition du lieutenant allemand NIEBURG
alias NEUBAUER, appartenant à l'Abwehrstelle
Leitstelle de Paris, service III F que la nommée CHASNEL a
été présentée à ce dernier par de VAUFRELAN[D]
qui appartenait déjà à ce service mais dont
elle ignorait l'activité réelle. Les conversati[ons]
qui s'ensuivirent portèrent sur ses relatio[ns]
et sur les possibilités qu'elle avait pour se re[ndre]
en Angleterre, en vue de fournir des renseigne[ments]
au point de vue politique et économique.
= Elle pensait ~~la nommée CHASNEL s'imaginant avoir~~ qu'elle
aurait à travailler pour une section allemande
économique ou politique désireuse de cher[cher]
un terrain d'entente avec les Anglais.

= A cet effet elle a quitté Paris
le 4 Août 1941, en compagnie de VAUFRE[LAND]
qui accomplissait également une mission, p[our]
Lisbonne où elle a obtenu l'autorisation de
prendre place à bord d'un avion à destinat[ion]
de l'Angleterre. Elle est revenue à Paris po[ur]
tenir le service informé.

= NIEBURG a ~~signalé~~ ~~réfléchi à ses~~ montré à ses chefs les
avantages qu'ils pouvaient retirer en employant
~~... les possibilités de cette ...~~

.../...

a voulu indiquer celle du Ritz, 15 et 17 de cette place.

= Il est à signaler que dans un dossier provenant des services secrets allemands, elle est notée comme s'étant rendue à Hendaye avec le nommé de VAUFRELAND-PISCATORY Louis dit PASTORET, immatriculé au S.R.A. sous l'indicateur 7667, domicilié 38 avenue Gabriel, recruté le 29 mars 1941 par le lieutenant NIEBURG et le sonderführer NOTTERMANN, agent de l'Ast III.

= D'autre part, il résulte de l'audition du lieutenant allemand NIEBURG alias NEUBAUER, appartenant à l'Abwehrstelle Leistelle de Paris, service III F, que la nommée CHASNEL a été présentée à ce dernier par de VAUFRELAND qui appartenait déjà à ce service mais dont elle ignorait l'activité réelle. Les conversations qui s'ensuivirent portèrent sur ses relations et sur les possibilités qu'elle avait pour se rendre en Angleterre en vue de fournir des renseignements au point de vue politique et économique.

= Elle pensait qu'elle aurait à travailler pour une section allemande économique ou politique désireuse de chercher un terrain d'entente avec les Anglais.

= À cet effet elle a quitté Paris le 4 août 1941, en compagnie de VAUFRELAND qui accomplissait également une mission, pour Lisbonne où elle a obtenu l'autorisation de prendre place à bord d'un avion à destination de l'Angleterre. Elle est revenue à Paris pour tenir le service informé.

= NIEBURG a montré à ses chefs les avantages qu'ils pouvaient retirer en employant cette femme

…/…

...INSTER, la duchesse d'YORK et d'autres ...onnalités anglaises. Il n'a pas été donné ...te au projet d'autant plus qu'il s'agissait ...une question politique débordant le cadre ...la section III F.

~~Le service a renseigné CHASNEL ... frais et s'est désintéressé de sa personne.~~

= Aux Archives de la Surveillance ...u Territoire, CHASNEL Gabrielle figure, en outre, ...r une liste de personnalités parisiennes ...ant fréquenté trop assidûment les Allemands ... fréquentant maintenant les milieux alliés. ...s cette liste, adressée au Major HADLEY, dont ... bureaux sont situés 41 rue Cambon, il est ...ntionné, en regard de son nom, que CHASNEL ...brielle, couturière, demeura au Ritz, durant ...ute l'occupation et qu'elle fut, pendant ...s ans, la maîtresse d'un officier allemand ...ommé HIRIARDT.

= CHASNEL Gabrielle est inconnue ...x Archives de la Police Judiciaire.

= Son nom est noté aux sommiers ...diciaires ainsi qu'il suit :

amendes de	20 francs	(13e)	17.3.34	loi travail	Défaut
–	10 –	(18e)	24.11.34	– d° –	–
–	5 –	(17e)	9.10.35	– d° –	–

…/…

susceptible d'approcher M. CHURCHILL, le duc de WESTMINSTER, la duchesse d'YORK et d'autres personnalités anglaises. Il n'a pas été donné suite au projet, d'autant plus qu'il s'agissait d'une question politique débordant le cadre de la section III F.

= Aux archives de la Surveillance du territoire, CHASNEL Gabrielle figure, en outre, sur une liste de personnalités parisiennes ayant fréquenté trop assidûment les Allemands et fréquentant maintenant les milieux alliés. Sur cette liste, adressée au Major HADLEY, dont les bureaux sont situés 41 rue Cambon, il est mentionné, en regard de son nom, que CHASNEL Gabrielle, couturière, demeura au Ritz durant toute l'occupation et qu'elle fut, pendant deux ans, la maîtresse d'un officier allemand nommé HIRIARDT.

= CHASNEL Gabrielle est inconnue aux Archives de la Police judiciaire.

= Son nom est noté aux Sommiers judiciaires ainsi qu'il suit :

30	amendes de	20	francs	(13e)	17.3.34.	loi travail. Défaut
22	–	10	–	(18e)	24.11.34.	– d° – –
8	–	5	–	(17e)	9.10.35	– d° – –

.../...

= En octobre 1940, par l'intermédiaire
de Mme GOOLD, épouse du Consul des U.S.A à
Casablanca, il entre en contact avec un officier
français venant de Londres, le lieutenant GUER[IN]
chargé de soulever le Souss marocain en fa[veur]
de la France Libre. Il a dénoncé le lieutenant
GUÉRIN aux autorités militaires locales, ce qui
a provoqué l'arrestation de ce dernier ainsi q[ue]
celle de plusieurs patriotes.

= Il a fait la connaissance de
AUER, Consul Général d'Allemagne, arri[vé]
au Maroc le 10 Décembre 1940 et lui a ~~sert à cet[...]~~ servi
d'intermédiaire auprès des israélites. Le
13 janvier 1941, il s'est ~~se~~ rendu à Tanger en sa compag[nie]
~~de cet Allemand.~~

= Il est rentré enfin à Paris dans le
courant ~~du mois~~ de Février 1941 après être pa[ssé]
par l'Espagne.

= Au cours de son audition qui [a]
eu lieu à la D.S.T en Novembre 1944, de VAUFRE[LAND]
a reconnu avoir dénoncé le lieutenant GUER[IN]
au Colonel MOLLE, Chef de l'État-Major de la
Division de Casablanca. Afin de justifier ses
fréquentations avec les Allemands, il prétend
avoir renoué des relations avec des Officiers
en occupation à Paris, qu'il avait connus au
cours de ses voyages en Allemagne, avant
la guerre. Il explique son voyage qu'il a
effectué en Espagne le 4. Août 1941, par des
attaches qu'il a dans ce pays, du côté maternel
ainsi que des intérêts.

…/…

= En octobre 1940, par l'intermédiaire de Mme GOOLD, épouse du consul des États-Unis à Casablanca, il entre en contact avec un officier français venant de Londres, le lieutenant GUERIN chargé de soulever le Souss marocain en faveur de la France libre. Il a dénoncé le lieutenant GUERIN aux autorités militaires locales, ce qui a provoqué l'arrestation de ce dernier ainsi que celle de plusieurs patriotes.

= Il a fait la connaissance de AUER, consul général d'Allemagne, arrivé au Maroc le 10 décembre 1940 et lui a servi d'intermédiaire auprès des israélites. Le 13 janvier 1941, il s'est rendu à Tanger en sa compagnie.

= Il est rentré enfin à Paris dans le courant de février 1941 après être passé par l'Espagne.

= Au cours de son audition qui a eu lieu à la DST en novembre 1944, de VAUFRELAND a reconnu avoir dénoncé le lieutenant GUERIN au colonel MOLLE, chef de l'état-major de la division de Casablanca. Afin de justifier ses fréquentations avec les Allemands, il prétend avoir renoué des relations avec des officiers en occupation à Paris, qu'il avait connus au cours de ses voyages en Allemagne avant la guerre. Il explique son voyage qu'il a effectué en Espagne, le 4 août 1941, par les attaches qu'il a dans ce pays du côté maternel ainsi que des intérêts.

.../...

= D'autre part, on relève dans
…n dossier à la D.S.T. l'audition de NIEBURG
…ermann dit NEUBAUER, effectuée en janvier 1946.
…IEBURG qui était lieutenant à l'Abwehrstelle-
…eistelle de Paris, service III F, déclare qu'il
…été mis en rapport avec de VAUFRELAND
…ar le commandant BOETTICHER de la
…ection III C. Ce dernier, qui utilisait les
…rvices de VAUFRELAND, avait pensé qu'il
…rait plus utile à NIEBURG qu'à lui-même

= de VAUFRELAND allait souvent
… Vichy où il avait des amis et rapportait,
… service, des renseignements d'ordre politique
… sur des personnes susceptibles d'être mises en contact
par les Allemands ou par les
…lliés.

= En 1941, il a accompli une
…ission à Madrid et à Lisbonne au cours de laquelle son rôle consistait
…identifier les officiers des services de renseignements anglais et américains.
… dires de NIEBURG, de VAUFRELAND a parfaitement
…ssi dans l'accomplissement de sa mission.
…'agissait surtout de renseignements concernant
…officiers attachés aux ambassades et a fourni sur ces derniers,
…utilisant les relations qu'il avait dans les
…ilieux diplomatiques, des renseignements précis
… les noms, domiciles des personnes et sièges des services.

= de VAUFRELAND qui était souvent
…court d'argent, venait souvent trouver NIEBURG
…ur obtenir des missions.

A la fin de 1943 ou au début de 1944, il a signalé
…service un ami qui portait des documents en Angleterre.

…/…

= D'autre part, on relève dans un dossier à la DST, l'audition de NIEBURG Hermann dit NEUBAUER, effectuée en janvier 1946. NIEBURG qui était lieutenant à l'Abwehrstelle-Leistelle de Paris, service III F, déclare qu'il a été mis en rapport avec de VAUFRELAND par le commandant BOETTICHER de la section III C. Ce dernier, qui utilisait les services de VAUFRELAND, avait pensé qu'il serait plus utile à NIEBURG qu'à lui-même.

= De VAUFRELAND allait souvent à Vichy où il avait des amis et rapportait, au service, des renseignements d'ordre politique sur des personnes susceptibles d'être mises en contact par les Allemands ou par les Alliés.

= En 1941, il a accompli une mission à Madrid et à Lisbonne au cours de laquelle son rôle consistait à identifier les officiers des services de renseignements anglais et américains. Aux dires de NIEBURG, de VAUFRELAND a parfaitement réussi dans l'accomplissement de sa mission. Il s'agissait surtout de renseignements concernant des officiers attachés aux ambassades et a fourni, sur ces derniers, en utilisant les relations qu'il avait dans les milieux diplomatiques, des renseignements précis sur les noms, domiciles des personnes et sièges des services.

= De VAUFRELAND qui était souvent à court d'argent, venait souvent trouver NIEBURG pour obtenir des missions.

À la fin de 1943 ou au début de 1944, il a signalé au service un ami qui portait des documents en Angleterre.

.../...

A.C. 109.708

109.708 1 flanc

PISCATORY de VAUFREL

Louis, Georges, Marie, Fortuné né le 5 Février 1
à Paris 16e du Baron Georges et de feue Carmen
KENENS de ERRAZU-TEJADA, de nationalité
française ~~s'est marié~~ a épousé le 21 Février 1933 à BARTHO
Dasy, d'origine italienne, d'avec laquelle il a
divorcé en 1938.

= Mobilisé en 1939, il a été
affecté à une unité britannique, en qualité
d'agent de liaison et s'est replié, avec cette
dernière, en Angleterre en 1940. Il a été démobili
le 24 juillet 1940, à Casablanca.

= De VAUFRELAND avait domi
18 Grande Rue à Villecresnes (S et O), c'est dern
le domicile qu'il a indiqué lors de sa deuxième
arrestation.

= Il a été arrêté une première
fois par les FFI le 20 Août 1944 et interné
au camp de Drancy d'où il a été libéré le
27 Octobre 1944. La seconde arrestation a été effectuée par
DST le 10 Novembre 1944; envoyé au Dépôt le
30 Novembre 1944, il a été mis à la disposition
de Mr Serre, juge d'instruction à la Cour de
Justice de Paris qui l'a fait écroué à Fresnes s
mandat de dépôt, en date du 20 Décembre 1944
pour atteinte à la sûreté extérieure d

.../...

109.708
PISCATORY de VAUFRELAND
Louis, Georges, Marie, Fortuné né le 5 février 1912 à Paris 16ème du baron Georges et de feue Carmen KENENS de ERRAZU-TEJADA, de nationalité française, a épousé le 21 février 1933 BARTHOLO VI Dasy, d'origine italienne, d'avec laquelle il a divorcé en 1938.

= Mobilisé en 1939, il a été affecté à une unité britannique, en qualité d'agent de liaison et s'est replié, avec cette dernière, en Angleterre en 1940. Il a été démobilisé le 24 juillet 1940, à Casablanca.

= De VAUFRELAND serait domicilié 18 Grande Rue à Villecresnes (Seine-et-Oise), c'est du moins le domicile qu'il a indiqué lors de sa deuxième arrestation.

= Il a été arrêté une première fois par les FFI le 20 août 1944 et interné au camp de Drancy d'où il a été libéré le 27 octobre 1944. La seconde arrestation a été effectuée par la DST le 10 novembre 1944. Envoyé au Dépôt le 30 novembre 1944, il a été mis à la disposition de M. Serre, juge d'instruction à la Cour de Justice de Paris qui l'a fait écrouer à Fresnes sous mandat de dépôt, en date du 20 décembre 1944 pour atteinte à la Sûreté extérieure de l'État.

.../...

... juge d'instruction l'a ...
la prison de Fresnes le 6 Août 1945 et l'a
... en liberté provisoire.

= De décembre 1941 à février 1944, il
... locataire d'un appartement 74 rue du Fbg
... Honoré (8e). Précédemment, de 1936 à octobre
... 41, il avait une garçonnière 4 rue Mignard (16e)
... a logé de 1936 à 1938 en hotel 11 rue Balzac (8e).
... a séjourné à différentes reprises à l'hotel Ritz.

= De VAUFRELAND est issu d'une
... très riche, apparentée à des personnalités
... d'Angleterre et d'Espagne. Son père,
... baron de VAUFRELAND, propriétaire de l'hotel
... ticulier, ~~sis~~ 38 avenue Gabriel (8e) ~~l'a répudié~~
~~... en raison de son~~
~~... conduite et~~ lui a interdit ~~sa~~ [la] maison en raison de son inconduite
~~...~~ Il n'a eu que quelques entrevues
... son fils en 1940 pour régler des questions
... intérêt.

= DE VAUFRELAND n'a aucune
... ofession ; il aurait dilapidé au jeu la fortune
... venant de sa mère et semblerait vivre
... expédients.

= Selon une note du 7 Décembre
... 44 émanant de la Résidence Général de la
... ublique Française au Maroc, classée aux
... chives de la Sureté Nationale, de VAUFRELAND
... attiré l'attention des services, dès son arrivée au
... roc, par son activité tapageuse et ses relations
... les milieux les plus divers du Protectorat.

= Il est entré en liaison avec Jaime
... RRA, Consul d'Espagne et GALISSE, Consul
...

.../...

Le même juge instructeur l'a fait extraire de la prison de Fresnes le 6 août 1945 et l'a mis en liberté provisoire.

= De décembre 1941 à février 1944, il a été locataire d'un appartement 74 rue du Faubourg-Saint-Honoré (8e). Précédemment, de 1938 à octobre 1941, il avait une garçonnière 4 rue Mignard (16e) et a logé de 1936 à 1938, en hôtel 11 rue Balzac (8e), puis a séjourné à différentes reprises à l'hôtel Ritz.

= De VAUFRELAND est issu d'une famille très riche, apparentée à des personnalités connues d'Angleterre et d'Espagne. Son père, le baron de VAUFRELAND, propriétaire de l'hôtel particulier 38 avenue Gabriel (8e) lui a interdit sa maison en raison de son inconduite. Il n'a eu que quelques entrevues avec son fils en 1940 pour régler des questions d'intérêt.

= DE VAUFRELAND n'a aucune profession ; il aurait dilapidé au jeu la fortune lui venant de sa mère et semblerait vivre d'expédients.

= Selon une note du 7 décembre 1944 émanant de la Résidence générale de la République française au Maroc, classée aux archives de la Sûreté Nationale, de VAUFRELAND a attiré l'attention des services, dès son arrivée au Maroc, par son activité tapageuse et ses relations dans les milieux les plus divers du Protectorat.

= Il est entré en liaison avec Jaime JORRO, consul d'Espagne et GALISSE, consul d'Italie.

…/…

Obéissant à un ordre reçu, de VAUFRELAND a
prétendu vouloir également passer de l'a
côté de ~~l'eau~~ la Manche et a voyagé avec son ami
Tous deux ont été arrêtés à la frontière espag
et ramenés à Paris. Les documents saisis n'aya
trait qu'à des questions économiques et poli
l'ami aurait, d'après NIEBURG, été remis en
liberté.

= de VAUFRELAND aurait perçu
pour ses services ~~[illegible]~~, environ 150.000 fr
frais compris. Il était immatriculé sous
le n° F.7667 et signait ses rapports so
le pseudonyme de "PASTORET".

= Vers la fin de l'occupation,
tout en se tenant en contact avec le
service, il avait obtenu de NIEBURG,
l'autorisation de travailler dans un
service français s'occupant des questio
juives.

= Il connaissait NIEBURG
sous le nom de NEUBAUER.

= de VAUFRELAND est connu
de notre Direction pour avoir fait l'objet d'u
rapport de renseignements le 8 Décembre 1941
par suite de son activité qui paraissait suspe
Il est "fiché" comme membre du RNP sous le
n° 570 en date du 1er Avril 1941.

= Il est également connu aux Arch
de la Police Judiciaire à la suite de deux plaint
déposées contre lui, la première, le 10 Novembre
par ses domestiques, les époux NAUDY qui le

.../...

Obéissant à un ordre reçu, de VAUFRELAND a prétendu vouloir également passer de l'autre côté de la Manche et a voyagé avec son ami. Tous deux ont été arrêtés à la frontière espagnole et ramenés à Paris. Les documents saisis n'ayant trait qu'à des questions économiques et politiques, l'ami aurait, d'après NIEBURG, été remis en liberté.

= De VAUFRELAND aurait perçu pour ses services environ 150 000 francs, frais compris. Il était immatriculé sous le n° F.7667 et signait ses rapports sous le pseudonyme de « PASTORET ».

= Vers la fin de l'occupation, tout en se tenant en contact avec le service, il avait obtenu de NIEBURG l'autorisation de travailler dans un service français s'occupant des questions juives.

= Il connaissait NIEBURG sous le nom de NEUBAUER.

= de VAUFRELAND est connu de notre Direction pour avoir fait l'objet d'un rapport de renseignements le 8 décembre 1941 par suite de son activité qui paraissait suspecte. Il est « fiché » comme membre du RNP sous le n° 570 en date du 1er avril 1941.

= Il est également connu aux Archives de la police judiciaire à la suite de deux plaintes déposées contre lui, la première, le 10 novembre 1936 par ses domestiques, les époux NAUDY,

.../...

…une somme de 9.770 francs et qu'il ne voulait …stituer ; la seconde, en date du 24 Mai 1938, émanant …a Princesse SCHERBATOW qui l'avait chargé de …endre environ 10.000 francs de bijoux et ~~dont~~ à qui il …refusait à rendre le produit de la vente. Ces deux …ont été classées après désintéressement des parties qui se sont désistées.

= Son nom est noté aux sommiers …diciaires ainsi qu'il suit :

…à appréhender et à présenter à la Brigade de …rveillance du Territoire le plus proche ou … B.S.M. fiche S 44/306.

x x

x

La D.S.T fait connaître qu'à …suite de l'audition de NIEBURG, …e, Juge d'Instruction à la Cour de Justice …, a été ~~tenu~~ informé de l'activité de …TORY de VAUFRELAND et de celle de CHASNEL …elle.

x x

x

G.B. 3 27 1 Extrait

NIEBURG Hermann dit NEUBAUER

…le 14 juin 1904 à Strasbourg, de nationalité …emande était lieutenant à l'Abwehrstelle-Lisette …Paris, service III F.

= Il a été arrêté et interné au fort de …mainville.

[signature]

qui lui avaient confié une somme de 9 770 francs et qu'il ne voulait pas restituer ; la seconde, en date du 24 mai 1938, émanant de la Princesse SCHERBATOW qui l'avait chargé de vendre environ 10 000 francs de bijoux et à qui il se refusait à rendre le produit de la vente. Les deux affaires ont été classées après désintéressement des parties qui se sont désistées.

= Son nom est noté aux Sommiers judiciaires, ainsi qu'il suit :

– à appréhender et à présenter à la Brigade de surveillance du Territoire la plus proche ou au B.S.M. fiche S 44/306.

o

o o

La D.S.T. fait connaître qu'à la suite de l'audition de NIEBURG, M. Serre, Juge d'instruction à la Cour de Justice de Paris, a été informé de l'activité de PISCATORY de VAUFRELAND et de celle de CHASNEL Gabrielle.

o

o o

NIEBURG Hermann dit NEUBAUER, né le 14 juin 1904 à Strasbourg, de nationalité allemande, était lieutenant à l'Abwehrstelle-Leistelle de Paris, Service III F.

Il a été arrêté et interné au fort de Romainville.

2.

Document déclassifié extrait des archives de l'état-major de l'armée américaine (OSS[1] Shellenberg).

1. L'Office of Strategic Service était l'organisme qui a donné naissance à la CIA. (*N.d.T.*)

~~CONFIDENTIAL~~

~~SECRET~~

FINAL REPORT

ON

THE CASE OF

WALTER FRIEDRICH SCHELLENBERG

WASHINGTON -X-2, PTS. 45

~~CONFIDENTIAL~~

Downgraded to ______
by authority of 057516
date 23 July 1978

23 July 1978
057516
DECL. REVIEW ON 23 July 1981
DERIVED FROM D9 C.2
D9 C.1

At this time SCHELLENBERG's relations with HANSEN were extremely good and he felt that neither of them would have wished to put their own men into the fused intelligence service at the expense of the other.

1944 April.

Frau CHANEL and Frau LOMBARDI.

In April 1944 Staatsrat SCHIEBE SPEER's right hand man and one Rittemeister MOMM mentioned to SCHELLENBERG the existence of a certain Frau CHANEL, a French subject and proprietress of the noted perfumery factory. This woman was referred to as a person who knew CHURCHILL sufficiently to undertake political negotiations with him, as an enemy of Russia and as desirous of helping France and Germany whose destinies she believed to be closely linked together.

At about this time SCHELLENBERG urged that CHANEL should be brought to Berlin and she arrived in that city accompanied by a friend a certain Herr von DINCKLAGE.+ SCHELLENBERG made CHANEL's acquaintance in the presence of DINCKLAGE, SCHIEBER and MOMM when it was agreed that:-

1. A certain Frau LOMBARDI, a former British subject of good family then married to an Italian, should be released from internment in Italy and sent to Madrid as an intermediary. Frau LOMBARDI was an old friend of Frau CHANEL and had been interned with her husband for some political reasons connected with the latter and possibly BADOGLIO.

2. LOMBARDI's task would be to hand over a letter written by CHANEL to the British Embassy officials in Madrid for onward transmission to CHURCHILL.

3. DINCKLAGE was to act as link between LOMBARDI in Madrid, CHANEL in Paris, and SCHELLENBERG in Berlin.

Accordingly a week later LOMBARDI was freed and sent by air to Madrid. On her arrival in that city, however, instead of carrying out the part that had been assigned to her she denounced all and sundry as German agents to the British authorities.

With SCHELLENBERG's permission LOMBARDI had also received a letter from CHANEL through SPITZI, HOHENLOHE's assistant, urging her to see CHURCHILL on her return to England. The result of this however was not only was CHANEL denounced as a German agent but also SPITZI. In view of this obvious failure, contact was immediately dropped with CHANEL and LOMBARDI and SCHELLENBERG does not know whether any communication was subsequently handed to CHURCHILL through this woman.

Mil Amt conference in Salzburg.

On or about the 10th May 1944, an agreement was signed between KEITEL and HIMMLER embodying the principal arrangements for the organisation, administration and

+ It is believed by SCHELLENBERG that DINCKLAGE may have had some working connection with the Abwehr but this he is unable to confirm.

À cette époque les relations entre Schellenberg et Hansen sont extrêmement bonnes et selon le premier, ni l'un ni l'autre n'aurait souhaité faire entrer ses hommes aux dépens de l'autre dans le service qui a fusionné.

Avril 1944
Frau Chanel et Frau Lombardi

En avril 1944, le Staatsrat Schieber, bras droit de Speer, et un certain Rittemeister Momm mentionnent à Schellenberg l'existence d'une certaine Frau Chanel, sujet français propriétaire d'une usine de parfum renommée. On parle d'elle comme d'une femme qui connaît assez bien Churchill pour pouvoir entreprendre des négociations politiques avec lui, et comme d'une ennemie de la Russie, désireuse d'aider la France et l'Allemagne dont elle croit les destinées intimement liées.

À peu près au même moment, Schellenberg préconise qu'on fasse venir Chanel à Berlin et elle arrive dans cette ville accompagnée d'un ami, un certain Herr von Dincklage*. Schellenberg fait la connaissance de Chanel en présence de Dincklage, Schieber et Momm au moment où ils se mettent d'accord sur :

1. Faire sortir de prison en Italie et envoyer à Madrid comme intermédiaire une certaine Frau Lombardi, ancien sujet britannique de bonne famille alors mariée à un Italien. Frau Lombardi est une vieille amie de Frau Chanel et a été emprisonnée avec son mari pour des raisons politiques liées à ce dernier et possiblement à Badoglio.

2. Charger Lombardi de remettre une lettre écrite par Chanel aux représentants de l'Ambassade britannique de Madrid, pour qu'elle soit transmise à Churchill.

3. Faire de Dincklage le trait d'union entre Lombardi à Madrid, Chanel à Paris et Schellenberg à Berlin.

Comme prévu, une semaine plus tard Lombardi est libérée et envoyée par avion à Madrid. À son arrivée dans la ville cependant, au lieu de jouer le rôle qui lui a été assigné, elle les dénonce tous sans exception comme des agents allemands aux autorités britanniques.

Avec la permission de Schellenberg, Lombardi a aussi reçu une lettre de Chanel par l'entremise de Spitzi, l'assistant de Hohenlohe, le priant d'aller voir Churchill à son retour en Angleterre. Ce qui en résulte, néanmoins, c'est que non seulement Chanel est dénoncée comme agent secret allemand, mais aussi Spitzi. Au vu de cet échec évident, le contact est immédiatement rompu avec Chanel et Lombardi, et Schellenberg ne sait pas si une communication a ensuite été remise à Churchill par l'entremise de cette femme.

*Schellenberg semble croire que Dincklage avait peut-être une connexion opérante avec l'Abwehr mais il ne peut pas le confirmer.

3.

Extraits du dossier du procès de Louis de Vaufreland.

Dossier Z/6/672 greffe 5559 (extraits)

Archives nationales de France

Pièces :

659 à 684[1] **:**

Exposé, daté le 29 mars 1949 :

DETENU : I° M.D. (Mandat de Dépôt) le 20 décembre 1944 C. II
: Liberté provisoire – le 6 août 1945 C20
: Ecroué à nouveau le 13 mai 1946 C35

A la libération une note visant un certain nombre de collaborateurs était adressée à la Police judiciaire ; on y lisait notamment :

« Le Baron de VAUFRELAND […] en relation constante avec les Allemands, s'est proposé pour faire sortir de prison Claudine FERMAN *[?]* en demandant 25 000 frs pour frais divers […] ledit BARON avait promis de rembourser les 25 000 francs si Mme FERMAN n'était pas libérée ; elle ne l'a pas été et il n'a rien remboursé. »

Le 2 novembre 1944, cette note transmise pour enquête et renseignements, faisait l'objet d'un rapport succinct indiquant que DE VAUFRELAND arrêté en août, avait été relaxé et que l'on ignorait sa nouvelle adresse ; les pièces furent alors provisoirement classées ; mais le 15 novembre 1944 cet individu, retrouvé, faisait l'objet d'un examen de situation de la part des services de la Surveillance du Territoire.

---

1. Ce document est la retranscription d'un dossier jusque-là confidentiel. Les pièces sont données dans l'ordre du dossier, précédées de leur numéro.

L'affaire était transmise au Parquet de la Cour de Justice le 29 novembre et PISCATORY de VAUFRELAND, inculpé le 1er décembre, était mis sous mandat de dépôt le 20 décembre 1944.

Rejeton peu glorieux d'une famille apparentée à d'aristocratiques Maisons de France, d'Espagne et d'Angleterre, oisif international rapidement pourvu d'un conseil judiciaire, familier de nombreuses ambassades européennes, charmant, léger, peu scrupuleux, mais reçu à cause de son nom, parlant plusieurs langues, dont, à la perfection, l'anglais, PISCATORY, était en Italie à l'ouverture des hostilités de 1939.

Le peu d'empressement qu'il mit à rejoindre son régiment d'artillerie à VINCENNES, eut pour résultat de le faire rester au dépôt puis d'être affecté comme agent de liaison auprès d'une unité britannique.

Avec cette unité, il s'embarqua à DUNKERQUE pour l'Angleterre ; jouissant de la plus grande liberté, il visitait relations, et parents, fréquentait différents Etats-Majors et finissait par rejoindre la Division Légère de Chasseurs (Celle de NARVICK) du Général B[E]THOUARD. [...]

Cette note classe PISCATORY mondain international, heureux d'un bon mot, ou du dernier scandale vrai ou faux à répandre, fat au possible, pratiquant le mensonge, la suite de l'information le prouvera, avec aisance, mais aussi intelligent ; plusieurs témoins et les renseignements de police le représentent comme homo-sexuel *[sic]*, et il semble en effet avoir l'esprit imaginatif de l'inverti de qualité ; cet esprit s'accompagne d'ailleurs de prudence, c'est en janvier 1948 seulement qu'il a jugé utile de porter des appréciations et jugements sur différentes personnalités et le gaullisme de la première heure. [...]

En août 1941, grâce à ses hautes relations allemandes et espagnoles, PISCATORY faisait en compagnie de Mlle CHANEL (Parfums Chanel) un voyage d'agrément à MADRID : à la Surveillance du Territoire et au cours de ses premiers interrogatoires, PISCATORY ne fit qu'indiquer avec désinvolture cet épisode ; la découverte de documents d'Abwehr devait ultérieurement changer l'aspect de cette affaire.

Après ce voyage, il habita 3 mois au RITZ à ses frais et dans une aile non réquisitionnée, précise-t-il, fit de fréquents voyages chez sa tante la Comtesse de la ROCHEFOUCAULT [...] et en fin 1941, vint habiter 74, Fg St Germain. [...]

Il ne tarda pas à retrouver à PARIS un camarade allemand qu'il avait connu en Angleterre avant la guerre, le lieutenant pharmacien VON HOLTZ qui habita chez lui jusqu'à son départ en Russie (22 mai 1942).

« Je n'ai jamais cherché à cacher mes relations avec VON HOLTZ, déclare l'inculpé, je sais que celles-ci ont été très mal interprétées par beaucoup de mes amis, certains ont été jusqu'à prétendre que je travaillais pour les Allemands. » [PISCATORY de VAUFRELAND]

Vers la même époque, PISCATORY retrouva une relation d'avant guerre le baron VON DINKAGE *[sic]*, qui s'occupait de questions économiques. [...]

En 1943 ses principales relations Allemandes sont le Baron WALDREK, le baron POSCH-PASTOR dont les services sont 1, Rue Rabelais et qui lui propose *[sic]* – sans succès paraît-il – de faire du marché noir, le baron VON IHNE qui lui est présenté par le barman du Ritz Frank MEIER.

Au début de 1944, PISCATORY vend son appartement à un camarade Jacques DE CAMILLIS, mais en juin CAMILLIS est arrêté 48 heures dans des circonstances telles qu'il porte plainte contre son présumé camarade [*pour vol, extorsion de fonds et séquestration*]. [...]

Comme il se doit, PISCATORY s'indigne de tels soupçons, avec le ton du parfait gentilhomme offensé – non sans avoir souligné que CAMILLIS avait fait une fortune considérable en trafiquant avec les Allemands.

« Après cet incident, je suis allé loger à l'Hôtel de Castille, et j'ai fréquenté HOLTZ, revenu de Russie, jusqu'à son départ le 18 août. J'aurais considéré comme une lâcheté de lui tourner le dos au moment où l'Allemagne était vaincue. » [PISCATORY de VAUFRELAND]

Le 20 août, la prudence conseillait à l'inculpé de quitter l'Hôtel de Castille, il s'installa chez des amis et fut arrêté le 27 août 1944 par le poète REVERDY, qui, paraît-il, lui en voulait personnellement.

Interné à DRANCY, il fut, sur intervention de Robert LEVY, industriel et ex-secrétaire général de l'Union Générale des Israélites de France, remis en liberté le 27 octobre.

Il était à nouveau arrêté le 10 novembre par la Surveillance du Territoire.

[*Des extraits des auditions par la D.S.T. de Niebuhr et de Notterman suivent. Niebuhr a dit qu'un rapport* « est venu au service de l'AST déclarant que VAUFRELAND était suspecté de travailler pour les Anglais […] ». […]

A la suite *[de l'audition de NIEBUHR]* il fut découvert dans les archives des services spéciaux allemands des fiches aux noms de DE VAUFRELAND, et de CHANEL Gabrielle où on lit :

DE VAUFRELAND PISCATORY, baron Louis Georges Marie, Fortuné, pseudo PASTORET, indicatif d'agent F 7117, recruté le 22 mars 1941 par le Lieutenant NIEBUHR, et le sonderfuhr *[sic]* NOTTERMANN agent de l'AST III G sûr et confirmé, adroit, dispose de bonnes relations, a beaucoup voyagé, anglo-phobe *[sic]* a effectué des missions à HENDAYE (en compagnie de Gabrielle CHANEL) […]

CHANEL Gabrielle, pseudo- WESMINSTER *[sic]*, indicatif d'agent F. 7124. […]

Le 16 avril 1946, le magistrat instructeur décernait deux mandats d'amener contre PISCATORY et la demoiselle CHANEL et le 17 un mandat d'arrêt contre PISCATORY ; arrêté à nouveau le 14 mai 1946, ce dernier reconnaissait qu'il avait cherché à fuir en Suisse avec Alphonse JANICOT, cette tentative ayant échoué il revint à Paris où il logea chez un camarade étudiant en médecine puis chez Mme BENOIT-MECHIN, 52, Avenue de Clichy. […]

En 1941, précise-t-il, Melle CHANEL avait un neveu prisonnier de guerre André PALLASSE – connaissant ses attaches avec les Allemands elle lui demanda de le faire libérer.

PISCATORY fut mis en relation avec NEUHAVER *[sic]* qui promit d'intervenir ; PALLASSE fut libéré […] auparavant PISCATORY l'avait conduit chez Mlle CHANEL qui désirait le remercier au cours de cette visite elle amorça adroitement *[sic]* l'idée d'un voyage en Angleterre – NEUBAUER marcha *[sic]* il fut convenu qu'elle irait avec PISCATORY en Espagne, ils y virent notamment sir Samuel HOARE. […] qui leur conseilla de ne pas poursuivre leur voyage jusqu'en Angleterre bien que – aux dires de PISCATORY – Monsieur CHURCHILL eût déjà envoyé une autorisation à Mlle CHANEL […]

[Extraits de la déposition de NOTTERMANN suivent.]

Cette déposition paraît comme celle de NIEBUHR de bonne foi, le fait que NOTTERMANN souligne la méfiance de REILE le prouve.

Cependant en octobre 1946, le Magistrat instructeur obtenait enfin la photocopie du dossier d'Abwehr de VAUFRELAND et le faisait traduire.

C'est le classique dossier avec le PERSONALBOGEN (C 115) fiche personnelle réservée au V MANN (homme de confiance) avec pseudonyme, portant la photographie et la signature de l'agent F 7117 incorporé en mars 1941.

Ces documents de l'Abwehr sont des pièces militaires classés au jour le jour et peuvent être résumés de la façon suivante :

1° – Note de dossier

[...] 24 février 1941, la Propaganda Staffel attire l'attention du S.R.A. sur VAUFRELAND qui se déclare prêt à travailler pour l'Allemagne. [...]

3° – 30 juillet 1941

L'affaire d'Espagne ; télégramme de NIEBUHR à HENDAYE pour faciliter le passage du Baron GISCATORY *(sic)* de VAUFRELAND et Gabrielle CHASNEL.

Observons à ce sujet qu'il n'existe pas de rapports concernant ce voyage.

4° – Novembre 1941 à janvier 1942

L'agent F 7117 est considéré comme sûr et éprouvé [...] Vaufreland parle de convives à certains dîners : LEROY LADURIE-PUCHEU-MARION-BENOIST MECHIN, cite des noms « ma cousine Antoinette d'Harcourt-Mlle CHANEL-ARLETTY-Gaston BERGERY ».

Détail intéressant, lorsque WEIGAND-SCHEIDE-NIEBUHR apprécient le renseignement, ils disent l'agent F. 7117 « digne de confiance, éprouvé et sûr », par contre lorsque les pièces passent par le Colonel REILE, F 7117 est considéré comme insuffisamment éprouvé. [...]

Tel est le dossier de l'Abwehr de VAUFRELAND ; il s'interrompt au second semestre de 1942 ; REILE devenant de plus en plus puissant ne semble pas en l'état avoir conservé cet agent parfois équivoque. [...]

L'étude des dossiers d'Abwehr montre qu'il existe parmi les anciens chefs du SRA (en ce qui concerne la région parisienne Hôtel Lutétia et locaux annexes rattachés) – qui tous sont allemands, deux types d'individus, tout d'abord le véritable officier de renseignement qui a simplement fait son service d'allemand luttant contre l'espionnage pro-alliés *[sic]* ; ces officiers ont été assez fréquemment poursuivis par les Tribunaux militaires sous l'inculpation de recrutement d'espions – puis ont été relâchés et placés sous le statut de prisonniers de guerre, et depuis 1947 (approximativement) ont regagné l'Allemagne où ils sont surveillés par les services alliés de sécurité militaire, certains d'entre eux sont parfois utilisés par ces services.

Lorsque ce type d'allemand témoigne dans des affaires d'Abwehr, il n'a aucun intérêt à décharger l'agent intéressé et presque toujours confirme les rapports écrits de l'Abwehr.

Mais il existe des membres de l'Abwehr et des chefs du S. D. (Gestapo) qui demeurent détenus dans des prisons françaises auxquels on reproche des actes d'une gravité particulière les rapprochant des criminels de guerre ; ces allemands soumis à un régime sévère – qui prétendent tous avoir simplement accompli leur service durant l'occupation –, s'estiment victime d'une injustice, haïssant d'autant plus ceux qui les retiennent prisonniers et sont des témoins à décharge classiques pour les agents de l'Abwehr écroués comme eux, et qui malgré les efforts de l'Administration pénitentiaire communiquent entre eux avec la plus grande facilité. [...]

Il est possible que NIEBUHR se soit livré à de douteux trafics mais il est faux de dire qu'un V-Mann immatriculé F 7/117 avec pseudonyme ait été un faux agent ; la constitution des dossiers était sévèrement contrôlée par REILE, officier dur et méfiant. [...]

Renvoyons le susnommé devant la Cour de Justice du département de la Seine pour y être jugé conformément à la loi.

Le Commissaire du Gouvernement adjoint *[qui devient plus tard la Cour de Justice de la Seine]*

[Fin d'exposé]

654 :

Lettre datée du 7 octobre 1949 de la Préfecture de Police, Direction de la Police générale, « Passeports » à Monsieur le commissaire du gouvernement près la Cour de Justice de la Seine :

Le nommé PISCATORY de VAUFRELAND [...] a déposé une demande de passeport.

L'intéressé a fait l'objet d'un mandat d'arrêt de M. SERRE, Juge d'instruction à la Cour de Justice de la Seine du 27 [17] avril 1946, pour intelligence avec l'ennemi.

J'ai l'honneur de vous prier de bien vouloir me faire savoir s'il convient, à votre avis, de délivrer le passeport sollicité.

P. LE PREFET DE POLICE...

656 :

Note manuscrite :

M [X...d]
Répondre : Pas d'objection sous réserve de justification du paiement des frais de justice.

589 :

Document manuscrit : Jugement de la Cour :

COUR DE JUSTICE DU RESSORT DE LA COUR D'APPEL
7e Section du Département de la Seine
Audiences des 12 et 13 juillet 1949

DECLARATION DE LA COUR DE JUSTICE

Dans le procès contre le nommé PISCATORY de VAUFRELAND Louis Georges

1ere Question

PISCATORY DE VAUFRELAND Louis Georges accusé ici présent est-il coupable d'avoir sur le Territoire métropolitain de la France, sur le territoire de l'Empire français et sur le territoire *[étranger ?]* entre le 16 juin 1940 et la date de la Libération, en temps de guerre étant Français entretenu des intelligences avec une puissance étrangère ou avec ses agents en vue de favoriser les entreprises de cette puissance contre la France ?

Réponse : Non à la majorité

<u>2ème Question</u>

L'action ci-dessus spécifée sous la Question N° 1 a-t-elle été commise avec l'intention de favoriser les entreprises de toutes natures de l'Allemagne puissance ennemie de la France ou de l'une quelconque des nations alliées en guerre contre les puissances de l'Axe ?

Réponse : Non à la majorité

<u>Question subsidiaire posée *[comme résultant ?]* des débats</u>

PISCATORY DE VAUFRELAND Louis, Georges, accusé ici présent est-il coupable d'avoir dans les mêmes circonstances de temps et de lieu en temps de guerre, sciemment accompli des actes de nature à nuire à la défense nationale ?

Réponse : Oui à la majorité

<u>IV Question</u>

L'action ci-dessus spécifiée sous la Question N° 3 a t elle été commise avec l'intention de favoriser les entreprises de toutes natures de l'Allemagne puissance ennemie de la France ou de l'une quelconque des nations alliées en guerre contre la France ?

Réponse : Oui à la majorité

(Circonstances atténuantes) A la majorité il y a des circonstances atténuantes en faveur de l'accusé.

Vu les déclarations ci-dessus la Cour, à la majorité, condamne de Vaufreland (Louis Georges) à la peine de quatre années d'emprisonnement. Dit que la présente condamnation le met en état d'indignité nationale, et le condamne à la peine de la dégradation nationale, après délibération spéciale le dispense de l'interdiction de séjour ; la condamne aux frais et dépens, fixe au minimum la durée *[et la contrainte de corps ?]*. Paris le 13 juillet 1949 *[diverses signatures]*

341 à 344 :

La déposition de « CHASNEL Gabrielle » (4 pages signées) :

COUR DE JUSTICE DU DEPARTEMENT DE LA SEINE

Le 4 juin 1948 devant nous Fernand Paul LECLERCQ, Juge d'instruction près la Cour de Justice du Départment de la Seine, en notre Cabinet à Paris, assisté de Bitsch André, Commis-greffier assermenté.

[...] 54 ans, couturière et industrielle, 31 rue Cambon [...] du 4 juin 1948 au Cour de Justice devant le Juge d'instruction Fernand Paul LECLERCQ [...] hors la présence de l'inculpé :

Je ne suis nullement cousine de Monsieur de Vaufreland que je ne connaissais même pas avant la guerre et dont j'ai fait la connaissance à une date qu'il me sera sans doute possible de vous préciser davantage mais qui doit se situer vers le milieu de l'année 1941.

Je l'ai rencontré pour la première fois à l'hôtel RITZ où il m'a été présenté par le comte et la comtesse Gabriel de la ROCHEFOUCAULD. Monsieur de Vaufreland m'a fait l'effet d'un jeune homme léger, parlant à tort et à travers. Il était visiblement de mœurs anormales et tout dans sa manière de s'habiller et de se parfumer laissait deviner ce qu'il pouvait être. Je ne lui ai donc fait aucune confiance, tout en considérant toutefois que sa façon de se tenir et de parler ne pouvait être celle d'un agent allemand et que s'il y entretenait des relations avec certains allemands, elles ne pouvaient être que de l'ordre sexuel.

Cela ne l'empêchait pas d'être un garçon fort aimable et tout disposé à rendre service.

Sans que je lui aie rien demandé il m'a parlé lui-même de mon neveu PALASSE André, directeur d'un de mes établissements, et qui se trouvait à l'époque prisonnier de guerre en Allemagne. Vaufreland s'est dit en mesure de le faire revenir.

J'ai accepté l'offre que Vaufreland me faisait spontanément et je lui ai donné les indications utiles.

Effectivement mon neveu a été rapatrié quelques mois plus tard et sans que je puisse dire personnellement si ce rapatriement était dû ou non à une intervention auprès des allemands, et de la part de Vaufreland.

Celui-ci me l'a assuré et personnellement je l'ai cru et je continue à le croire, car il paraissait très désireux de me faire plaisir et d'autre part je crois qu'il existe entre les individus ayant les mœurs particulières de De Vaufreland une certaine solidarité dont il a pu jouer utilement au profit de mon neveu.

J'ai offert à De Vaufreland de l'argent qu'il a refusé et il m'a seulement demandé de lui prêter pour son installation quelques meubles que je lui ai donnés.

Entretemps De Vaufreland était venu me voir à diverses reprises sous prétexte de me donner des nouvelles de ses démarches.

Jamais il n'est venu chez moi du moins à mon domicile personnel en compagnie d'un allemand car il est possible qu'il soit venu dans le magasin où je ne suis jamais et où venaient effectivement des allemands pour y faire des achats de parfumerie.

Il ne m'a présenté à aucun allemand et personnellement je n'ai connu pendant l'occupation comme allemand que baron DINCHLAGE *[sic]* établi en France dès avant la guerre et marié à une israélite *[sic]*.

Je dois vous dire également que j'ai rencontré de Vaufreland dans le train que j'avais pris vers le mois d'août 1941 pour me rendre en Espagne. J'avais obtenu pour cela un passeport que j'avais sollicité régulièrement de la Préfecture de Police et pour l'obtention et le visa duquel j'ai fait personnellement les démarches nécessaires même au service allemand de la Chambre des Députés et sans que Vaufreland intervienne dans cette question. C'est tout à fait par hasard que nous nous sommes retrouvés dans le train. J'ai été heureuse toutefois de me trouver avec lui à Madrid car né d'une mère espagnole et parlant couramment cette langue, il m'a rendu là-bas les plus grands services dans un pays qui sortait à peine de la révolution et où les formalités policières étaient très strictes.

Il était reçu dans toute l'aristocratie espagnole et il a même été invité avec moi dans un milieu essentiellement anglais et par un anglais appartenant à l'Ambassade de Madrid.

Il sortait beaucoup la nuit ; comme en Espagne où la vie mondaine est surtout nocturne. En tous cas en ma présence il n'a jamais eu une attitude qui me permette de la suspecter.

Après le retour de mon neveu, j'ai invité de Vaufreland à espacer ses visites. En effet mon neveu auquel j'avais demandé de montrer quelque amabilité à de Vaufreland qui était l'auteur de son rapatriement ne m'a pas caché qu'après quelques mois de guerre et plus d'un an de captivité il ne pouvait supporter ce genre de personnage et comme mon neveu habitait avec moi et afin d'éviter tous incidents entre eux j'ai cru devoir en avertir de Vaufreland.

Sur interpellation : Je n'ai jamais connu d'allemand du nom de NEUBAUER ou de NIEBUHR et j'affirme à nouveau que de Vaufreland ne m'a pas présentée aux allemands de ses relations.

Nous donnons connaissance au témoin des déclarations de l'inculpé concernant leurs relations avec Neubauer et leur voyage en Espagne. Le témoin dit :

Je maintiens d'abord que je n'ai rien demandé à Vaufreland ni pour mon neveu ni pour le voyage que je souhaitais faire en Espagne, ni non plus pour la réouverture de mon commerce de parfum.

Les établissements Chanel n'ont jamais fait l'objet d'une mise sous séquestre, il y a eu environ trois semaines un administrateur provisoire, l'affaire ayant été aryanisée grâce à une combinaison des frères Werthemer *[sic]* avec un de leurs amis. L'exploitation a pu reprendre normalement. De Vaufreland a pu entendre une conversation à ce sujet mais je ne lui ai rien demandé et il n'a rien eu à demander pour moi.

Quant à mon voyage d'Espagne l'objet officiel en était l'achat de matière première indispensable à la fabrication des parfums et c'est à ce titre-là que j'ai obtenu mon passeport sans aucune complaisance particulière. J'en ai même été fort étonnée mais j'ai attribué ce résultat à l'intérêt que les allemands prenaient à la parfumerie dont ils étaient fort amateurs. En réalité il est exact que j'avais en Angleterre de hautes relations avec lesquelles j'ai en effet eu des entretiens téléphoniques grâce à l'Ambassade d'Angleterre à Madrid.

Je désirais surtout obtenir des nouvelles du duc de Westminster, très souffrant à l'époque et dont j'avais été l'amie. J'aurais été heureuse de passer en Angleterre et il est exact que j'aurais pu y passer avec des fonctionnaires de l'Ambassade mais à condition d'y rester.

Ce à quoi je n'ai pu me résoudre à cause de l'importance de la situation que j'avais en France.

Je connaissais personnellement Monsieur Winston CHURCHILL mais je ne lui ai pas téléphoné à ce sujet et n'aurais pas voulu le déranger pour cela et à cette époque.

228 :

Procès-verbal d'interrogatoire et de confrontation (du 23 déc. 1946) de Piscatory de Vaufreland :

[...] Il est bien exact que j'ai fait un séjour à Nice chez Lady Furness et que j'y ai rencontré quelques anglais.

Il est fort possible que j'ai parlé de ce séjour à Neubauer. Je lui en ai même certainement parlé puisqu'il m'a donné un laissez passer [...]

456 :

Une lettre de M. de Vaufreland adressée au Juge d'instruction Serre, le 2 décembre 1946 :

Note concernant mes rapports avec le lieutenant Neubauer.

J'ai connu Neubauer par le Prince Ernest Ratibor et Corvey. Ce dernier était le fils de l'ambassadeur d'Allemagne à Madrid en 1920 et amis de mon grand-oncle maternel Don Louis de Errazu.

Mademoiselle Chanel désirait en effet faire revenir à Paris son neveu d'un camp de représailles où il était en tant que prisonnier de guerre. Elle désirait également rentrer en possession de son affaire « des Parfums Chanel », dont Messieurs Wertheimer étaient majoritaires et qui, de ce fait, était cataloguée « affaire juive » et dotée d'un commissaire provisoire.

Le prince Ratibor me donna en mars 1941 à cet effet une introduction pour un lieutenant Neubauer demeurant à l'Hôtel de Calais, Rue des Capucines. Ce dernier me déclara pouvoir s'occuper lui-même du neveu de Melle Chanel mais être incompétent concernant son affaire de parfums. Toutefois il prit un rendez-vous pour elle avec le Docteur Blanke, chargé de l'administration des biens et des personnes israèlites *[sic]* à l'Hotel Majestic. Le Dr Blanke promit à Melle Chanel son appui pour lever la mainmise du Secrétariat aux questions juives sur son affaire de parfums. En fin de compte, cette levée eut lieu mais au profit de Mr Amyot, constructeur d'avions, distributeur de la Junkers auquel Goering donna comme prébendes *[?]* les parfums Chanel et les parfums

Bourjois, c'est-à-dire les affaires Wertheimer. Je fus plus heureux concernant le neveu de Melle Chanel. Celui-ci fut libéré et revint à Paris le 11 novembre 1941. Il se nomme André PALASSE, son adresse est « Chanel Ltd, 31 rue Cambon ».

Je vis peut-être NEUBAUER une dizaine de fois entre mars 1941 et la fin de 1942. Après cette date il quitta Paris pour un an. A son retour fin 1943 j'appris par le baron von Holtz à quel service il appartenait. Or, dès mars 1941 j'avais informé un ami de mon père, Monsieur Pierre HENRY, 69 Avenue Victor-Hugo des noms des allemands que je connaissais. Mr. Henry, secrétaire général des usines Peugeot, était un de nos officiers de renseignements. S'il me prévint contre le Baron von Dinklage *[sic]* que je connaissais d'avant guerre lorsqu'il était l'amant de Madame Esnault-Peltrie comme étant membre d'un service spécial allemand, il me dit ne rien savoir de Neubauer et ajouta que s'il venait à apprendre quelque renseignement touchant l'activité de ce dernier – autre que strictement militaire, il m'en informerait. Ni lui, ni M. Auer, ni le Comte Manfred Keyserling, deuxième fils de l'auteur de l'analyse spéciale de l'Europe dont j'avais fait la connaissance en 1938 chez une nièce de Winston Churchill, Madame Clare SHERIDAN (1 rue Bonaparte) ne me révélèrent la véritable activité de Neubauer. Je ne me méfiais pas de lui, il m'assurait de la protection de la Wehrsmacht, se prétendait fort ouvert d'esprit, comprenant toutes les opinions et s'offrait à rendre quelques services pouvant être de son ressort. Fort de cette protection je me flattais de pouvoir, en toute impunité, recevoir mes amis gaullistes, héberger ceux qui étaient en difficulté ou faire libérer ceux qui étaient arrêtés.

[Une liste de toutes les personnes qu'il prétendait avoir aidées suit.]

7°/ Je fis rayer d'une liste de suspects Madame Sert et ses amis. [...]

12°/ J'arrangeais le voyage à Madrid de Melle Chanel. Je racontais aux Anglais que l'y ris *[?]* que je voyais des allemands à Paris. J'étais de ce fait incapable de rapporter quelque renseignement, l'aurais-je voulu. L'Ambassade d'Angleterre achemina les lettres que je remis pour Londres. Madame Sabatier d'Espeyza *[?]* possède à Tanger (villa Cap Spatel) des papiers que je lui remis de peur qu'ils ne tombent en des mains indiscrètes et qui prouvent mes rapports avec le général THOMSON, Chef de l'Intelligence militaire au War Office. Les seuls anglais que je vis à Madrid furent Sir Samuel Hoare, M. Leucken *[?]*, Major Drummond–Wolff the Black Watch, Mr. Mrs. Bryan Wallace.

Bien que j'aie obtenu un visa pour m'y rendre par la Princesse Robert Broglie née Casteilho Meioz (Palais de la Rosa, Lisbonne) je ne me rendis pas au Portugal. [...]

237 :

Procès-verbal d'interrogatoire et de confrontation de De Vaufreland devant Roger Serre, le 2 décembre 1946 :

[...] Je me suis expliqué sur le voyage d'Espagne avec Mademoiselle Chasnel *[sic]*. Nous étions elle et moi recommandés et annoncés par Neubauer à la police frontière et le télégramme reproduit n'a rien que de très normal.

214 :

Paris, le 30.7.41

TELEGRAMME

A la police frontalière

Hendaye

Le 5 août 1941, à 20 heures 10 partent de Paris pour arriver le 6 août 9.11 heures à Hendaye :

le baron GISCATORY*[sic]* DE VAUFRELAND, titulaire du passeport français N° 3284, délivré à Casablanca, et

Gabrielle CHASNEL *[sic]*, titulaire du passeport français N° 18348, délivré à Paris.

Prière de traiter les deux voyageurs avec prévenance, leur éviter toute difficulté et leur accorder toutes les facilités possibles.

Bureau de l'Abwehr de Paris
N° 695 L/7.41 g III F [...]

64 :

Lettre de l'inspecteur de police [X...n], Direction de la Surveillance du Territoire à Monsieur le Directeur de la Surveillance du Territoire :

PARIS, le 3 octobre 1946 [...]

OBJET : Renseignements sur le nommé VAUFRELAND Louis.
REFERENCE : Instructions du Commissaire G...N.

J'ai l'honneur de vous rendre compte, ci-après, des renseignements que j'ai recueillis, conformément aux instructions du Commissaire G...N, sur le nommé de VAUFRELAND, agent du S.R. Allemand.

de V A U F R E L A N D Louis, Georges,

né le 5 février 1912 à Paris (16ème), de nationalité française, a été arrêté par notre service le 10 novembre 1944 ; mis à la disposition de M. SERRE, Juge d'instruction près la Cour de Justice de la Seine, il a été placé sous mandat de dépôt sous l'inculpation d'intelligence avec l'ennemi et écroué à Fresnes le 20 décembre 1944. Le 6 août 1945, il a été mis en liberté provisoire, l'inculpation dont il faisait l'objet n'ayant pas été formellement établie.

Mais en mars 1946, son nom a été relevé parmi les archives secrètes des services spéciaux allemands découvertes par la Sécurité Militaire en Allemagne. En outre, le lieutenant allemand NIEBUHR Hermann de l'Abwehrstelle de Paris, section III F, a déclaré que de VAUFRELAND avait été immatriculé à son service sous le numéro F. 7667 *[sic]* et le pseudonyme « PASTORET ». De VAUFRELAND a effectué des missions, notamment à Lisbonne et à Madrid en vue de recueillir des renseignements sur les officiers des Ambassades ; il a fourni sur ces derniers, grâce aux relations qu'il avait dans les milieux diplomatiques, des indications précises sur les noms, domiciles des personnes et siège des services. De VAUFRELAND a perçu pour l'exécution de ses missions une somme de 150 000 francs.

En raison de ces nouvelles charges, M. SERRE a délivré à l'encontre de l'intéressé un mandat d'amener, en date du 17 avril 1946, qui a été exécuté. [...]

490 :

Procès-verbal d'interrogatoire manuscrit de De Vaufreland et de confrontation devant le juge Serre le 26 juin :

L'inculpé déclare :

Je proteste avec indignation contre les déclarations que le lieutenant Neubauer a faites à mon sujet.

Je n'ai jamais été son agent, ni l'agent d'aucun service allemand, je n'ai jamais reçu un sou de lui.

Il est néanmoins exact que j'ai entretenu des relations avec lui et voici dans quelles circonstances : peu de temps après mon retour du Maroc, en début de 1941, Mademoiselle Chanel m'a appris que l'un de ses neveux André Pallasse *[sic]* avait été fait prisonnier et se *[illisible]* en Allemagne dans un camp de concentration ; elle m'a demandé de faire l'impossible pour obtenir sa libération.

J'ai demandé conseil au Prince Ratiborg *[sic]* Ernest avec lequel j'étais lié bien avant la guerre et qui se trouvait alors à l'hôtel Meurisse *[sic]*. J'ajoute que je connaissais ses sentiments anti-nazis et que j'étais surpris de le voir *[illisible]* d'une situation officielle que je ne connaissais d'ailleurs pas exactement.

Ratiborg *[sic]* m'a alors proposé de me présenter à un certain Neubauer, membre du Parti et personnage très influent sans toutesfois *[sic]* m'indiquer qu'il faisait partie du l'Abwehr. Ratiborg *[sic]* m'avait en même temps donné des lettres de recommandation pour d'autres personnages : le docteur Blanke notamment de qui je voulais obtenir qu'on rendît à Mademoiselle Chanel son commerce de parfums qui lui avait été confisqué.

Je suis donc allé voir Neubauer à l'hôtel de Calais réquisitionné pour la Luftwaffe.

Ceci se passait au mois de mars 1941.

Neubauer m'a courtoisement accueilli ; il a pris note de ma requête et m'a promis qu'il interviendrait en faveur de la libération d'André Pallasse.

Il ne m'a rien demandé en échange, me conseillant au surplus de venir le voir chaque fois que j'aurais besoin de quelque chose pour moi ou pour quelqu'un de ma famille.

Neubauer était en uniforme d'officier aviateur allemand. Il habitait comme je l'ai dit l'hôtel affecté à la Luftwaffe, rien ne faisait supposer qu'il s'occupait d'espionnage.

Quelques jours après Neubauer m'a fait connaître que l'affaire était en bonne voie, je l'ai alors emmené rue Cambon chez Mademoiselle Chanel qui désirait le remercier.

Au cours de cette visite Mademoiselle Chanel a adroitement annoncé l'idée d'un voyage en Angleterre qu'elle désirait faire pour atteindre un certain nombre de personnalités anglaises à qui elle désirait faire passer des renseignements d'ordre politique et économique.

Neubauer a marché. Il a été convenu qu'il donnerait à Mademoiselle Chanel le moyen d'aller en Espagne et que je l'accompagnerais.

Je ne pense pas que Neubauer ait subordonné vis-à-vis de Melle Chanel l'autorisation qu'il lui ferait obtenir pour ce voyage à l'obligation pour elle de lui rapporter des renseignements en contre-partie. Toujours est-il qu'il n'en a jamais été question en ma présence.

Nous sommes donc partis pour l'Espagne, nous nous sommes arrêtés à Madrid ou *[sic]* nous sommes restés pendant un mois.

Nous ne sommes donc nullement allés au Portugal. Melle Chanel a profité de ce séjour pour faire passer en Angleterre un certain nombre de messages, j'ai fait de même.

Les principales personnes que nous avons vues à Madrid sont Sir Samuel Hoare, ambassadeur d'Angleterre à Madrid, Monsieur Yencken *[?]*, ministre plénipotentiaire qui a eu de longs entretiens privés avec Melle Chanel, Monsieur Warren *[?]* Wallace, secrétaire de l'ambassade et le major Drummond Wolf.

L'ambassadeur savait en effet que nous avions parvenu *[sic]* à la faveur d'une complaisance allemande ; nous ne lui avions pas caché et il craignait qu'un voyage en Angleterre ne nous exposât à notre retour à des indiscrétions de la part des Allemands, indiscrétions auxquelles nous aurions peut-être de la peine à nous soustraire.

Nous sommes donc rentrés à Paris en bout d'un mois. [...]

41 :

REQUISITOIRE SUPPLETIF 17-4-46 :

LE COMMISSAIRE DU GOUVERNEMENT près la Cour de Justice du Département de la Seine, séant à Paris.

Vu les pièces ci-jointes, d'où résulte contre
PISCATORI [sic] DE VAUFRELAND Louis
inculpation d'attentat à la sûreté extérieure de l'Etat.

Attendu que le susnommé est actuellement en fuite.

[...] Requiert qu'il plaise à M. le Juge d'instruction informer par les voies de droit, décerner mandat d'arrêt.

39 :

Mandat d'amener contre Vaufreland – « TRES URGENT » daté du 16 avril 1946, comme celui de Chanel.

38 :

Mandat d'amener contre « Chanel Gabrielle » le 16 avril 1946 :

COUR DE JUSTICE
DU DEPARTEMENT DE LA SEINE

N° du P. 4787SW
N° du G.
N° du J. 11

MANDAT D'AMENER
CONTRE
Chanel
Gabrielle

TRES URGENT *[souligné au crayon rouge]*
DE PAR LA LOI

NOUS, ROGER SERRE Juge d'instruction près la Cour de Justice du département de la Seine, mandons et ordonnons à tous Huissiers ou

Agents de la force publique d'amener devant nous, en se conformant à la loi,

Chanel, Gabrielle, couturière, 31 rue Cambon, Paris 8ème arrdt.

SIGNALEMENT

[Les informations – taille, etc. – ne sont pas indiquées.]

[Timbre : mandats police judiciaire 5555]

Inculpée de Art. 75 et suiv. du Code Pénal pour être entendue sur les faits à *[vide]* imputés *[vide]*

Requérons tout dépositaire de la force publique de prêter main-forte, s'il en est requis, pour l'exécution du présent mandat par le porteur d'icelui ; à l'effet de quoi nous l'avons signé et scellé de notre sceau.

Fait à Paris, le 16 avr. 1946

[Timbre Cour de Justice]
[Signature de Roger Serre]

146 :

Procès-verbal de première comparution, daté du 20 décembre 1944, de Vaufreland :

DETENU

[le 20 décembre 1944] à 4 heures du soir

Devant nous, Serre [...]
Après avoir ainsi constaté l'identité du comparant, nous lui avons fait connaître les faits qui lui sont imputés, donné lecture des procès-verbaux, et informé qu'il est, aux termes du réquisitoire de M. le Commissaire du Gouvernement en date du 1er décembre 1944, inculpé

de faits prévus par les articles 75 et suivants du C.P dont lecture lui a été faite. [...]

L'inculpe déclare « je choisis comme avocat Maître Scheid Haas, 11 rue de Verneuil et je m'expliquerai en sa présence [...] »

153 :

Destinataire : Direction de la Police Judiciaire
[Timbre : Cour de Justice de Paris, Dossier N° 14323]

RAPPORT

PREFECTURE DE POLICE Paris, le 11 nov. 1944
Commissariat de Police du QUARTIER
de la MADELEINE
31, rue d'Anjou
PARIS VIIIe

Cce N° 4605

L'inspecteur [R...t] à Monsieur le Commissaire de Police

Le nommé de Vaufreland a habité seul, durant plusieurs années, 74 Rue du Fg St. Honoré, il a quitté cette adresse en mai 1944, sans faire connaître à son départ sa nouvelle adresse.

Il aurait été arrêté en août dernier pour collaboration, et serait depuis relaxé.

Une nommée Kisler *[vrai nom : Koestler, Jeanne, gouvernante]* son ancienne domestique qui est domiciliée 35 Rue Cambon, connaîtrait son adresse actuelle.

Sur le quartier il était considéré comme collaborateur.

149 :

MINISTERE DE L'INTERIEUR
DIRECTION GENERALE DE LA SURETE NATIONALE

Direction de la Surveillance du Territoire

S.T.A. N° D 1136
61527

NOTE

Pour LE COMMISSAIRE DU GOUVERNEMENT près la COUR DE JUSTICE
à PARIS
OBJET : Affaire PISCATORY Baron de VAUFRELAND Louis

J'ai l'honneur de vous adresser, sous ce pli, une procédure établie par un fonctionnaire de mes Services et concernant le nommé PISCATORY Baron de VAUFRELAND Louis [...] arrêté à Paris le 10 novembre dernier. [...] actuellement l'objet d'une information judiciaire de votre part, pour intelligence avec l'ennemi.

16 :

Paris, le 16 mai 1946
PALAIS DE JUSTICE
COUR DE JUSTICE
du Département de la Seine

Cabinet d'Instruction

N° 11 :

LE JUGE D'INSTRUCTION, ROGER SERRE, à Monsieur le chef du B.O. Rue Boissy d'Anglas.

A l'information ouverte contre le nommé Piscatory baron de Vaufreland (P. 4787.S.N) il y a lieu d'ajouter le nom de CHANEL Gabrielle. [...]

NOTES

ABRÉVIATIONS

ACS	Archivio Centrale dello Stato
ADV	Archives départementales du Var
APP	Archives de la préfecture de Police
ASM	Archives de la ville de Sanary-sur-Mer
BCRA	Bureau central de renseignements et d'action
BMT	Bibliothèque municipale de Toulon
BNA	British National Archives
BNF	Bibliothèque nationale de France
BRO	Bureau de l'état civil de Berlin
CARAN	Centre d'accueil et de recherches des Archives nationales
CHADAT	Centre historique des archives, département de l'armée de Terre
EFP	Eidgenössische Fremdenpolizei, section de la police fédérale chargée des étrangers, Bundesarchiv, Suisse
HRC	Harry Ransom Center, Université du Texas à Austin
HRO	Bureau de l'état civil de Hanovre
KEW	Archives nationales britanniques à Kew
LASH	Landesarchiv, Schleswig-Holstein
MDN	Ministero della Difesa, Rome
MVN	Mairie de la ville de Nice
NARA	US National Archives
OSS	Office of Strategic Services
PVM	Paris-Var-Méditerranée
SB	Schweizerische Bundesanwaltschaft
SSF	Services spéciaux français
USWD	US War Department
VD	Vesna Drapac, « A King is killed in Marseille… »
V_1	*Vendémiaire*, article : « *Gestapo über alles* »
V_2	*Vendémiaire*, article : « La fébrile activité… »
ZO	*Zones d'ombres 1933-1944*, pp. 50-52.

Prologue

1. Paul Morand, *L'Allure de Chanel*, Gallimard, Folio, p. 15.
2. Hebe Dorsey, « Looking Back », *International Herald Tribune*, 26 septembre 1972.
3. *Ibid.*
4. Robert O. Paxton, *Vichy France : Old Guard and New Order, 1940-1944*. Paru en français et en 1973 dans la traduction de Claude Bertrand : *La France de Vichy, 1940-1944*. (*N.d.T.*)
5. Milt Frudenheim, « Chanel's Past Haunts Exhibit », *The Salt Lake Tribune*, 29 septembre 1972.
6. Quand, au printemps 2009, j'ai rapporté mes conclusions à la biographe de Chanel, Edmonde Charles-Roux, et lui ai montré les documents du contre-espionnage français, elle a admis avoir été manipulée par l'avocat de Chanel, René de Chambrun, alors qu'elle finissait la biographie de la styliste (*L'Irrégulière*). Il l'avait en effet convaincue que Dincklage n'était qu'un play-boy.
7. Gabrielle Palasse-Labrunie, entretien téléphonique avec l'auteur, Yermenonville, 8 novembre 2009.
8. CARAN Z/6/672 greffe 5559. Document personnel de l'Abwehr : *Personalalbogen, 159, Paris, den 9 Juni 1941*. Voir aussi Schirer, *The Rise and Fall of the Third Reich*, p. 1044.

1. Quand Gabrielle devient Coco

1. Cité dans Sylviane Degunst, *Coco Chanel : Citations*, pp. 8, 44.
2. Edmonde Charles-Roux, *L'Irrégulière ; l'itinéraire de Coco Chanel*, Le Livre de Poche, p. 80.
3. Marcel Haedrich, *Coco Chanel*, p. 120.
4. *Ibid.*
5. Paul Morand, *L'Allure de Chanel*, pp. 79-80.

2. Le parfum d'une femme

1. Arthur Gold et Robert Fizdale, *Misia : La vie de Misia Sert*, Gallimard, Folio, p. 40.
2. *Ibid.*, p. 55.
3. *Ibid.*, p. 15.
4. Paul Morand, *L'Allure de Chanel*, p. 94.

5. Henry Gidel, *Coco Chanel*, Flammarion, p. 152.

6. *Ibid.*

7. Axel Madsen, *Chanel : A Woman of Her Own*, p. 82.

8. *Ibid.*

9. Analyse de l'inflation par l'Union de Banques Suisses, 2010.

10. Landesarchiv (LASH), Büro für Kriegstammrollien, SW 29 (Berlin, Allemagne), gouvernement militaire d'Allemagne, Fragebogen, document non daté. Schleswig-Holstein, dossier « Dincklage ».

11. U.S. War Department, *Histories of the German Army 1914-1918*, p. 729.

12. Le nom officiel de la société était Th. Momm & Co. Baumwollspinnerei und Weberei (e-mail de Michael Foedrowitz à l'auteur, août 2008).

13. Militärregierung, U.S. Army Military Government files, DET, 1.370, vers 1946. Le numéro d'adhérent au NSDAP de Momm est donné comme le suivant : 4 428.309.

14. SSF doc. 814 ; Dincklage, major – notice biographique, Bundesarchiv Berlin.

15. Landesarchiv Antrag « demande ». War Department Histories, 23565, Government Printing Office, Washington, D.C., 1920. Mémoire dans les Archives suisses.

16. CHADAT 7NN2973.

17. Christian Ingrao explore le thème du *Völkisch*. Voir Christian Ingrao, *Croire et Détruire, les intellectuels dans la machine de guerre SS*, Hachette, Pluriel, « Référence », 2011.

18. Le Reichsführer SS Heinrich Himmler cité par Robert G.L. Waite, *Vanguard of Nazism*, p. 29. Pour les relations de Dincklage avec les corps francs, voir Marcel Haedrich, *Coco Chanel*, p. 137 ; Manfred Flügge, *Amer Azur : Artistes et écrivains à Sanary*, p. 61 : « Sybille Bedford m'a dit que [Dincklage] aurait participé à l'assassinat de Rosa Luxemburg en 1919. » Manfred Flügge, entretien à Paris réalisé par l'auteur, 13 septembre 2009.

19. SSF, Dec. 814.

20. MI6, rapport Ledebur, BNA.

21. Chanel vécut ce moment de ferveur religieuse à Venise alors qu'elle pleurait Boy Capel et priait pour lui. Là, elle prit l'habitude de collectionner les cartes de prière : sainte Thérèse de l'Enfant-Jésus, sainte Agathe, la Vierge de l'olivier, ainsi que les cartes dédiées au « Bienheureux Pierre Marie Chanel (1803-1841) ». Elle les conservait dans un petit portefeuille, accompagnées d'une note manuscrite de sa main : « Je déclare appartenir à la religion catholique romaine. En cas d'accident grave ou de transport d'urgence à l'hôpital, je réclame près de moi un prêtre catholique. C'est ma volonté formelle. Signé : Gabrielle Chanel, 31, rue Cambon. » À la mort de Chanel en 1971, on trouva le portefeuille dans son sac à main avec deux photographies : l'une de son neveu, André Palasse, et l'autre de ses deux petits-fils, les fils de Gabrielle

Palasse-Labrunie. Voir Isabelle Fiemeyer, *Coco Chanel : un parfum de mystère*, Payot, pp. 65-66.

22. Pierre Galante, *Les Années Chanel*, Mercure de France, p. 63.
23. *Ibid.*, p. 64.
24. *Ibid.*, p. 75.
25. *Ibid.*, p. 67.
26. Axel Madsen, *Chanel : A Woman of Her Own*, p. 116.
27. Citation de Coco Chanel trouvée sur www.citations-du-jour.fr
28. Arthur Gold et Robert Fizdale, *Misia*, p. 130.
29. Paul Morand, *L'Allure de Chanel*, p. 32.
30. Pierre Galante, *Chanel*, p. 60.
31. Pierre Assouline, *Simenon*, p. 122.
32. Pierre Galante, *Chanel*, p. 74.
33. *Ibid.*, p. 74.
34. Janet Wallach, *Chanel : Her Style and Her Life*, p. 42.
35. Isabelle Fiemeyer, *Coco Chanel : un parfum de mystère*, p. 87.
36. Edmonde Charles-Roux, *L'Irrégulière*, p. 382.
37. *Ibid.*, p. 392. Aujourd'hui, ces manuscrits sont conservés à Yermenonville, chez Gabrielle Palasse-Labrunie.
38. La nuit du 16 décembre 1916, deux hommes, avec l'aide d'agents secrets britanniques, parviennent à empoisonner Raspoutine. Puis ils le frappent à coups de gourdin. Mais le « moine fou » ne veut pas mourir, alors ils finissent leur sinistre besogne en lui tirant dessus. Puis ils jettent le corps à demi-mort dans la Neva où Raspoutine décédera d'hypothermie. On suspectera Dimitri Pavlovitch d'avoir appuyé sur la gâchette.
39. Henry Gidel, *Coco Chanel*, p. 198.
40. Axel Madsen, *Chanel : A Woman of Her Own*, p. 135.
41. Pierre Galante, *Les Années Chanel*, pp. 167-168.
42. *Ibid.*
43. Marcel Haedrich, *Coco Chanel*, p. 148.
44. APP BA 1990.

3. Le duc en or de Coco

1. *Vogue*, édition française, mars 2009, p. 295.
2. Paul Morand, *L'Allure de Chanel*, p. 221.
3. *Ibid.*, p. 222.
4. *Ibid.*, p. 223.
5. Claude Delay, *Chanel solitaire*, p. 125. Janet Wallach, *Chanel : Her Style and Her Life*, p. 2. Delay, psychanalyste et auteur respecté, se révèle le seul biographe de Chanel qui raconte cette anecdote. Il s'agit peut-être de l'une

des inventions de Chanel, mais sa brève aventure avec le prince a été confirmée à l'auteur par Edmonde Charles-Roux en 2010.

6. Edmonde Charles-Roux, *L'Irrégulière*, p. 436.

7. Chanel à son amie, réfugiée russe, la créatrice lady Iya Abdy, dans Leslie Field, *Bendor, The Golden Duke of Westminster*, p. 183.

8. Cité dans Pierre Galante, *Les Années Chanel*, pp. 110-111.

9. *Ibid.*, p. 114.

10. APP BA 1990.

11. Claude Delay, *Chanel solitaire*, p. 126.

12. Leslie Field, *Bendor, The Golden Duke of Westminster*, p. 184.

13. Paul Morand, *L'Allure de Chanel*, p. 223.

14. George Ridley, *Bend'Or, Duke of Westminster*, p. 74.

15. *Ibid.*, p. 196-197. Voir aussi Edmonde Charles-Roux, *L'Irrégulière*, p. 418-419. Churchill et Bendor ont combattu ensemble lors de la guerre des Boers. Et sur le front Ouest en 1918 avec le prince de Galles.

16. Edmonde Charles-Roux, *L'Irrégulière*, pp. 417-419.

17. L'homosexualité est un crime dans l'Angleterre de 1931. William Lygon, septième comte Beauchamp, chevalier de l'ordre de la Jarretière, a porté la *Sword of State*, l'épée symbole de la monarchie, au couronnement de George V, en 1909. Pilier de l'Église d'Angleterre et de la Chambre des lords, père de sept enfants avec lady Lettice, il est ruiné et doit fuir en France. Lady Lettice, son épouse depuis vingt-neuf ans, demande le divorce. À l'annonce de l'homosexualité de Beauchamp, le roi aurait dit : « Je pensais que ce genre d'homme se suicidait » et ajouté qu'il croyait « qu'ils ne faisaient ça qu'à l'étranger ». Lors de sa dépression nerveuse, lady Lettice va vivre avec son frère et lui affirme qu'elle ignore ce qu'est l'homosexualité et donc ne comprend pas ce que Bendor a raconté. Leslie Field, *Bendor, The Golden Duke of Westminster*, pp. 244-247.

18. Paul Morand, *L'Allure de Chanel*, pp. 165-166.

19. Janet Wallach, *Chanel : Her Style and Her Life*, p. 72.

20. *Ibid.*, p. 75.

21. D'après Gabrielle Palasse-Labrunie, Chanel était « accro » aux Camel. Entretien avec l'auteur à Yermenonville, 9 juin 2009.

22. Photo dans Edmonde Charles-Roux, *Le Temps Chanel*, p. 244.

23. Justine Picardie, *Coco Chanel*, p. 166.

24. Leslie Field, *Bendor, The Golden Duke of Westminster*, pp. 184-185. Et Galante, *Les Années Chanel*, p. 115.

25. Marcel Haedrich, *Coco Chanel*, p. 102.

26. Sir Winston Churchill Archive Trust, CHAR 2157.

27. Churchill se réfère peut-être au fait que Vera Bate a été infirmière avec Mrs. Churchill sur le front Ouest pendant la Première Guerre mondiale. Leslie Field, *Bendor, The Golden Duke of Westminster*, p. 201.

28. *Ibid.*

29. Janet Wallach, *Chanel : Her Style and Her Life*, p. 166.

30. Pierre Galante, *Les Années Chanel*, p. 109.
31. Leslie Field, *Bendor, The Golden Duke of Westminster*, p. 201.
32. Janet Wallach, *Chanel : Her Style and Her Life*, p. 82.
33. Pierre Galante, *Les Années Chanel*, p. 116. D'après Edmonde Charles-Roux, Chanel l'a payé de ses propres deniers : *L'Irrégulière*, p. 449.
34. Pierre Galante, *Les Années Chanel*, pp. 138.
35. Cité *ibid.*, pp. 162-163.
36. *Ibid.*, p. 129.
37. Leslie Field, *Bendor, The Golden Duke of Westminster*, p. 185.
38. *Ibid.*, p. 207. Et Pierre Galante, *Les Années Chanel*, p. 126.
39. Roger Peyrefitte, *Les Juifs*, pp. 71-72.
40. APP BA 1990, dossier Chanel.
41. *Ibid.*
42. Paul Morand, *L'Allure de Chanel*, pp. 230-231.
43. Marcel Haedrich, *Coco Chanel*, p. 110. (Pour une autre version, voir : Pierre Galante, *Les Années Chanel*, p. 131. *N.d.T.*)
44. Henry Gidel, *Coco Chanel*, pp. 273-274.
45. *Ibid.*, p. 274.
46. Cité *ibid.*, p. 276.
47. Arthur Gold et Robert Fizdale, *Misia, La vie de Misia Sert*, p. 291.
48. Marcel Haedrich, *Coco Chanel*, p. 205.
49. Leslie Field, *Bendor, The Golden Duke of Westminster*, p. 225. (Voir également : Henry Gidel, *Coco Chanel*, p. 268. *N.d.T.*)
50. Pierre Galante, *Les Années Chanel*, pp. 131-132.
51. Des sources fiables et Edmonde Charles-Roux (*L'Irrégulière*, p. 545) écrivent que Dincklage et sa femme ont voyagé et vécu sur la Côte dès 1928. Selon la police et le contre-espionnage français, il serait entré en France en 1929.
52. CHADAT 7NN2620.
53. Marje Schuetze-Coburn, Bill Dotson, Michaela Ullmann, *Against the Eternal Yesterday – Essays Commemorating the Legacy of Lion Feuchtwanger*, p. 26.
54. CHADAT 7NN2620.
55. L'Abwehr utilise parfois des agents issus de familles juives. Il s'agit d'une bonne couverture et le service peut menacer de représailles les familles restées en Allemagne. Des juifs ont collaboré avec ce service, soit par patriotisme, soit après 1933, pour éviter les persécutions nazies.
56. Ledebur et Feihl, officiers de l'Abwehr, rapportent que Maximilienne possédait des actions IG Farben. Sybille Bedford, demi-sœur de Catsy, explique que la mère de Maximilienne elle-même détenait une grande fortune.
57. Archives allemandes de Berlin, 1929 : « Dincklage », p. 139.
58. CHADAT 7NN2973.
59. *Ibid.*, 17 novembre 1934.
60. Documents Sybille Bedford, HRC, boîte 46-1, juillet 1932.

61. Jacques Grandjonc et Theresia Grundtner, *Zones d'ombres 1933-1944 : Exil et internement d'Allemands et d'Autrichiens dans le sud-est de la France*, pp. 50-52.
62. *Ibid.*
63. CHADAT 7NN2973.
64. Varsovie : Archiwa Akt Nowych ; du Plessix Gray, *Them*, p. 136.

4. Divertissement hollywoodien

1. Calculé en utilisant l'index des prix à la consommation.
2. Meredith Etherington-Smith, *Patou*, pp. 121-130.
3. Bet Moore, « Two for the Runway », *Los Angeles Times*, 4 mai 2005.
4. Edmonde Charles-Roux, *L'Irrégulière*, p. 475. Lors d'une conversation téléphonique avec l'auteur, le 6 septembre 2009, Gabrielle Palasse-Labrunie confirmera que Chanel trouvait Hollywood « vulgaire ».
5. Claude Delay, *Chanel solitaire*, p. 149.
6. *Vogue*, cité dans Meredith Etherington-Smith, *Patou*, p. 115.
7. « Mlle Chanel to Aid Films », *New York Times*, 20 janvier 1931.
8. Arthur Gold et Robert Fizdale, *Misia, La vie de Misia Sert*, pp. 301-314.
9. *Ibid.*
10. *Ibid.*, p. 281.
11. Francis Steegmuller, *Cocteau : A Biography*, p. 389.
12. José Maria demande l'annulation du mariage avant de divorcer et d'épouser Roussy. Celle-ci meurt en 1938 de la tuberculose et les Sert finiront par se retrouver. Arthur Gold et Robert Fizdale, *Misia, La vie de Misia Sert*, p. 281, pp. 303-312, 319, 332, 335.
13. « Chanel Visits America », *New York Times*, 8 mars 1931.
14. *Ibid.*
15. *Ibid.*
16. *Ibid.*
17. *Los Angeles Examiner*, 17 mars 1931.
18. Pierre Galante, *Les Années Chanel*, p. 185.
19. *Ibid.*
20. Paul Morand, *L'Allure de Chanel*, p. 72.
21. *Sunday Express* du 21 février 1932, cité par Pierre Galante, *Les Années Chanel*, p. 189.
22. Edmonde Charles-Roux, *L'Irrégulière*, pp. 475-476.
23. *Ibid.*, p. 475.
24. Axel Madsen, *Chanel : A Woman of Her Own*, p. 194. (Et Edmonde Charles-Roux, *L'Irrégulière*, p. 478. *N.d.T.*)

5. Exit Paul, entre Spatz

1. Pierre Galante, *Les Années Chanel*, p. 192.

2. Lorsque Boy Capel s'est rendu compte que Chanel, en raison de sa coquetterie, avait besoin de lunettes, il lui a fait prendre rendez-vous avec un spécialiste. Pourtant, elle a toujours refusé de les porter. Janet Wallach, *Chanel : Her Style and Her Life*, p. 104.

3. Axel Madsen, *Chanel : A Woman of Her Own*, p. 197.

4. Marcel Haedrich, *Coco Chanel secrète*, Robert Laffont, p. 284.

5. Jannet Flanner, « 31 rue Cambon », *The New Yorker*, 14 mars 1931, p. 25.

6. *Ibid.*

7. Pierre Galante, *Les Années Chanel*, p. 171.

8. Janet Wallach, *Chanel : Her Style and Her Life*, pp. 87-92.

9. Axel Madsen, *Chanel : A Woman of Her Own*, p. 109. (Voir également Pierre Galante, *Les Années Chanel*, p. 81. *N.d.T.*)

10. *Ibid.*, p. 196.

11. Robert S. Wistrich, *Who's Who in Nazi Germany*, p. 78.

12. *Ibid.*

13. L'Abwehr (de l'allemand *abwehren* : parer un coup, repousser une attaque) constitue le service de renseignements de l'armée allemande – Reichswehr, puis Wehrmacht. Cf. David M. Crowe, *Oskar Schindler*, p. 15.

14. CHADAT 7NN2973.

15. Manfred Flügge, *Amer Azur : Artistes et écrivains à Sanary*, pp. 61-62 et entretien de Flügge avec Sybille Bedford à Chelsea, Angleterre, janvier 2000. Edmonde Charles-Roux, *L'Irrégulière* (p. 556), raconte que Chanel éprouve « une satisfaction physique » avec Dincklage (comme les nombreuses maîtresses de l'espion).

16. Dans leur livre *Zones d'ombres*, Jacques Grandjonc et Theresia Grundtner révèlent la manière dont l'officier Charles Coton s'est lié avec les Dincklage en 1930 à Sanary et affirme que Dincklage était connu comme agent allemand. Sur Charles Coton, voir Jacques Grandjonc et Theresia Grundtner, *Zones d'ombres 1933-1944 : Exil et internement d'Allemands et d'Autrichiens dans le sud-est de la France*, pp. 50-52. Pour Gaillard, voir : CHADAT 7NN2973.

17. Les camions sont loués à Gustav Knauer, Wichmannstrasse, 62. Le couple déménage au 64, rue Pergolèse.

18. Lettre de Dincklage à Herr Goersch, vers 1958 : lettres, 1961, PAdAA document 681/5, 3 octobre 1933.

19. CARAN F/7/15327 « document Feihl » PAdAA, dossier Deutsche Botschaft.

20. *Ibid.*
21. CHADAT 7NN 2737.
22. *Ibid.*
23. *Ibid.*
24. *Ibid.*
25. *Ibid.*
26. Edmonde Charles-Roux, *L'Irrégulière*, pp. 505-506.
27. *Ibid.*
28. *Ibid.*
29. Gabrielle Palasse-Labrunie. Entretien téléphonique avec l'auteur, 7 septembre 2009.
30. Isabelle Fiemeyer, *Coco Chanel : Un parfum de mystère*, p. 109. Le Sédol, anesthésique français, produit par Theraplix, contient du chlorhydrate de morphine.
31. *My Woman* de Wallman/Wartell/Crosby, enregistré par Ted Lewis et son orchestre, Columbia Records 2635-D. (Mon bébé a un cœur de pierre/ Elle n'est pas humaine, mais c'est ma femme/ Jusqu'à ma mort, j'aimerai ma femme. *N.d.T.*) Chanel la chantait en voiture avec la petite Gabrielle Palasse-Labrunie. Entretien téléphonique avec l'auteur, le 6 septembre 2009.
32. Randolph Churchill, « Mlle Chanel's Tribute », *Daily Mail*, 20 juin 1934.
33. William L. Shirer, *Berlin Diary*, p. 21.
34. CHADAT 7NN 2719.
35. BNA, lettre adressée à l'ambassade britannique à Berlin, 3 janvier 1935.
36. Robert S. Wistrich, *Who's Who in Nazi Germany*, p. 38.
37. Rapport Ledebur, FSS. Ledebur évoque les « sœurs Joyce ».
38. Archives du ministère des Affaires étrangères allemand, 1934.
39. *Ibid.*
40. CHADAT 7NN 2973. Des photos de Dincklage et de Lucie Braun devaient être jointes au rapport. En fait, on trouve uniquement un cliché de cette dernière.
41. CHADAT 7NN 2973.
42. *Ibid.*
43. Aga-Baltic est un constructeur de récepteurs radio suédois. Cf : www.doctsf.com
44. CHADAT 7NN 2973.
45. *Ibid.* Signé : Capitaine Paillole. Paul Paillole « est l'une des personnalités les plus connues du contre-espionnage français en temps de guerre, officier dans les réseaux de la France libre et membre très important de la Résistance française ». Douglas Porch, *The French Secret Service : From The Dreyfus Affair to the Gulf War*, p. 44. L'occupation de la France va geler les expulsions des Allemands. Il faudra attendre 1947 pour que la France puisse légalement expulser Hans Günther von Dincklage et son épouse Maximilienne.

46. CHADAT 7NN 2973.

47. *Ibid.* Le rapport relève alors sept plaques d'immatriculation allemandes, italiennes et une britannique. Le véhicule de Dincklage est, quant à lui, immatriculé à Monaco. Le rapport ne mentionne pas le type d'automobile qu'il conduit.

48. Il s'agit de la comtesse Dessoffy de Czerneck et Tarko, née Bonneau du Chesne de Beauregard. CHADAT 7NN 2650.

49. CHADAT 7NN 2973.

50. *Ibid.*

51. *Ibid.*

52. Fichier SSF, « Dincklage ». Grâce à l'occupation de la France, Maximilienne von Dincklage est rapidement libérée du camp de Gurs, tout comme de nombreux ressortissants allemands. Elle vivra à Paris pendant la guerre. Sa famille croyait à tort qu'elle devait porter l'étoile jaune. Famille Schoenebeck interrogée par l'assistante de recherche Sally Gordon-Marks, Hinterstoder, Autriche, 3 juillet 2009.

53. Marcel Haedrich, *Coco Chanel*, p. 139.

54. Entretien avec l'auteur le 18 mai 2009.

55. Pierre Lazareff, alors directeur de la rédaction de *Paris-Soir,* fondera *France-Soir* après guerre. Il est également un pionnier de la télévision.

56. Pierre Lazareff, *Deadline : The Behind the Scenes Story of the Last Decade in France*, pp. 100, 111, 117. (*Dernière édition, histoire d'une époque*, paru en 1940 et traduit en anglais en 1942. *N.d.T.*)

6. Alors vint la guerre...

1. Pablo Picasso, *New York Review of Books*, 25 nov.-8 déc. 2010, p. 27.

2. Edmonde Charles-Roux, *L'Irrégulière*, p. 524.

3. *Ibid.*, p. 523.

4. Gabrielle Palasse-Labrunie, entretien téléphonique avec l'auteur, 28 avril 2009.

5. Edmonde Charles-Roux, *L'Irrégulière*, pp. 521, 523.

6. Gabrielle Palasse-Labrunie, entretien avec l'auteur, Yermenonville, 27 avril 2009. Leslie Field, *Bendor, The Golden Duke of Westminster*, p. 262.

7. Janet Wallach, *Chanel : Her Style and Her Life*, p. 19.

8. *Ibid.*, p. 112. (Pour Henry Gidel, dans *Coco Chanel*, c'est Madeleine Vionnet qui évoque Chanel en ces termes. *N.d.T.*)

9. Pierre Galante, *Les Années Chanel*, p. 199.

10. Edmonde Charles-Roux, *L'Irrégulière*, p. 531.

11. Pierre Galante, *Les Années Chanel*, p. 198.

12. Axel Madsen, *Chanel : A Woman of Her Own*, p. 220.

13. *Ibid.*
14. Edmonde Charles-Roux, *L'Irrégulière*, p. 532.
15. Clare Booth Luce, *Europe in the Spring*, pp. 61, 123, 126.
16. Edmonde Charles-Roux, *L'Irrégulière*, p. 532.
17. Marcel Haedrich, *Coco Chanel*, p. 127.
18. Edmonde Charles-Roux, entretien avec l'auteur, Paris, 21 avril 2009.
19. Leslie Field, *Bendor, The Golden Duke of Westminster*, p. 265.
20. ADGMD, archives personnelles, Lombardi, Alberto, N° B728.
21. ACS, lettre manuscrite de Lombardi au ministre de la Justice ayant pour objet Vera Bate, son épouse : timbro delle SPD 12.8.41, data in alto 23.8.41, n. 111684 A4-24.8.41.
22. ACS, ministère de l'Intérieur, enveloppe 216, document Vera Lombardi.
23. *Ibid.*
24. Gabrielle Palasse-Labrunie, entretien avec l'auteur, Yermenonville, 27 avril 2009.
25. Pierre Galante, *Les Années Chanel*, p. 162.
26. *Ibid.*
27. Edmonde Charles-Roux, *L'Irrégulière*, p. 536.
28. *Ibid.*, p. 535.
29. *Ibid.*, pp. 533-534.
30. *Ibid.*
31. Paul Morand, *L'Allure de Chanel*, p. 246.
32. Henry Gidel, *Coco Chanel*, p. 338.
33. *Ibid.*, p. 349.
34. Claude Roulet, *Ritz : Une histoire plus belle que la légende*, p. 109.
35. « Half-year Mark, » *Time*, 11 mars 1940.
36. « Germany : To Paris », *Time*, 20 mai 1940, p. 32.
37. Ian Ousby, *Occupation*, p. 6. Une image saisissante : si tous les soldats français morts pendant la Première Guerre mondiale se relevaient, il leur faudrait onze jours et onze nuits pour passer sous l'Arc de triomphe.
38. *Ibid.*, p. 22.
39. *Ibid.*, p. 14.
40. Michael Bloch, *The Secret File of the Duke of Windsor : The Private Papers 1937-1972*, p. 149.
41. Claude Roulet, *Ritz : Une histoire plus belle que la légende*, pp. 105-106.
42. A.P.H. dans *Punch*, Londres, 14 février 1940, cité dans Clara Booth Luce, *Europe in the Spring*, préface.
43. Claude Roulet, *Ritz : Une histoire plus belle que la légende,* p. 117.
44. Archives nationales suisses N7811B.A.6.
45. *Ibid.* Plaques d'immatriculation numéro : L 878995.
46. CHADAT 7NN 2650.
47. Du Plessix Gray, *Them*, p. 170.

48. CHADAT 7NN 2650.
49. Edmonde Charles-Roux, entretien avec l'auteur, Paris, 21 avril 2009.
50. ADV 158W848.
51. Schweizerisches Bundesarchiv : rapport de la police de Lugano daté du 1er décembre 1939, signé « Botta ». En 1939, il est illégal de résider en Suisse sans l'autorisation préalable des autorités cantonales ou fédérales. Des lois très strictes obligent les étrangers à s'enregistrer auprès de leur hôtel ou de la police locale. Les registres sont collectés tous les soirs par un agent qui les expédie au bureau central de Berne où ils sont soumis à un examen de routine. Tout indésirable peut être immédiatement sanctionné, voire expulsé.
52. *Ibid.*
53. Schweizerisches Bundesarchiv, Police de sûreté, 24 novembre 1939.
54. *Ibid.*
55. Documents FSS.
56. Résumé de documents traduits par Michael Foedrowitz en 2009, issus des Archives nationales suisses.
57. NARA Waag, secret 26 janvier 1946, US Forces Summary, Schweizerisches Bundesarchiv, 24 novembre 1939, rapport.
58. *Harper's Bazaar*, octobre 1939.
59. Clare Boothe Luce, *Europe in the Spring*, p. 230.

7. Paris occupé, Chanel réfugiée

1. Isabelle Fiemeyer, *Coco Chanel : un parfum de mystère*, p. 117.
2. Will Brownell et Richard N. Billings, *So Close to Greatness : A Biography of William C. Bullitt*, p. 255.
3. William L. Shirer, *Berlin Diary*, pp. 412-413.
4. Quatre millions de réfugiés fuient sur les routes de France en juin 1940. Vaughan, *FDR's 12 Apostles*, p. 28.
5. « Foreign News », *Time*, 1er juillet 1940, p. 25.
6. Gabrielle Palasse-Labrunie, entretien avec l'auteur, Yermenonville, 27 avril 2009.
7. Ian Ousby, *Occupation*, p. 63 ; Pierre Montagnon, *La France dans la guerre 39-45*, p. 179.
8. Gabrielle Palasse-Labrunie, entretien avec l'auteur, 27 avril 2009.
9. En six semaines, entre mai et juin 1940, l'armée française compte dans ses rangs cent vingt mille blessés et autant de morts ; les Allemands, quarante-cinq mille morts ; les Belges, sept mille cinq cents ; les Hollandais, deux mille neuf cents, les Britanniques, six mille huit cents. Pierre Montagnon, *La France dans la guerre de 39-45*, p. 207.
10. Marcel Haedrich, *Coco Chanel*, p. 129.

11. Wiliam L. Shirer, *Berlin Diary*, p. 422, pp. 79-81.

12. Thomas Wieder, « Découverte du projet de "Statut des juifs" », *Le Monde*, 5 octobre 2010, p. 10.

13. Entretien avec Geneviève Pallasse-Labrunie, 19 mai 2009.

14. Katharina Palasse et les filles apprennent qu'André aurait pu éviter d'être fait prisonnier sur la ligne Maginot. Son unité de quatre hommes partageait une unique bicyclette. Lorsque André, à son tour, a récupéré le vélo, il aurait pu facilement s'enfuir. Au lieu de cela, il a laissé un camarade l'utiliser avant la reddition. En arrivant chez lui, l'homme a écrit à Mme Palasse pour lui narrer le sort d'André et sa probable capture.

15. André-Louis Dubois, *À travers trois républiques*, pp. 56-60.

16. Marcel Haedrich, *Coco Chanel*, p. 129.

17. Frederic Spotts, *The Shameful Peace : How French Artists and Intellectuals Survived the Nazi Occupation*, p. 33.

18. Pour une description de Paris sous l'Occupation en 1940, voir les photographies et les textes dans David Pryce-Jones, *Paris in the Third Reich*, pp. 3-29.

19. Francine du Plessix Gray, *Them*, p. 218.

20. CHADAT 7NN 2973. Les Archives nationales britanniques de Kew et les Archives nationales de France contiennent des documents du BCRA (Bureau central de renseignements et d'action : les services de la France libre) sur l'activité de Dincklage en tant qu'agent de l'Abwehr présent en France.

21. Entretien avec Gabrielle Palasse-Labrunie, 18 mai 2009.

22. CARAN AJ/40/871, « Saisie du Ritz ». L'intervention de Dincklage pour permettre à Chanel de résider au Ritz est confirmée dans un article du magazine *Time* en 1998. Edmonde Charles-Roux, dans *L'Irrégulière,* et Alex Madsen offrent des versions différentes du retour de Chanel au Ritz en août 1940. Pierre Galante, quant à lui, évite le sujet.

23. *Ibid.* « Instructions relatives à l'hôtel Ritz » émises sur ordre du *Militärbefehlhaber in Frankreich*, Paris, 2 février 1941. Pour les distingués invités nazis, voir Claude Roulet, *Ritz : Une histoire plus belle que la légende*, p. 112.

24. CARAN AJ/40/871, « Instructions relatives à l'hôtel Ritz », citées.

25. Claude Roulet, *Ritz : Une histoire plus belle que la légende*, p. 111.

26. Henri Amouroux, *La Vie des Français sous l'Occupation*, p. 141.

27. Marcel Haedrich, *Coco Chanel*, p. 136.

28. Pierre Galante, *Les Années Chanel*, p. 212.

29. Marcel Haedrich, *Coco Chanel*, p. 136.

30. *Ibid.*

31. CARAN F/7/15327, dossier 209 « Feihl ».

32. APP DB 540.

33. Gabrielle Palasse-Labrunie, entretien avec l'auteur à Yermenonville, 9 juin 2009.

34. Document SSF. Fern Bedaux utilise le terme « intoxiquée ».

35. Paul Morand, *L'Allure de Chanel*, p. 11.

36. Axel Madsen, *A Woman of Her Own*, p. 242.

37. Barbara Lambauer, « Francophile contre vents et marées ? Otto Abetz et les Français, 1930-1958 », *Bulletin du Centre de recherche français à Jérusalem*, 18/2007, p. 159. Les meubles appartenaient au baron Élie Robert de Rothschild, prisonnier en Allemagne pendant la guerre.

38. Ian Ousby, *Occupation*, p. 112.

39. *Ibid.*, p. 84.

40. Dans des Mémoires consacrés à son père, Josée de Chambrun parle souvent de Chanel. Voir Yves Pourcher, *Pierre Laval vu par sa fille*, pp. 214-215.

41. *Ibid.* (Il s'agit d'une citation de Corinne Luchaire. Comédienne, fille d'un collaborateur notoire, elle est condamnée à dix ans d'indignité nationale à la Libération. Cf. *Ma drôle de vie*, Paris, Sun, 1949, pp. 139-142. *N.d.T.*)

42. Keating, document non publié. Dans Hal Vaughan, *Doctor to the Resistance*, p. 44, pp. 46-48.

43. Donald et Petie Kladstrup, *Wine and War : The French, the Nazis, and the Battle for France's Greatest Treasure*, pp. 112-116 ; trad. fr., *La Guerre et le vin.*

8. Chanel, agent de l'Abwehr

1. Expression employée par Dincklage, on l'a vu. Cité dans Du Plessix Gray, *Them*, p. 218.

2. CHADAT 7NN 2717.

3. CHADAT 7NN 2973.

4. CARAN 117M128.

5. La Compagnie française des mines de Bor a été confisquée par les nazis en 1940. Révélation encore plus surprenante, le rapport évoque une tentative d'assassinat : « La Gestapo, qui n'a pas réussi à liquider von D..., a décidé de s'entendre avec lui. » Sur le séjour de Dincklage à Berlin et la tentative d'assassinat de la Gestapo, voir CHADAT 7NN 2973 ; sur Vaufreland à Berlin et en Tunisie, voir BNA, item 317, H57/139.

6. CARAN Z/6/672 greffe 5559, Vaufreland, dossier personnel de l'Abwehr, Personalbogen, 9 juin 1941.

7. *Ibid.* Vaufreland explique qu'il sait que Chanel veut faire revenir son neveu André Palasse avant de la rencontrer.

8. *Ibid.*

9. Des documents diplomatiques ou émanant de services français, anglais et américains viennent appuyer le rapport de Londres. BNA : dépêches britanniques, 20 janvier 1941, Z 407/132/17 et Z 5423, consul américain, Casa-

blanca, lettre 30 mai 1941. CARAN 171 mi/125 et 127 : « Très secret, 25 juin 1944. Membres des services allemands. »

10. CARAN Z/6/672, greffe 5559.

11. APP BA 1990.

12. CARAN Z/6/672, greffe 5559.

13. Edmonde Charles-Roux rapporte que Wallace utilisait ce nom de code lorsque Chanel revint à Madrid en 1943 lors d'une seconde mission pour le compte des nazis. Voir Edmonde Charles-Roux, *L'Irrégulière*, p. 595.

14. BNA, document 1139.

15. CHADAT 7NN 2717.

16. Témoignage de Vaufreland devant la cour. CARAN Z/6/672, greffe 5559.

17. Edmonde Charles-Roux, *L'Irrégulière*, p. 560.

9. Échec et mat par les Wertheimer

1. Marcel Haedrich, *Coco Chanel secrète*, p. 181.

2. Jeremy Josephs, *Swastika Over Paris*, p. 70. (Voir, par exemple : Maxime Steinberg, « Le paradoxe français dans la Solution finale à l'Ouest », *Annales. Économies, Sociétés, Civilisations*, 48e année, n° 3, 1993, pp. 583-594. *N.d.T.*)

3. John Updike, « Qui qu'a vu Coco ? », *The New Yorker*, 21 septembre 1998, pp. 135-136.

4. Arthur Gold et Robert Fizdale, *Misia, La vie de Misia Sert*, p. 346.

5. Vaufreland témoigne qu'une certain [prince] Ratibor lui a donné des lettres de recommandation pour le Dr Blanke : « [Chanel] désirait également rentrer en possession de son affaire des "Parfums Chanel" où MM. Wertheimer étaient majoritaires et qui, de ce fait, était cataloguée "affaire juive" et dotée d'un commissaire provisoire », CARAN Z/6/672, greffe 5559 ; lettre de Vaufreland au juge d'instruction Roger Serre, 2 décembre 1946, pp. 34-36. D'autres documents révèlent que la femme du prince Ernst Ratibor-Corvey, l'ami de Vaufreland, était également une amie de Dincklage. En 1939, celui-ci employait la princesse Ratibor-Corvey comme boîte aux lettres en Suisse.

6. Document MBF.

7. Martin Jungius et Wolfang Seibel, de l'université de Constance, décrivent Blanke et son rôle : « [Blanke] étalait intelligence, détermination et zèle [...] il consacrait toute son énergie, toutes ses ressources au développement d'une machine efficace pour la persécution des juifs [...]. Les activités de Blanke durant le conflit révèlent beaucoup de choses sur les responsables de la bureaucratie [nazie] pendant la Shoah [...]. Dans la France occupée, Blanke montrait beaucoup d'empressement à priver des milliers de propriétaires juifs de leur moyen de subsistance, les rendant ainsi encore plus vulnérables aux coups de la SS, de la Gestapo ou des collaborateurs français [...]. Blanke inspectait en

personne les affaires appartenant à des juifs, prononçait lui-même les châtiments contre les violations des ordonnances antijuives et connaissait pertinemment l'impact des mesures qu'il prenait sur chaque individu. Le travail plus particulier de Blanke consistait à exclure les juifs de l'économie française. En France, ses victimes ne sont pas les voisins juifs de la petite bourgeoisie qu'il fréquentait dans sa ville natale ; il s'agit de commerçants et d'artisans vivant en banlieue (la plupart venus d'Europe de l'Est), mais aussi de juifs plus en vue dont les noms apparaissent dans "La déjudaïsation de l'économie française". Ils sont les cibles stéréotypées de l'antisémitisme allemand et Blanke [...] souscrivait aux clichés antisémites nazis. Blanke est l'un de ces bureaucrates zélés ayant permis la Shoah... », Jungius et Seibel, « The Citizen as Perpetrator : Kurt Blanke and Aryanization in France, 1940-1944, » *Holocaust and Genocide Studies*, 22, n° 3 (hiver 2008), pp. 441-474.

8. Dans la nuit du 9 au 10 novembre 1938, la *Kristallnacht*, quatre-vingt onze juifs sont assassinés, vingt-cinq mille à trente mille arrêtés et internés dans des camps de concentration ; deux cent soixante-sept synagogues sont détruites. Des milliers de maisons et de commerces sont pillés à travers l'Allemagne et l'Autriche.

9. Virement en août 1939, CHADAT 7NN 2659. Un rapport du contre-espionnage français précise : « Amiot a donné les plans du bombardier Amiot 370. »

10. Bruno Abescat et Yves Stavridès, *L'Express*, 11 juillet 2005, p. 1.

11. Entre 1940 et 1945, les Américains et les réfugiés présents à New York et dans les grandes villes étatsuniennes éprouvent une certaine nostalgie pour Paris et la France. La défaite de la France est un sujet de prédilection dans la littérature, le journalisme et les films hollywoodiens. À ce titre, *Casablanca*, sorti en 1942 avec Humphrey Bogart, Ingrid Bergman et Paul Henreid, est typique.

12. Pour une description de Thomas, voir NARA, dossier personnel OSS, « Thomas, Herbert Gregory », entrée 168A, carton 2. Aline, comtesse de Romanones, agent de l'OSS à Madrid, travaillait pour Thomas, nom de code « Argus », à la station madrilène de l'OSS. Sa description confirme la taille de Thomas. Aline Griffith, comtesse de Romanones, *The Spy Wore Red*, p. 83.

13. Archives nationales, NARA, OSS dossier personnel. « Thomas, Herbert Gregory », Personal History Statement, SA-One.

14. Le jasmin nécessaire à la production du Chanel N° 5 ne pousse qu'à Grasse et devait être expédié aux États-Unis en grande quantité. Certains experts pensent que Thomas envoyait un concentré, l'essence absolue de jasmin : quarante ou cinquante kilos de ce produit auraient permis de produire le N° 5 pendant plusieurs années. Il aurait pu être acheminé illégalement en train jusqu'à Lisbonne avant d'être transporté par bateau jusqu'à New York.

John Updike écrit dans le *New Yorker* que « [Thomas] a dû passer en contrebande sept cents livres de jasmin depuis Grasse jusqu'à Hoboken ». Updike, « Qui qu'a vu Coco ? », *The New Yorker*, 21 septembre 1998, pp. 135-136. La Toilet Goods Association de New York expliquait en 1941 au Département d'État américain : « Une livre de composé aromatique naturel [comme le jasmin] peut se vendre entre quatre ou cinq mille dollars en 1941. » Pour la formule cachée dans un coffre de la société Chanel, voir Véronique Maurus, « N° 5, l'éternel parfum de femme », *Le Monde*, 20 avril 1997, p. 9. Pour l'utilisation des lois antisémites, voir Updike, « Qui qu'a vu Coco ? », *The New Yorker*. NARA : lettre de l'American Perfume Association au Département d'État, 25 mars 1941. Pour « sept cents livres de jasmin », voir John Updike, « Qui qu'a vu Coco ? », *The New Yorker*. La bouteille classique du Chanel N° 5, créée par Jean Helleau en 1924 est exposée au musée d'Art moderne de New York depuis 1958. Le N° 5 deviendra le parfum préféré de Marilyn Monroe, Catherine Deneuve ou Vanessa Paradis. En 2010, le flacon de 7,5 ml de l'extrait de parfum se vend plus de cent dollars dans la plupart des grandes villes américaines. En 1942, pour la date du voyage de Thomas : « Studies Cosmetic Needs », *New York Times*, 18 août 1940. Le pseudonyme de Thomas a été retrouvé grâce à Sichel dans une note intitulée *Histoire de la commanderie de Bordeaux*. Pour l'adresse et le CV de Thomas, voir : NARA, dossier personnel OSS, Thomas, entrée 168 A, carton 2. Après l'entrée en guerre des États-Unis en décembre 1941, Thomas se met en congé de la société des Wertheimer et travaille pour l'Office of Strategic Services (OSS) du général William « Wild Bill » Donovan. Chef des stations de Madrid et Lisbonne, il dirige toutes les activités de renseignement sur une péninsule Ibérique alors éminemment stratégique. Il est également responsable des agents de l'OSS opérant en France. À la fin de la guerre, les Wertheimer récompenseront Thomas en le nommant président de Chanel, Inc., en 1945 ; situation qu'il conservera jusqu'à sa retraite en 1972. Allen Dulles, officier de l'OSS (et plus tard directeur de la CIA) fait passer un entretien à Thomas pour un poste à l'OSS. En avril 1942, Dulles écrivait : « Thomas a des qualifications plutôt extraordinaires et c'est un type assez impressionnant. Si les vérifications d'usage sont correctes, je propose de l'employer. »

15. Les détails de la mission française de Thomas en 1940 pour les Wertheimer sont tirés de Bruno Abescat et Yves Stavridès, « Derrière l'empire Chanel », *L'Express*, 11 août 2005, p. 2 ; Phyllis Berman et Zina Sewaya, « The Billionnaires Behind Chanel », *Forbes*, 3 avril 1989, p. 104 ; et John Updike, « Qui qu'a vu Coco ? », *The New Yorker*. Pour les nominations de Thomas président, puis président-directeur général, voir « Executive Changes », *New York Times*, 14 avril 1971. Voir www.zoominfo.com/people/Sichel_Peter_14493897.aspx.

16. Peter Sichel, e-mails à l'auteur, octobre 2007 et mai 2008. Le louis d'or est d'abord introduit par Louis XIII en 1640. Le nom vient du profil du roi représenté sur l'avers. Le monogramme royal apparaît sur le revers.

17. Pour l'aide des gangsters, voir Phyllis Berman et Zina Sewaya, « The Billionaires Behind Chanel », *Forbes*.

18. L'*Excalibur* a également été utilisé plus tard pour transporter des troupes. Il a coulé au large des côtes nord-africaines en novembre 1942, au cours du débarquement anglo-américain.

10. Mission secrète !

1. *Le Matin*, 9 novembre 1942.

2. *Le Petit Parisien*, 10 novembre 1942, première page. (*Le Matin* et *Le Petit Parisien*, journaux notoirement collaborationnistes, ont cessé de paraître en 1944. *N.d.T.*)

3. Les propos de Churchill, empruntés à Talleyrand lors de la retraite de Russie en 1812, ont été prononcés durant le déjeuner du lord Mayor's Day à Londres, le 10 novembre 1942.

4. Carmen Callil, *Bad Faith : A Forgotten History of Family, Fatherland and Vichy*, p. 305. Pour les émissions de la BBC, voir Frederic Spotts, *The Shameful Peace : How French Artists and Intellectuals Survived the Nazi Occupation*, p. 255.

5. « Black List », *Life*, 24 août 1942, p. 86.

6. Pour ces toiles accrochées chez Josée de Chambrun, voir Carmen Callil, *Bad Faith : A Forgotten History of Family, Fatherland and Vichy*, pp. 335, 352.

7. « Black List », *Life*, 24 août 1942, p. 86. Voir CARAN F/7/14939, « liste noire » 27/12/43. Chambrun explique au *New York Times* en octobre 1942 que ces allégations sont « ridicules ». René de Chambrun, *Mission and Betrayal*, p. 140.

8. Yves Pourcher, *Pierre Laval vu par sa fille*, p. 270.

9. Pour davantage d'informations sur la collaboration de Chambrun, voir CARAN F/7/15327, dossier 208 3. Sur Chambrun, représentant de la National City Bank et de General Motors (GM) à Paris, et ses affaires dans la France occupée et pour les investissements de GM en Allemagne nazie, voir Pierre Abramovici, *Un rocher bien occupé. Monaco pendant la guerre 1939-1945*, pp. 78-79. Il sert de liaison entre Pétain et Laval, et entre Vichy et les États-Unis. À la Libération, Chambrun se cache près de Paris. Les autorités ordonnent son arrestation. Il passera devant la cour de justice du département de la Seine où l'affaire est classée sans suite, le 11 août 1948. Source : M. Vallée – M. Vielledent, parquet de la cour de justice du département de la Seine,

11 août 1948, affaire Pineton de Chambrun, René, ordonnance de classement. Il est également réintégré au barreau, son patriotisme étant « incontestable ». Voir aussi « Rapport de René de Chambrun au juge Marchat lors de son inculpation au lendemain de la Libération », document ronéotypé non daté. Voir David Thompson, *A Biographical Dictionary of War Crimes Proceedings, Collaboration Trials and Similar Proceeding Involving France in World War II*, écrit et recueilli pour la Grace Dangberg Foundation, Inc. http://reocities.com.

10. Hal Vaughan, *Doctor to the Resistance*, p. 78.

11. Citation trouvée dans Antony Beevor et Artemis Cooper, *Paris after the Liberation, 1944-1949*, p. 134. Pour la liste noire : CARAN F/7/14939, « liste noire » 27/12/43. Voir aussi APP BA 1990.

12. Voir rapport du BCRA : CHADAT 7NN 2973.

13. BNA, KV2/159. Dans le dossier Ledebur, le frère de Momm apparaît comme chef du service d'espionnage économique de l'Abwehr à Istanbul : « IWi K.O. Istanbul, Turquie ». (Les lettres IWi K.O. signifient espionnage économique dans un État étranger.) L'auteur a correspondu avec les filles de Theodor Momm, Monika et Kathrin (noms de famille supprimés par l'auteur), en Allemagne. Monika a d'abord accepté de rencontrer l'assistant allemand de l'auteur, mi-janvier 2010. Monika a affirmé que sa sœur Kathrin possédait des documents et des photographies relatives à la mission de Chanel en 1943. Cependant, Kathrin a décidé au dernier moment que tant que la femme de Momm serait vivante (nom supprimé), elle refuserait de rendre publics les « lettres et documents en sa possession ». Source : Michael Foedrowitz (assistant de recherche de l'auteur à Berlin), e-mails à l'auteur, 26 janvier et 8 février 2010.

14. Gabrielle Palasse-Labrunie confirme que sa tante voulait que Dincklage reste à Paris. Entretien téléphonique avec l'auteur, 12 février 2010.

15. BNA, KV2/159, dossier Joseph von Ledebur-Wicheln.

16. *Ibid.*

17. Sur la mère de Dincklage – Valery Cutter von Dincklage, dite « Lorry » – à Rosencrantz et Schinkel, près de Kiel, en 1943, voir dossier suisse, L878995 Hf. En 1945, plus de la moitié de Kiel aura été détruite par les bombardements alliés.

18. Dossier Joseph von Ledebur-Wicheln, National Archives, Kew.

19. Henry Gidel, *Coco Chanel*, pp. 363-364.

20. Une note manuscrite du MI5 explique : « Il s'est rendu en Italie, au vu et au su du Foreign Office, afin de cultiver ses contacts. Il a largement outrepassé ses instructions. » Le MI5 choisit de ne pas l'arrêter, sans doute en raison des soutiens dont il dispose au Parlement (parmi lesquels se trouve peut-être Neville Chamberlain) et de l'embarras que cette situation aurait causé. Lonsdale-Bryans est resté lié à des membres influents de l'aristocratie britannique : lord Halifax, le duc de Buccleuch et lord Brocket, sympathisants

nazis. Voir par exemple : http://news.bbc.co.uk/2/hi/uk_news/7589251.stm (*N.d.T.*)

21. Robert S. Wistrich, *Who's Who in Nazi Germany*, p. 114.

22. Reinhard R. Doerries, *Hitler's Intelligence Chief, Walter Schellenberg*, p. 107.

23. *Ibid.*, p. 172.

24. William L. Shirer, *The Rise and Fall of the Third Reich*, p. 653.

25. Anthony Cave Brown, *Bodyguard of Lies*, p. 457.

26. NARA, dossier Schellenberg, p. 224.

27. Reinhard R. Doerries, *Hitler's Last Chief of Foreign Intelligence : Allied Interrogations of Walter Schellenberg*, p. 39.

28. Document du MI6 et du service spécial, SSF et BNA, KV2/159.

29. *Ibid.*

30. *Ibid.* Pour son travail en Suisse, voir les dossiers suisses L878995 Hf.

31. Citations de SSF et BNA, KV2/159, dossier Ledebur.

32. Dossier Ledebur à KEW, *ibid.* Je n'ai pas réussi à déterminer quelles archives Ledebur a consultées.

33. *Ibid.*

34. Document SSF.

35. NARA. 27 décembre 1946, document U.S. Political Advisor in Germany, CI-FIR/130. Je n'ai pas réussi à trouver l'information relative à la somme donnée par les SS à Chanel ni comment les fonds de la SS étaient répartis. Chanel et Dincklage avaient sûrement besoin de beaucoup d'argent pour leur mission madrilène. Après guerre, Kutschmann est recherché en Allemagne en raison de sa participation au massacre de juifs polonais en 1942 et à l'assassinat de trente-six intellectuels polonais en 1941. En 1945, il parvient à s'échapper en Argentine, déguisé en carme. Il y disparaît en 1967, au moment où les autorités de la RFA délivrent contre lui un mandat d'arrêt.

36. Reinhard R. Doerries, *Hitler's Intelligence Chief, Walter Schellenberg*, p. 85.

37. En 1943, l'ambassadeur von Papen et l'agent de l'Abwehr Erich Vermehren sont mandatés pour rencontrer l'archevêque (plus tard cardinal) Francis Spellman à Istanbul. La Gestapo entend parler de « l'initiative de paix » de Vermehren et le rappelle à Berlin. Vermehren fait alors défection et rallie les Britanniques à Istanbul. Sa femme et lui sont envoyés en Angleterre. Il est possible que le *Rittmeister* Momm ait souhaité que Dincklage reprenne le travail de Vermehren en Turquie, pour le compte de l'Abwehr. Pour les discussions entre Schellenberg et l'ambassadeur von Papen, voir *ibid.*, p. 136.

38. Uki Goñi, *The Real Odessa*, pp. 9-10.

39. Reinhard R. Doerries, *Hitler's Intelligence Chief, Walter Schellenberg*, p. 77.

40. Le major Theodor Momm : Archives nationales allemandes : NSDAP v. 1.5.37, N° 4428309. Momm appartient à l'Abwehrstelle, Wehrbezirke-Generalkommando, quartier général des districts militaires de l'Abwehr. Voir aussi APP GA LI2.

41. La date de la visite à Berlin de Momm mentionnée dans la retranscription de l'interrogatoire de Schellenberg, avril 1944, est erronée. Il s'agit peut-être d'un lapsus de Schellenberg ou d'une faute de retranscription dans le dossier. De nombreux documents disponibles à Kew et dans les dossiers Churchill's Chartwell placent cette visite à la fin de l'automne ou au début de l'hiver 1943. NARA, dossier Schellenberg, p. 65.

42. On ignore si Momm est retourné à Paris à ce moment-là. Il est possible qu'il ait transmis la convocation de Schellenberg exigeant la présence de Chanel à Berlin par téléphone ou par un système sécurisé de câbles SS.

43. Les préparatifs, l'arrivée et le séjour de Chanel à Berlin ont été reconstitués par Michael Foedrowitz.

44. Cité dans Reinhard R. Doerries, *Hitler's Intelligence Chief, Walter Schellenberg*, p. 240.

45. APP BA 1990, document sur le passeport de Chanel. Voir documents Chartwell pour la date de la lettre madrilène de Chanel.

46. Lombardi n'a pas été emprisonné.

47. Le 24 juillet 1943, alors que l'Italie a subi de nombreux revers, Mussolini assiste à une réunion du Grand Conseil du fascisme qui ne lui renouvelle pas sa confiance. Le lendemain, le roi Victor Emmanuel III le démet de ses fonctions et le fait arrêter. Pietro Badoglio, militaire et homme politique italien, est nommé président du Conseil et tandis que la confusion règne en Italie, il finit par conclure un armistice avec les Alliés. Selon des documents italiens, au moment de la rencontre Schellenberg-Chanel, le colonel Alberto Lombardi, l'époux de Vera Bate Lombardi, commandait une unité italienne sur le théâtre d'opérations méditerranéen. Plus tard, Mussolini est sauvé par les troupes allemandes et dirige un gouvernement fantoche en Italie du Nord, occupée par les nazis.

48. La visite de Chanel, Momm et Dincklage est décrite dans NARA, « Final Report », dossier Schellenberg, 65 ; Dossier OSS XE0011752, carton 195, 65. Pour Dincklage, membre de l'Abwehr et du SD, et pour Schieber, voir Reinhard R. Doerries, *Hitler's Last Chef of Intelligence : Allied Interrogations of Walter Schellenberg*, pp. 164-165 ; voir *ibid.*, p. 240 pour les détails sur la préparation du rapport et le fait que ce matériel ait été omis par les Britanniques lorsqu'ils l'ont transmis à l'OSS. Le rapport est incomplet dans sa version NARA ; je n'ai pas réussi à retrouver le matériel dissimulé par les Britanniques. Dans les Mémoires de Schellenberg, *The Labyrinth* (*Le Chef du contre-espionnage nazi parle : 1933-1945*, traduits par Hélène Vincent. *N.d.T.*), il n'évoque pas Chanel, sa visite, son plan pour la manipuler afin de contacter

Churchill ou la générosité de Mademoiselle à son égard lorsqu'il fut libéré des prisons alliées où il était détenu pour crimes de guerre. Reinhard R. Doerries, *Hitler's Last Chef of Intelligence : Allied Interrogations of Walter Schellenberg*, p. 164.

49. Edmonde Charles-Roux dans sa biographie *L'Irrégulière*, p. 581. Malgré ma requête, je n'ai pas réussi à obtenir une copie de cette lettre.

50. ACS, ministère de l'Intérieur, police politique, rapport du 21 avril 1941.

51. The Sir Winston Churchill Archive Trust CHAR 2/255, Bate, lettre, juin 1935.

52. Archives nationales italiennes, Questure de la police du roi, 12 novembre 1943.

53. Archives nationales italiennes, Questure de la police du roi, 24 novembre 1943.

54. APP BA 1990. La date de naissance de Chanel est erronée (en réalité, elle est née en 1883). Je n'ai jamais trouvé qui avait délivré le passeport utilisé par Vera Lombardi pour voyager à Paris et à Madrid depuis Rome.

55. *Ibid.*

56. CHAR 20/198, lettre, Pierson Dixon à Rowan, 30 septembre 1944.

57. Uki Goñi, *The Real Odessa*, p. 241.

58. NARA, rapport du 10 décembre 1946. NARA, dossier Schellenberg, 65.

59. Les documents, dont la lettre manuscrite de Chanel destinée à Churchill, sont exposés aux Archives nationales britanniques à Kew. Les documents privés de Churchill à Chartwell, ainsi que le témoignage du comte Joseph Ledebur, confirment ce qui s'est passé lorsque Chanel est arrivée à Madrid durant l'hiver 1943-1944.

60. NARA, dossier Schellenberg, 65.

61. *Ibid.*

62. Pour des informations sur la maladie de Churchill, voir Field Marschal lord Alanbrooke, *War Diaries*, pp. 497-515.

63. *Les Archives du Monde*, 8-9 février 2004, p. 81. Paragraphe tiré de Charles-Roux, *L'Irrégulière*, p. 601.

64. CHAR 20/198A. L'enveloppe de la lettre adressée à lady Sankey vient du Ritz et soulève la possibilité que Vera ait résidé dans cet hôtel, sans doute aux frais de Chanel. En effet, depuis sa libération de la prison romaine, Vera n'a pas un sou.

11. Coco, la baraka

1. CARAN, F/714939. Le nom de Chanel apparaît sur une liste dressée par les FFI dans un rapport daté du « 27-12-43 ».

2. Stephen E. Ambrose, *The Supreme Commander : The War Years of General Dwight D. Eisenhower*, p. 419.

3. William L. Shirer, *The Rise and Fall of the Third Reich*, p. 1041.

4. *Ibid.* Pour le suicide de Rommel et ses funérailles, voir pp. 1078-1080.

5. *Paris-Soir*, 7 juin 1944. Centre historique des archives nationales, *La France et la Belgique sous l'Occupation allemande, 1940-1944*, p. 46. Pour la rue Cambon, entretien téléphonique avec Gabrielle Palasse-Labrunie, 12 février 2010.

6. Jusqu'à la capitulation en 1945, Schellenberg ne ménage pas ses efforts afin de trouver une issue pour Himmler et lui-même. Ils connaissaient le sort que leur réserveraient les Alliés. Voir Reinhard H. Doerries, *Hitler's Intelligence Chief, Walter Schellenberg*, pp. 302, 327. Voir aussi Hal Vaughan, *Doctor to the Resistance*, p. 158.

7. Cyril Eder, *Les Comtesses de la Gestapo*, p. 208.

8. CARAN Z/6/672, greffe 5559.

9. Pour les répétitions de Lifar, son évacuation et sa vie chez Chanel, voir David Pryce-Jones, *Paris in the Third Reich*, p. 188.

10. Pierre Galante, *Les Années Chanel*, p. 217.

11. Frederic Spotts, *The Shameful Peace : How French Artists and Intellectuals Survived the Nazi Occupation,* p. 254.

12. Arthur Gold et Robert Fizdale, *Misia, La vie de Misia Sert*, p. 351.

13. Edmonde Charles-Roux, *L'Irrégulière*, p. 610.

14. David Pryce-Jones, *Paris in the Third Reich*, p. 240.

15. SSF.

16. *Ibid.*

17. Rapport de la famille von Schoenebeck, entretiens avec Sally Gordon-Mark, Griesser Haus, Hinterstoder, Autriche, 1er-3 juillet 2009.

18. SSF.

19. *Ibid.*

20. *Ibid.* Parmi les personnes qui ont témoigné en faveur de Catsy se trouve Catherine Jouhakoff qui fournissait de la lingerie à Catsy.

21. Le nom de Gabrielle Chanel, tel qu'il est (mal) orthographié sur son certificat de naissance de 1883.

22. C'est la domestique de Catsy, Mme Bartuel, qui a reçu l'avertissement téléphonique d'Abetz dans l'appartement du 77, rue de Longchamp à Paris.

23. Entretien avec la famille Schoenebeck, Sally Gordon-Mark, Hinterstoder, Autriche, 3 juillet 2009.

24. CARAN F/7/14939.

25. Chanel était soupçonnée par les services de renseignements français d'« intelligence avec l'ennemi ». APP BA 1990. Lettre d'un archiviste du CARAN à Sally Gordon-Mark, Paris, 2 juillet 2008.

26. Pierre Galante, *Les Années Chanel*, p. 217 ; Marcel Haedrich, *Coco Chanel*, p. 142 ; Axel Madsen, *Chanel : A Woman of Her Own*, p. 262. (Voir également Edmonde Charles-Roux, *L'Irrégulière*, p. 611. *N.d.T.*)

27. Gabrielle Palasse-Labrunie, entretien téléphonique avec l'auteur, 8 novembre 2009.

28. Paul Morand, *L'Allure de Chanel*, p. 178 (postface de l'édition anglaise). Edmonde Charles-Roux confirme l'intervention de Duff Cooper, entretien téléphonique avec l'auteur, Paris, 12 janvier 2010.

29. Gabrielle Palasse-Labrunie, entretien téléphonique avec l'auteur, 12 février 2010. Elle confirme que Germaine, la femme de chambre de Chanel, lui a parlé du message de l'ambassadeur Cooper de la part de Bendor.

30. Charles Higham, *The Duchess of Windsor : The Secret Life*, pp. 359-62.

31. Axel Madsen, *Chanel : A Woman of Her Own*, p. 263.

32. Arthur Gold et Robert Fizdale, *Misia, La vie de Misia Sert*, p. 361.

33. *Ibid.*

34. Sir Winston Churchill Archive Trust, CHAR 20/198A, lettre de P.N. Loxley, 28 décembre 1944.

35. Cette date est erronée. Lombardi ne s'est pas rendue à Paris avant la fin 1943.

36. CHAR 20/198A, lettre de Pierson Dixon à Rowan, 30 septembre 1944.

37. CHAR 20/198, télégramme, Foreign Office à Madrid, D. 3 :10 PM, 4 janvier 1945.

38. CHAR 20/198. Voir 8 janvier 1945, note ultra-secrète à destination du colonel Hill-Dillon.

39. CHAR 20/198.

40. Schellenberg prend le contrôle de l'Abwehr après la trahison et l'arrestation de l'amiral Canaris en 1945.

41. Archives fédérales suisses, lettre de la United-Silk Weaving Mill Ltd, Kreefeld, Berlin, 21 novembre 1944 à la légation suisse, Berne.

42. Synthèse de l'affaire Dincklage, Archives nationales suisses, JAEGGI, novembre 1950 et Berne, 15 janvier 1950.

43. Lettre du conservateur en chef de CARAN à Sally Gordon-Mark, Paris, 2 juillet 2008.

44. CARAN Z/6/672, greffe 5559.

45. Edmonde Charles-Roux, *L'Irrégulière*, p. 648.

46. *Ibid.*

47. Pour diverses raisons, Vaufreland a été arrêté et libéré plusieurs fois pendant cette période. Les jurés étaient sélectionnés parce qu'ils n'avaient pas collaboré avec l'ennemi. Les procédures de jugement des collaborateurs ont été élaborées par le gouvernement provisoire de De Gaulle dès le mois de septembre 1944.

48. Mémorandum préparé par Jules-Marc Baudel, Esq., qui a analysé les documents français afin d'assister l'auteur.

49. Déposition de Gabrielle Chanel, 4 juin 1948, cour de justice, Paris, devant le juge d'instruction Fernand Paul Leclercq. CARAN Z/6/672, greffe 5559.

50. Cyril Eder, *Les Comtesses de la Gestapo*, p. 204.

51. CARAN Z/6/672, greffe 5559. Déposition d'André Palasse, âgé de quarante-deux ans, neveu de Chanel, devant Roger Serre, le 20 novembre 1947, pièce 265.

52. *Ibid.*

53. *Ibid.*

54. Tiré de nombreux témoignages apportés à l'auteur dès 1953.

55. Axel Madsen, *Chanel : A Woman of Her Own*, p. 264.

56. Entretien avec Volkmar von Arnim par Michael Foederwitz, Schinkel, Allemagne, 11 août 1008. Voir également dossier du Foreign Office, BNA.

57. Dossier du Foreign Office, BNA. Beglaubigte Abschrift (copie certifiée conforme), certificat signé par le capitaine A.H. Haynes, 3 décembre 1945.

58. BNA, 16 mars 1948, lettre au War Office, adressée à une certaine Mrs. Pollack.

59. BNA, lettre du major général au ministère de l'Intérieur allemand, Foreign Office, Londres, 13 novembre 1947.

60. Grande-Bretagne, Zonal Executive Offices, B.A.O.R. I, lettre du major général au Foreign Office, Londres, 25 février 1948.

12. Coco, le come-back !

1. Paul Morand, *L'Allure de Chanel*, p. 245.

2. Valentine Lawford, *Horst*, p. 192.

3. Gabrielle Palasse-Labrunie, entretien téléphonique avec l'auteur, 9 septembre 2010.

4. Paul Morand, *L'Allure de Chanel*, p. 178.

5. *Ibid.*, p. 179.

6. *Ibid.*

7. *Ibid.*

8. ECR, Chanel, pp. 357-358. Wistrich, *Who's Who in Nazi Germany*, p. 222.

9. Reinhard R. Doerries, *Hitler's Intelligence Chief*, p. 284, tiré des Mémoires du Dr Lang.

10. Edmonde Charles-Roux, *L'Irrégulière*, p. 631.

11. Pierre Galante, *Les Années Chanel*, p. 221.

12. *Ibid.*

13. *Ibid.*

14. Valentine Lawford, *Horst*, pp. 322-24.

15. Bruno Abescat et Yves Stavridès, « Derrière l'empire Chanel », *L'Express*.

16. Pierre Galante, *Les Années Chanel*, p. 226.

17. « Chanel N° 5 Perfume History », Dulcinea Norton-Smith, http://www.suite101.com/content/icons-chanel-no-5-perfume-a44263, 11 février 2008.

18. Claude Delay, *Chanel solitaire*, p. 242.

19. Pierre Galante, *Les Années Chanel*, p. 176.

20. René de Chambrun est mort en 2002 à l'âge de quatre-vingt-douze ans. Le documentaire de la BBC, *Reputation*, a été diffusé pour la dernière fois sur la BBC4 le 29 janvier 2009. (Première date de diffusion inconnue.)

21. Pierre Galante, *Les Années Chanel*, pp. 242-43.

22. *Ibid.*, p. 246.

23. Cité par Edmonde Charles-Roux dans *Le Figaro Madame*, « Chanel aurait été folle de vous ! » Conversation avec Edmonde Charles-Roux et Audrey Tautou, 18 avril 2009.

24. Edmonde Charles-Roux, entretien avec l'auteur, Paris, 21 avril 2009.

25. Edmonde Charles-Roux, *L'Irrégulière*, p. 643.

26. Pierre Galante, *Les Années Chanel*, pp. 247-48.

27. *Ibid.*, p. 250.

28. *Ibid.*, p. 244.

29. *Ibid.*, p. 256. Voir également André Gidel, *Coco Chanel*, p. 405.

30. « Ease and Casualness Abound in Chanel's Autumn Showing, » *New York Times*, 6 octobre 1954.

31. Marcus, *Minding the Store*. (Voir également André Gidel, *Coco Chanel*, p. 408. *N.d.T.*)

32. Lilian Ross, « The Strong Ones », *The New Yorker*, 28 septembre 1957.

33. Axel Madsen, *Chanel : A Woman of Her Own*, p. 315.

34. Lilou Marquand, *Chanel m'a dit*, p. 125.

35. Marcel Haedrich, *Coco Chanel*, p. 224.

36. Lilou Marquand, *Chanel m'a dit*, p. 125.

37. Janet Wallach, *Chanel : Her Style and Her Life*, p. 160.

38. Delay, *Chanel Solitaire*, pp. 252-53. (Cf. également Pierre Galante, *Les Années Chanel*, p. 319. *N.d.T.*)

39. Janet Wallach, *Chanel : Her Style and Her Life*, p. 165. Collection de photographies Edmonde Charles-Roux, *Le Temps Chanel*, p. 330 ; Valentine Lawford, *Horst*, p. 154.

40. Pierre Galante, *Les Années Chanel*, p. 306.

41. *Ibid.*, p. 326.

42. Bruno Dethomas, *Le Monde*, 23 mars 1973, in *Le Monde, Les Grands Procès : 1944-2010*, pp. 211-13.

43. *Ibid.*

44. *Ibid.*

45. *Ibid.*

46. *Ibid.*
47. Entretien téléphonique avec Gabrielle Palasse-Labrunie, 26 mars 2010.
48. Mémorandum allemand dressé par Florian M. Beierl à destination de l'auteur, novembre 2009. Cf. également mémo de Michael Foedrowitz, assistant de recherche à Berlin, 3 avril 2010.

Épilogue

1. Charles-Louis Foulon, *André Malraux et le rayonnement culturel de la France*, p. 99 ; Michel Guerrin, « André Malraux, la culture en solitaire », *Le Monde*, 25 juin 2010.
2. Pierre Galante, *Les Années Chanel*, p. 304.
3. Edmonde Charles-Roux, *L'Irrégulière*, p. 648.
4. *Ibid.*, p. 649.

BIBLIOGRAPHIE

ARCHIVES

Archives de la ville de Sanary-sur-Mer, France : Séries 12 : Police générale étrangers, réfugiés.

Archives départementales du Var, France : 158 W 848.

Archives de la Préfecture de Police, Paris, France : Séries BA : 1745, 1846, 1990, 2140, 2141, 2176, 2369, 2430 ; Séries DB : 540 ; Séries GA : D2, R8, L12, P8, S6, T2.

29 juillet 2009, lettre du commissaire divisionnaire Françoise Gicquel, cabinet du Préfet, service des archives et du musée.

Bibliothèque nationale de France : « Paris-Var-Méditerranée, » 1935-36, 1938, JO-55926.

Bundesarchiv, Berlin : dossiers SS, Archives fédérales.

Archivio centrale dello Stato, Archives centrales de l'État, documents du secrétaire de Mussolini : correspondance ordinaire, enveloppe 1726, dossier n° 523074.

Centre historique des archives du département de l'armée de terre, CHADAT, Vincennes, France : Séries 7NN 2e Bureau : 2145, 2162, 2164, 2268, 2402, 2502, 2515, 2641, 2650, 2655, 2659, 2708, 2717, 2719, 2735, 2736, 2737, 2752, 2973.

Centre d'accueil et de recherches des Archives nationales CARAN, Paris, France : Séries AJ/40 Dossier Allemagne/économie : 871 ; Séries F/7/ Police : 14713, 14714, 14939, 14940, 14946, 15142, 15299, 15305, 15327, 15332 ; Séries 3AG2 préfixe 171/MI/ dossiers BCRA : 112, 119, 125, 127, 128, 326 ; Séries 3W/354 Archives de Berlin : Bordereau 2597, Bordereau 2745, n° 4 ; Séries Z/6/762 greffe 5559 dossier justice.

The Chartwell Trust, West Kent, Royaume-Uni : 1/272/83 ; 2/255/25, 27 ; 20/173/44 ; 20/181/19 ; 20/198A/62, 63, 65-69, 71-82, 86-92.

Bureau de l'état civil, Hanovre : Standesamt N° 0193 Eintrag 7181.

Harry Ransom Center, Université du Texas à Austin : Sybille Bedford Papers, boîte 46.1.

Landesarchiv, Archives d'État à Berlin : Bestand B Rep 012 ; Abt. 460 Nr. 1789, référence D 120, dossier dénazification ; Abt. 611 Sta Nr. 53778, dossier citoyenneté ; Abt. 761 N° 18049, dossier réparations.

Ministero della Difesa, Rome, Italie : Prot. n. M_D/GMIL V 16 5/0367479.

Archivio di Stato, ministère de l'Intérieur, police politique, dossiers personnels, Rome, Italie : B728, « Lombardi, Alberto ».

National Archives and Records Administration, College Park, Maryland : « Walter Schellenberg », dossier n° XE001752, boîte 195 ; RG No. 319, zone 270, rangée 84, compartiment 8, étagère 3 ; « OSS-Schellenberg », entrée 125A, boîte 2, dossier 21 ; RG No. 226, zone 190, rangée 7, compartiment 19, étagère 3 ; « OSS-Schellenberg, » entrée 171, boîte 10, dossier 61 ; RG N° 226, zone 190, rangée 9, compartiment 10, étagère 6 ; « CIA Name File – Alois Brunner », RG N 263, zone 2000, rangée 6, compartiment 4, boîte 9.

National Archives, Kew, Angleterre : Registres N° Z 407/132/17 et Z 5423/1698/17 ; Lettre signée Eric Phipps, ambassade de Grande-Bretagne, Berlin, 3 janvier 1935 ; Dossier N° CG503503184 ; Dossier : Premier 3/181/10.

Politisches Archiv des Auswärtigen Amts, Deutsche Botschaft Paris, Archives politiques du ministère allemand des Affaires étrangères, ambassade d'Allemagne, Paris : Akte 681c attaché de presse, 2 volumes, 1933-36 ; Akte 681/5 c Paris IV attaché de presse, dossier 1 ; Activités générales ; Akte 1726.

Services spéciaux, France, dont : Renseignements généraux ; Sûreté nationale ; Sûreté générale.

Archives fédérales et cantonales suisses, Berne, Suisse : Dossiers n^os^ : C. 16.1373 1939-1940 ; 878995 1950.

Département d'État, Washington, D.C. : RG 59, Central Decimal File 1940-44, 800-20252/29 Lombardi, Vera.

Le travail d'archive a été mené par différentes personnes à différents endroits pour le compte de l'auteur :

États-Unis (Carolyn C. Miller)

National Archives and Records Administration, College Park, Maryland
United States Holocaust Memorial Museum, Washington, D.C.

Allemagne et Suisse (Michael Foedrowitz)

Aufstellung der benutzten Archive und Institutionen
Militärgeschichtliches Forschungsamt MGFA, Potsdam

Politisches Archiv des Auswärtigen Amts PAdAA, Berlin
Stadtarchiv Hanovre
Landesarchiv Berlin
Bundesarchiv Berlin
Bundesarchiv-Militararchiv Freiburg BAMA
Stadtarchiv Kaufbeuren
Wehrmachtsauskunftsstelle WASt, Berlin
Archivgemeinschaft Gettorf
Landesarchiv Schleswig Holstein LASH, Schleswig
Schweizerisches Bundesarchiv BAR, Bern
Freie Universität Berlin, Institut für Meteorologie
Archives cantonales vaudoises
Einwohnermeldeamt Gemeinde Berchtesgaden
Einwohnermeldeamt Gemeinde Schönau

Texas (Milanne Hahn)

The Sybille Bedford Papers, Harry Ransom Center of the University of Texas, Université du Texas, Austin, Texas

France (Sally Gordon-Mark)

Archives départementales du Var, Draguignan
Archives de la Préfecture de Police, Paris
Archives de la Ville de Paris
Archives de la ville de Sanary-sur-Mer
BDIC, Nanterre
Bibliothèque municipale de la ville de Toulon
Bibliothèque nationale de France, Sites Mitterrand et Richelieu, Paris
Cabinet du ministre de l'Intérieur, Mission des Archives nationales, Paris
Centre d'accueil et de recherche des Archives nationales, Paris
Centre des Archives contemporaines, Fontainebleau
Centre Historique des Archives du Département de l'Armée de Terre, Vincennes
Établissement de Communication et de Production Audiovisuelle de la Défense, Ivry-sur-Seine
Mairie de la ville de Nice
Service spécial, Paris

Rome (Francesca Di Pasquale)

Archivio centrale dello Stato
Archivio della Direzione generale per il personale militare del Ministero della Difesa
Archivio di Stato di Genova

Archivio di Stato di Roma
Biblioteca dell'Archivio centrale dello Stato
Biblioteca di storia moderna e contemporanea
Biblioteca Universitaria Alessandrina

Grande-Bretagne (Philip Parkinson)
British Library, Londres
British Library Newspaper Library, Londres
Churchill College, Cambridge
Hurlingham Polo Association, Little Coxwell, Faringdon
National Archives, Kew, Londres
Westminster Reference Library, Londres

Varsovie (Joanna Beta)
Archiwum Akt Nowych
Archiwum Panstwowe m. st. Warszawy
Instytut Pamieci Narodowej

Correspondance et entretiens (avec l'auteur, sauf mention particulière)

Abramovici, Pierre. Paris. Mars 2009.
Almeida, Fabrice d'. Historien et directeur de l'Institut d'histoire du temps présent. Avril 2009.
Arnim, Alexandra, et baron Volkmar von. 11 et 16 août 2008.
Baudel, Jules-Marc. Avocat honoraire, ancien membre du Conseil de l'Ordre. Sur les questions légales concernant la mise en accusation de Chanel et le procès de Louis de Vaufreland. Paris. 3 mars 2010.
Charles-Roux, Edmonde. 21 avril 2009. Paris, France. Entretiens téléphoniques tout au long de l'année 2010.
Engelhardt, Baron Wilfried von. Hinterstoder, Autriche. 3 juillet 2009. Entretien conduit par Sally Gordon-Mark.
Fliigge, Manfred. Paris. Décembre 2009.
Foedrowitz, Michael. Berlin et Paris. Août 2008. Entretiens avec l'auteur et consultations téléphoniques, 2008-2010.
Griffith, Aline, comtesse de Romanones. Janvier 2008.
Higham, Charles. Entretien téléphonique avec Philip Parkinson, assistant de recherche, Londres. Avril 2008.
Klarsfeld, Serge. Association des fils et filles des déportés juifs de France, correspondance, 2008.

Labrunie, Gabrielle Palasse-. Entretiens et entretiens téléphoniques avril 2009-avril 2010. Yermenonville, France.
Famille Momm. Entretien avec Michael Foedrowitz. Février-mars 2010.
Muller, Florence. Historienne de la mode. Mars 2009.
Munchhausen, Ernst-Friedemann Freiherr von. 8 août 2008.
Ozanam, Yves. Entretien avec Michael Foedrowitz. 4 mars 2010, au Palais de Justice de Paris.
Roese, Manfred. Société des archives, Gettorf, Allemagne. 7 août 2008. Entretien avec Michael Foedrowitz.
Schmidt, Éric. 6 juin 2009.
Schoenebeck, baron André von. Hinterstoder, Autriche. 3 juillet 2009. Entretien avec Sally Gordon-Mark.
Sichel, Peter. Conversations téléphoniques et e-mails avec l'auteur. New York, 2007-2010.
Testa, Éléonore. Archiviste au Mémorial de la Shoah. 11 juin 2008, Paris.
Tiedt, Marietta. Hinterstoder, Autriche. 3 juillet 2009. Entretien avec Sally Gordon-Mark.

Émission

Chanel : A Private Life. Documentaire BBC2, première diffusion janvier 1995.

Articles

Abescat, Bruno, et Yves Stavridès. « Derrière l'empire Chanel. » *L'Express,* 4-12 juillet 2005.
Angus, Christophe. « Chanel : un parfum d'espionnage. » *L'Express,* 16 mars 1995.
Arnaud, Claude. « Mademoiselle : L'œil noir frondeur, un petit tailleur mythique, un jersey enchanteur, un N° 5 universel, une allure libérée mais disciplinée, des rencontres inouïes, Cocteau, Diaghilev ou Renoir… Portrait impressionniste de Gabrielle Chanel. » *Vogue,* mars 2009.
« Ascot's Brilliant Pageant – Brilliant in Spite of Rain Threat. » *The Daily Mail,* 20 juin 1934.
« Battle of Births. » *Time,* 5 février 1940.
Berman, Phyllis, et Zina Sewaya. « The Billionaires Behind Chanel. » *Forbes,* 3 avril 1989, 165.
Bernstein, Richard. « An Archive Puts Faces on Nazis' Young Victims. » *New York Times,* 18 décembre 1984, A2.
Berton, Gilles. « Au ban de la nationale. » *Le Monde,* 7 novembre 2008.
« Black List. » *Life,* 24 août 1942, 86.

« Blum's Debut. » *Time,* 15 juin 1936.

Blumenthal, Ralph. « U.S. Suit Says French Trains Took Victims to the Nazis. » *New York Times,* 13 juin 2001.

Bower, Brock. « Chez Chanel. » *Smithsonian,* juillet 2001, 60.

Brady, James. « The Truth About Chanel from Her Last Amour. » *Crain's New York Business,* 25 avril 2005, 3.

« Brunner Tried in Absentia for Sending Orphans to Deaths. » *Toronto Star,* 3 mars 2001.

Cannell, Kathleen. « Gems of Far East Blend with Gowns. » *New York Times,* 6 mai 1940.

Ceaux, Pascal. « Soixante ans de douleur dans une valise. » *Le Monde,* 3 septembre 2006.

Chauffour, Celia. « Le Musée d'Auschwitz doit préserver la mémoire collective. » *Le Monde,* 3 septembre 2006.

« Chanel Arrives, Perfumed and Wearing Pearls ! » *Illustrated Daily News,* 17 mars 1931, 12.

« Chanel étudie une réorganisation mondiale » et « Chanel renouvelle ses dirigeants et revoit ses structures. » *Les Échos,* 16 janvier 2008.

« Chanel, l'album de sa vie, de sa fortune et de sa gloire. » *Paris-Match,* 23 janvier 1971.

« Chanel, the Couturier, Dead in Paris. » Nécrologie, *New York Times,* 11 janvier 1971.

« Chanel Visits America. » *New York Times,* 8 mars 1931.

Churchill, Randolph. « Mlle Chanel's Tribute. » *Daily Mail,* 20 juin 1934.

« Coco, encore et toujours. » *Vogue,* mars 2009, 150.

« Concentration Camp Near Paris Is Closed. » *New York Times,* 10 septembre 1945.

Cousteau, Patrick. « Coco Chanel vue par les RG. » *Minute,* 29 avril 2009.

Cox, Edwin. « Private Lives. » *Los Angeles Times,* 27 mars 1940, A14.

Coyle, Gène. « Spy vs. Spy. » *The Intelligencer : Journal of U.S. Intelligence Studies* 17, N° 2 (automne 2009) : 61.

Davies, Lizzy. « Coco Chanel Back in Vogue as France Celebrates an Icon. » *Guardian,* 25 août 2008.

Delavoie, Sophie. « De Fulco pour Coco. » *Vogue,* mars 2009, 245.

Dethomas, Bruno. « Coco Chanel et son maître d'hôtel. » *Le Monde,* 23 mars 1973.

Dixon, Jane. « Women Behind the News. » *Los Angeles Times,* 1er février 1931, A_4.

Dorsey, Hebe. « Looking Back on the Life of Chanel. » *International Herald Tribune,* 26 septembre 1972.

Drapac, Vesna. « A King Is Killed in Marseille : France and Yugoslavia in 1934. » Dans « French History and Civilization », article présenté à la conférence de la George Rude Society en 2005, http://www.h-france.net/rude/2005conference/Drapac2.pdf.

« Erich Vermehren. » *The Independent,* 3 mai 2005.
Flanner, Janet. « 31 rue Cambon. » *New Yorker,* 14 mars 1931, 25.
« France Admits Guilt but Says Jews Have Been Given Enough. » *Times of London,* 17 février 2009.
« Free Trade. » *Time,* 12 octobre 1936.
« French Jews Sent to a Nazi Oblivion. » *New York Times,* 1er avril 1943.
Frudenheim, Milt. « Chanel's Past Haunts Exhibit. » *Salt Lake Tribune,* 29 septembre 1972, 20.
« Germany Cornered. » *Time,* 22 avril 1940.
« Gestapo über alles. » *Vendémiaire,* 4 septembre 1935.
Gildea, Robert. « How to Understand the Dreyfus Affair. » *New York Review of Books,* 10 juin 2010, 43-44.
Grassin, Sophie. « Chanel aurait été folle de vous ! Edmonde Charles-Roux à Audrey Tautou. » *Madame Figaro,* 18 avril 2009, 84.
–. « "Coco Avant Chanel" : Portrait de Femme. » *Madame Figaro,* 18 avril 2009, 80.
Grimes, William. « Recovering Lost Relatives from Holocaust Oblivion. » *New York Times,* 20 septembre 2006.
Guerrin, Michel. « André Malraux, la culture en solitaire. » *Le Monde,* 25 juin 2010.
« Half-Year Mark. » *Time,* 11 mars 1940.
« H. Gregory Thomas, Chanel Executive, 82. » Nécrologie, *New York Times,* 10 octobre 1990.
Hilberg, Raul. « "C'est un travail sans fin"... » Entretien avec Thomas Wieder. *Le Monde,* 20 octobre 2006.
« Hitler Endorsed by 9 to 1 in Poll on His Dictatorship, but Opposition Is Doubled. » *New York Times,* 19 août 1934.
« If Blonde, Use Blue Perfume, says Chanel. » *Los Angeles Examiner,* 17 mars 1931, 5.
Jungius, Martin, et Wolfgang Seibel. « The Citizen as Perpetrator : Kurt Blanke and Aryanization in France, 1940-1944. » *Holocaust and Genocide Studies* 22, N° 3 (hiver 2008) : 441-474.
Katz, Yaakov. « Intel Hunt on for Top Nazi Fugitive. » *Jerusalem Post,* 28 décembre 2005.
« King of Perfume. » *Time,* 14 septembre 1953.
Krick, Jessa. « Gabrielle "Coco" Chanel 1883-1971 and the House of Chanel. » The Costume Institute, The Metropolitan Museum of Art, octobre 2004, www.metmuseum.org.
« La fébrile activité de "la Gestapo" en France. » *Vendémiaire,* 11 septembre 1935.
Lambauer, Barbara. « Francophile contre vents et marées ? Otto Abetz et les Français, 1930-1958. » *Bulletin du Centre de recherche français de Jérusalem* 18 (2007) : 153-160.

Le Bars, Stéphanie. « Institutions juives. Cimenter une communauté dispersée. » *Le Monde,* 23 juin 2008.
Long, Tanya. « Paris Purge Jails Many by Mistake. » *New York Times,* 8 septembre 1944.
« Mademoiselle Chanel Here, Hollywood-Bound. » *New York Times,* 5 mars 1931.
Mandelbaum, Jacques. « Nuit et brouillard, affaire trouble. » *Le Monde,* 22 août 2006.
Marguin-Hamon, Elsa. « Une campagne antisémite en 1290. » *Historia,* octobre 2006.
Maurus, Véronique. « N° 5, l'éternel parfum de femme. » *Le Monde,* 20 avril 1997.
Merrick, Mollie. « Hollywood in Person. » *Los Angeles Times,* 19 décembre 1932, A5.
Miller, Margaux. « Audrey Tautou, ou le fabuleux destin de Coco. » *Madame Figaro,* 13 décembre 2008, 92.
« Mlle Chanel, New Czarina of Film Fashions, Arrives. » *Hollywood Daily Citizen,* 17 mars 1931, 4.
« Mlle Chanel, Paris Stylist, Meets Stars. » *Los Angeles Evening Herald,* 17 mars 1931, A-15.
« Mlle Chanel to Wed Her Business Partner ; Once Refused the Duke of Westminster. » *New York Times,* 19 novembre 1933.
« Mme Chanel. » *New York Times,* 15 mars 1931.
Moore, Beth. « Two for the Runway. » *Los Angeles Times,* 4 mai 2005, E-1.
De Moubray, Jocelyn. « Obituary : Jacques Wertheimer. » *The Independent,* 10 février 1996.
« No, Without Bayonets. » *Time,* 20 juillet 1936.
Nye, Myra. « Society of Cinemaland. » *Los Angeles Times,* 22 mars 1931, 24.
Nécrologie de Vera Lombardi Arkwright, *Il Messaggero,* 24 mai 1947.
« On and Off the Avenue, Feminine Fashions. » *New Yorker,* 19 mars 1932 et 27 août 1932.
« Parfums Chanel Sued by Designer. » *New York Times,* 3 juin 1946.
Paris Letter column. *New Yorker,* 3 décembre 1933.
« Perfume Industry Hit by Lack of Oils. » *New York Times,* 12 février 1941.
Philip, P. J. « 300,000 on Strike in France as Blum Prepares to Rule. » *New York Times,* 4 juin 1936.
–. France Crippled by Wild Cat Strikes ; Blum Is in Power. » *New York Times,* 5 juin 1936.
–. « Paris Ends Strikes, » *New York Times,* 18 septembre 1936.
« Présent & Future Plans. » *Time,* 8 avril 1940.
« Return of Welles. » *Time,* 8 avril 1940.
Riding, Alan. « The Fight Over a Suitcase and the Memories It Carries. » *New York Times,* 16 septembre 2006.

Roberts, Glenys. « Movie-makers Fight over Coco's Life Story – from Chanel N° 5 to Nazi Spy. » *Prada's Meadow,* 9 juin 2007, www.forum.purse-blog.com.
Ross, Lillian. « The Strong Ones. » *New Yorker,* 28 septembre 1957.
Salsman, Richard M. « The Cause and Consequences of the Great Depression, Part 1 : What Made the Roaring '20s Roar. » *The Intellectual Activist* 18, n° 6 (juin 2004) : 16.
Savigneau, Josyane. « Le Vel' d'Hiv avant le désastre. » *Le Monde,* 31 octobre 2008.
Schultz, Jeff. « Paris Memories Horrible, Indelible. » *Atlanta Journal-Constitution,* 7 août 2005, BI.
Sischy, Ingrid. « The Designer Coco Chanel. » *Time,* 8 juin 1998.
Skidelsky, Robert. « The Remedist. » *New York Times,* 12 décembre 2008.
« Strong Nerves. » *Time,* 19 juin 1936.
« Studies Cosmetic Needs. » *New York Times,* 18 août 1940.
« Style Creator Tells How to Become "Chic." » *Los Angeles Times,* 18 mars 1931, AI.
Thurman, Judith. « Scenes from a Marriage : The House of Chanel at the Met. » *New Yorker,* 23 mai 2005.
« Tradition Upheld by Noted Star » et « Style Creator Praises Modes ? » *Los Angeles Times,* 2 décembre 1931, 7.
Trescott, Jacqueline. « Detention Camp Archive Donated by Red Cross to Holocaust Museum. » *Washington Post,* 3 juillet 1998, D-2.
Updike, John. « Qui qu'a vu Coco ? » *New Yorker,* 21 septembre 1998.
Whitaker, Aima. « Sugar and Spice. » *Los Angeles Times,* 29 mars 1931, 21.
Wieder, Thomas. « Découverte du projet du "Statut des juifs". » *Le Monde,* 5 octobre 2010, 10.
Wildman, Sarah. « Paris' Dirty Secret. » *Jerusalem Report*, 1er novembre 2004, 26.

Livres

Abramovici, Pierre. *Un rocher bien occupé. Monaco pendant la guerre 1939-1945.* Paris : Éditions du Seuil, 2001.
Alanbrooke, Field Marshal lord. *War Diaries.* Londres : Weidenfeld & Nicolson, 2001.
Allard, Paul. *Quand Hitler espionne la France.* Paris : Les Éditions de France, 1939.
Ambrose, Stephen E. *The Supreme Commander : The War Years of General Dwight D. Eisenhower.* Garden City, N.Y. : Doubleday & Company, 1969.
Amouroux, Henri. *La Vie des Français sous l'Occupation.* Paris : Librairie Arthème Fayard, 1990.

Annuaire de la Magistrature. France : Sofiac, 1996.
Arthaud, Christian. *La Côte d'Azur des écrivains.* Aix-en-Provence : Édisud, 1999.
Assouline, Pierre. *Simenon : A Biography.* Traduit par Jon Rothschild. New York : Alfred A. Knopf, 1997.
Atelier vidéo-histoire du lycée Jean-Baptiste Say. *Paris, carrefour des résistances.* Paris : Paris-Musées, 1994.
Barth, Jack. *International Spy Museum Handbook of Practical Spying.* Préface de Peter Earnest. Washington, D.C. : National Geographic Society, 2004.
Bedford, Sybille. *Jigsaw.* Londres : Penguin Books, 1990.
–. *Quicksands : A Memoir.* Londres : Penguin Books, 2006.
Beevor, Antony, et Artemis Cooper. *Paris After the Liberation 1944-1949.* Londres : Penguin Books, 2007.
Berg, A. Scott. *Goldwyn : A Biography.* New York : Riverhead Trade, 1998.
Bloch, Michael. *The Secret File of the Duke of Windsor : The Private Papers, 1937-1972.* New York : Harper & Row, by arrangement with Bantam Press in Great Britain, 1988.
Bothorel, Jean. *Louise, ou la vie de Louise de Vilmorin.* Paris : Éditions Grasset & Fasquelle, 1993.
Breward, Christopher. *Fashion.* New York : Oxford University Press, 2003.
Brissaud, André, Fabrice Laroche, Jean Mabire et François d'Orcival. *Histoire secrète de la Gestapo,* 4 volumes. Genève : Éditions Farnot, 1974.
Brown, Frederick. *For the Soul of France : Culture Wars in the Age of Dreyfus.* New York : Alfred A. Knopf, 2010.
Brownell, Will, et Richard N. Billings. *So Close to Greatness : A Biography of William C. Bullitt.* New York : Macmillan Publishing Co., 1987.
Browning, Christopher. *The Origins of the Final Solution.* Lincoln : University of Nebraska Press, 2004.
Buisson, Patrick. *1940-1945 Années érotiques : Vichy ou les infortunes de la vertu.* Paris : Éditions Albin Michel, 2008.
Bullock, Alan. *Hitler : A Study in Tyranny.* Londres : Penguin Books, 1962.
Burrin, Philippe. *France Under the Germans : Collaboration and Compromise.* New York : The New Press, 1998.
Cadogan, sir Alexander. *The Diaries of Sir Alexander Cadogan, O.M. 1938-45.* New York : G. P. Putnam's Sons, 1972.
Callil, Carmen. *Bad Faith : A Forgotten History of Family, Fatherland and Vichy France.* New York : Alfred A. Knopf, 2006.
Catherwood, Christopher. *Winston Churchill : The Flawed Genius of World War II.* New York : Berkeley Publishing Group, 2009.
Cave Brown, Anthony. *Bodyguard of Lies.* New York : Harper & Row, First Edition, 1975.
Chambrun, René de. *Mission and Betrayal.* Stanford, Calif. : Hoover Institution Press, 1993.
Charles-Roux, Edmonde. *Chanel.* Londres : Jonathan Cape, 1976.

–. *Le Temps Chanel.* Paris : La Martinière/Grasset, 1979.
–. *L'Irrégulière, ou mon itinéraire Chanel.* Paris : Grasset, 1974.
Chauvy, Gérard. *Histoire secrète de l'Occupation.* Paris : Éditions Payot, 1991.
Christophe, Francine. *Guy s'en va. Deux chroniques parallèles.* Paris : L'Harmattan, s.d.
–. *Une petite fille privilégiée.* Paris : L'Harmattan, s.d.
Cline, Sally. *Zelda Fitzgerald : Her Voice in Paradise.* New York : Arcade Publishing, 2003.
Cointet, Jean-Paul. *Expier Vichy : L'Épuration en France, 1943-1958.* Paris : Perrin, 2008.
Coles, S. F. A. *Franco of Spain.* London : Neville Spearman Limited, 1955.
Collins, Larry, et Dominique Lapierre. *Is Paris Burning ?* New York : Warner Books, 1991.
Cowles, Virginia. « The Beginning of the End Flight from Paris : June 1940. » Dans *Reporting World War II,* vol. 1 : *American Journalism 1938-1944,* Library of America. New York : Penguin Books, 1995, 53-62.
Crowe, David M. *Oskar Schindler.* New York : Basic Books, 2004.
Degunst, Sylviane. *Coco Chanel : Citations.* Paris : Éditions du Huitième Jour, 2008.
Delay, Claude. *Chanel solitaire.* Paris : Éditions Gallimard, 1983.
Doerries, Reinhard R. *Hitler's Intelligence Chief Walter Schellenberg.* New York : Enigma Books, 2009.
–. *Hitler's Last Chief of Foreign Intelligence : Allied Interrogations of Walter Schellenberg.* Portland, Ore. : Frank Cass Publishers, 2003.
Dreyfus, Jean-Marc, et Sarah Gensburger. *Des camps dans Paris.* Paris : Librairie Arthème Fayard, 2003.
Dubois, André-Louis. *À travers trois Républiques.* Paris : Plon, 1972.
Dutton, Ralph, et lord Holden. *The Land of France.* New York : Scribner's, 1939.
Eder, Cyril. *Les Comtesses de la Gestapo.* Paris : Grasset, 2006.
Edwards, Michael. *Perfume Legends : French Feminine Fragrances.* Carlsbad, Calif. : Crescent House Publishing, juin 1998.
Escoffier, A. *L'Aide-mémoire culinaire.* Préface de Michel Escoffier. Paris : Flammarion, réédition de 1919.
Etherington-Smith, Meredith. *Patou.* Londres : Hutchinson & Co., 1983.
Traduit de l'anglais par Marie-Françoise Vinthière. *Patou.* Paris : Les Éditions Denoël, 1984.
Everett, Peter. *Matisse's War.* New York : Vintage Books, 1997.
Farago, Ladislas. *The Game of the Foxes.* Londres : Pan Books Ltd., 1973.
Field, Leslie. *Bendor, the Golden Duke of Westminster.* Londres : Weidenfeld and Nicolson, 1986.
Fiemeyer, Isabelle. *Coco Chanel. Un parfum de mystère.* Paris : Petite Bibliothèque Payot, 1999.

Fleischhauer, Ingeborg, et Benjamin Pinkus. *The Soviet Germans Past and Present.* New York : St. Martin's Press, 1986.
Flügge, Manfred. *Amer azur. Artistes et écrivains à Sanary.* Paris : Éditions du Félin, 2007.
Foulon, Charles-Louis. *André Malraux et le rayonnement culturel de la France.* Bruxelles : Éditions Complexe, 2004.
Fry, Varian. *La Liste noire.* Traduit par Edith Ochs. Paris : Éditions Plon, 1999. Publié à l'origine en anglais : *Surrender on Demand,* New York : Random House, 1945.
Galante, Pierre. *Les Années Chanel.* Paris : Mercure de France, 1972.
–. *Mademoiselle Chanel.* Chicago : Henry Regnery Company, 1973.
Gallet, Danielle. *Mme de Pompadour ou le pouvoir féminin.* Paris : Librairie Arthème Fayard, 1985.
Gidel, Henry. *Coco Chanel.* Paris : Éditions J'ai lu/Flammarion, 2000.
Glass, Charles. *Americans in Paris : Life and Death Under Nazi Occupation, 1940-44.* Londres : Harper's Press, 2009.
Gold, Arthur, et Robert Fizdale. *Misia.* Londres : Macmillan, 1980.
–. *Misia : La vie de Misia Sert.* Traduit par Janine Hérisson. Paris : Éditions Gallimard, 1981.
Goñi, Uki. *The Real Odessa.* Londres : Granta Books, 2002.
Grandjonc, Jacques, et Theresia Grundtner. *Zones d'ombres, 1933-1944 : Exil et internement d'Allemands dans le Sud-Est de la France.* Aix-en-Provence : Alinéa, 1990.
Green, Nancy L. *Ready-to-wear and Ready-to-work : A Century of Industry and Immigrants in Paris and New York City.* Durham, N.C. : Duke University Press, 1997.
Greene, Graham, et Hugh Greene. *The Spy's Bedside Book.* New York : Bantam Books, 2008.
Griffith, Aline, comtesse de Romanones. *The Spy Wore Red.* New York : Random House, 1987.
Haedrich, Marcel. *Coco Chanel.* Paris : Pierre Belfond, 1987.
–. *Coco Chanel : Her Life, Her Secrets.* Traduit par Charles Lam Markmann. Boston : Little, Brown and Company, 1972.
Hassell, Agostino von, et Sigrid MacRae. *Alliance of Enemies.* New York : Thomas Dunne Books, St. Martin's Press, 2006.
Higham, Charles. *Trading with the Enemy.* New York : Delacorte Press, 1983.
– *The Duchess of Windsor : The Secret Life.* Somerset, N.J. : John Wiley & Sons, Inc., 2005.
Hodson, James Lansdale. *Through the Dark Night.* Londres : Victor Gollancz Ltd., 1941.
Hoffman, Tod. *The Spy Within.* New York : Random House, 2008.
Hoisington, William A., Jr. *The Assassination of Jacques Lemaigre Dubreuil.* Londres et New York : RoutledgeCurzon, Taylor & Francis Group, 2005.

Ingrao, Christian. *Croire et détruire, Les intellectuels dans la machine de guerre SS.* Paris : Fayard, 2010.

Jenkins, Roy. *Churchill.* New York : Plume, 2002.

Josephs, Jeremy. *Swastika Over Paris.* New York : Arcade Publishing, 1989.

Kahn, David. *Hitler's Spies : German Military Intelligence in World War II.* Cambridge, Mass. : Da Capo Press Edition, 2000.

Kaplan, Justine, éd. *Bartlett's Familiar Quotations, 70th* Ed. New York : Little, Brown and Company, 2003.

Karbo, Karen. *The Gospel According to Coco Chanel : Life Lessons from the World's Most Elegant Woman.* Illustré par Chesley McLaren. Guilford, Conn. : Globe Pequot Press, 2009.

Karski, Jan. *Mon témoignage devant le monde. Histoire d'un État clandestin.* Paris : Robert Laffont, 2010.

Kersaudy, François. *De Gaulle et Roosevelt, le duel au sommet.* Paris : Perrin, 2004.

Kirkland, Douglas. *Coco Chanel : Three Weeks 1962.* Préface de Judith Thurman. New York : Glitterati Incorporated, 2009.

Kitson, Simon. *The Hunt for Nazi Spies : Fighting Espionage in Vichy France.* Chicago : University of Chicago Press, 2007.

Kladstrup, Donald, et Petie Kladstrup. *Wine and War : The French, the Nazis, and the Battle for France's Greatest Treasure.* New York : Broadway Books, 2002. Trad. fr. *La Guerre et le vin*, Paris : Perrin, 2002.

Krauze, Jan, et Didier Rioux. *Le Monde : Les Grands Reportages, 1944-2009.* Paris : Éditions Les Arènes, 2009.

Kurowski, Franz. *The Brandenburger Commandos : Germany's Elite Warrior Spies in WWII.* Mechanicsburg, Pa. : Stackpole Books, 2005.

Lawford, Valentine. *Horst.* New York : Alfred A. Knopf, 1984.

Lazareff, Pierre. *Deadline : The Behind the Scenes Story of the Last Decade in France.* Traduit par David Partridge. New York : Random House, 1942.

Leese, Elizabeth. *Costume Design in the Movies.* New York : Dover Publications, 1991.

Livre Troisième : Des crimes, des délits et leur punition, Code Pénal et Code de Justice militaire. Paris : Armée de Terre. Paris : Librairie Dalloz, 1994.

Lloyd, Alan. *Franco.* New York : Doubleday & Company, 1969.

Luce, Clare Boothe. *Europe in the Spring.* New York : Alfred A. Knopf, 1940.

Madsen, Axel. *Chanel : A Woman of Her Own.* New York : Owl Books/Henry Holt and Company, 1990.

Manchester, William. *The Last Lion : Winston Spencer Churchill : Alone 1932-1940.* Boston, New York, Londres : Little, Brown and Company, 1988.

Marcus, Stanley. *Minding the Store.* Denton, Tex. : University of North Texas Press, 2001.

Marquand, Lilou. *Chanel m'a dit.* Paris : J.-C. Lattès, 1990.

Marrus, Michael R., et Robert O. Paxton. *Vichy France and the Jews.* Stanford, Calif. : Stanford University Press, 1995.

Marty, Allan T. « A Walking Guide to Occupied Paris : The Germans and Their Collaborators. » Manuscrit.

Meyer-Stabley, Bertrand. *Les Dames de l'Élysée. Celles d'hier et de demain.* Paris : Librairie Académique Perrin, 1999.

Mitchell, Allan. *Nazi Paris : The History of an Occupation, 1940-1944.* New York : Berghahn Books, 2008.

Montagnon, Pierre. *La France dans la guerre de 39-45.* Paris : Pygmalion, 2009.

Morand, Paul. *L'Allure de Chanel.* Illustrations de Karl Lagerfeld. Paris : Hermann Éditeurs des sciences et des arts, 1976.

–. *Journal inutile, 1968-1972.* Paris : Éditions Gallimard, 2001.

–. *The Allure of Chanel.* Traduit du français par E. Cameron. Londres : Pushkin Press, 2008.

Murphy, Robert. *Diplomat Among Warriors.* New York : Doubleday & Company, 1964.

Nieradka, Magali. *Waiting Room by the Mediterranean : Marta and Lion Feuchtwanger in French Exile.* s.l.n.d.

Norwich, John Julius. *The Duff Cooper Diaries 1913-1931.* Londres : Wiedenfeld & Nicolson/Orion Publishing Group, 2005.

Ousby, Ian. *Occupation : The Ordeal of France 1940-1944.* Londres : Pimlico, 1999.

Padfield, Peter. *Himmler : Reichsführer-SS.* Londres : Macmillan London, 1990.

Paxton, Robert O., traduit de l'anglais par Pierre de Longuemar. *L'Armée de Vichy.* Paris : Tallandier Éditions, 2004.

–. *Vichy France : Old Guard and New Order, 1940-1944.* New York : Alfred A. Knopf, 1972.

Peyrefitte, Roger. *Les Juifs.* Paris : Flammarion, 1965.

Picardie, Justine. *Coco Chanel.* Londres : Harper Collins, 2010.

Plessix Gray, Francine du. *Them.* Londres : Penguin Books, 2006.

Porch, Douglas. *The French Secret Services : From the Dreyfus Affair to the Gulf War.* New York : Farrar, Straus & Giroux, 1995.

Pourcher, Yves. *Pierre Laval vu par sa fille,* Paris : Le Cherche Midi, 2002.

Poznanski, Renée. *Jews in France during World War II.* Waltham, Mass. : Brandeis University Press, 2002.

Pryce-Jones, David. *Paris in the Third Reich.* Londres : William Collins Sons & Co., 1981.

Rector, Frank. *The Nazi Extermination of Homosexuals.* New York : Stein & Day Publishers, 1981.

Reese, Mary Ellen. *General Reinhard Gehlen : The CIA Connection.* Fairfax, Va. : George Mason University Press, 1990.

Reile, Oscar. *L'Abwehr, le contre-espionnage allemand en France de 1933 à 1943.* Paris : Éditions France-Empire, 1970.

Richelson, Jeffrey T. *A Century of Spies : Intelligence in the Twentieth Century.* Oxford : Oxford University Press, 1997.

Ridley, George, avec Frank Welsh. *Bend'Or, Duke of Westminster.* Londres : Robin Clark, Namara Group, 1985.

Robert-Diard Pascale, et Didier Rioux. *Le Monde : Les Grands Procès 1944-2010.* Paris : Éditions Les Arènes, 2010.

Roulet, Claude. *Ritz : Une histoire plus belle que la légende.* Paris : Quai Voltaire, 1998.

Roussel, Éric. *Paris libéré !* Paris : Gallimard, 2002.

–. *Le Naufrage.* Paris : Gallimard, 2009.

Sachs, Maurice. *La Décade de l'illusion.* Paris : Gallimard, 1950.

Sadosky, Louis, et Laurent Joly. *Berlin 1942 : Chronique d'une détention par la Gestapo.* Paris : CNRS Éditions, 2009.

Scheijen, Sjeng. *Diaghilev : A Life.* New York : Oxford University Press, 2009.

Schellenberg, Walter. *The Labyrinth.* Traduit par Louis Hagen. New York : Harper & Brothers, 1956.

Schwarberg, Gunther. *The Murders at Bullenhuser Damm.* Traduit par Erna Baber Rosenfeld avec Alvin H. Rosenfeld. Bloomington : Indiana University Press, 1984.

Shirer, William L. *Berlin Diary.* Baltimore, Md. : Johns Hopkins University Press, 1941.

–. *The Rise and Fall of the Third Reich : A History of Nazi Germany.* New York : Simon and Schuster Paperbacks, 1990.

Smith, Richard Harris. *OSS : The Secret History of America's First Central Intelligence Agency.* Guilford, Conn. : The Lyons Press, an imprint of The Globe Pequot Press, 2005.

Spotts, Frédéric. *The Shameful Peace : How French Artists and Intellectuals Survived the Nazi Occupation.* New Haven, Conn. : Yale University Press, 2008.

Steegmuller, Francis. *Cocteau : A Biography.* Boston : David R. Godine, 1992.

Templewood, Viscount. *Ambassador on Special Mission : Sir Samuel Hoare.* Londres : Collins, 1946.

Thompson, David. *A Biographical Dictionary of War Crimes Proceedings, Collaboration Trials and Similar Proceeding Involving France in World War II.* Écrit et compilé pour la Grace Dangberg Foundation, Inc. http://reocities.com/Pentagon/bunker/7729/FRANCE/French_Trials.html, 1999-2002.

Trachtenberg, Joshua. *The Devil and the Jews : The Medieval Conception of the Jew and Its Relation to Modern Anti-Semitism.* Philadelphie : Jewish Publication Society, 2002.

Vaughan, Hal. *Doctor to the Resistance : The Heroic True Story of an American Surgeon and His Family in Occupied Paris.* Dulles, Va. : Potomac Books, 2004.

–. *FDR's Twelve Apostles : The Spies Who Paved the Way for the Invasion of North Africa.* Guilford, Conn. : The Lyons Press, an imprint of The Globe Pequot Press, 2006.
Veillon, Dominique. *Vivre et survivre en France 1939-1947.* Paris : Éditions Payot & Rivages, 1995.
–. *La Mode sous l'Occupation, nouvelle édition revue et augmentée.* Paris : Éditions Payot & Rivages, 2001.
Verheyde, Philippe. *Les Mauvais Comptes de Vichy : L'aryanisation des entreprises juives.* Paris : Perrin, 1997.
Vilmorin, Louise de. *Mémoires de Coco.* Paris : Éditions Gallimard, 1999.
Vreeland, Diana. *DV.* New York : Alfred A. Knopf, 1984.
Waite, Robert G. L. *Vanguard of Nazism : The Free Corps Movement in Postwar Germany, 1918-1923.* Cambridge, Mass. : Harvard University Press, 1952.
Wallach, Janet. *Chanel : Her Style and Her Life.* New York : Nan A. Talese/ Doubleday, 1998.
Wistrich, Robert S. *Who's Who in Nazi Germany.* Londres : Routledge, 1995.
Zdatny, Steven. *Fashion, Work, and Politics in Modern France.* New York : Palgrave Macmillan, 2006.

Sites web

www.ancestry.com
www.camp-de-drancy.asso.fr
http://www.essortment.com/all/perfumefrench_rlot.htm
www.fmd.asso.fr
www.jpost.com
www.larousse.fr
www.lemonde.fr
www.lexpress.fr
www.meteo-paris.com/chronique/Pd=1943
http://pagesperso-orange.fr/d-d.natanson/etoile.htm, Mémoire juive et éducation
www.press.uchicago.edu
http://pubs.acs.org/doi/abs/10.1021/cr950068a
www.sanarysurmer.com/culture/index.html
www.suite101.com/content/icons-chanel-no-5-perfume-a44263
www.thepeerage.com
www.usmbooks.com

CRÉDITS PHOTOGRAPHIQUES

Page 18. Boy Capel, Léon de Laborde et Chanel, vers 1908. (Collection Edmonde Charles-Roux)

Page 20. Arthur « Boy » Capel avec Chanel au château de Royallieu, propriété d'Étienne Balsan. (Collection Sirot-Angel)

Page 21. Illustration du dessinateur Sem : Chanel à la merci de Boy Capel, vers 1910. (Georges Goursat © Musée Carnavalet/Roger-Viollet)

Page 24. Misia Godebska, 1905. (Lebrecht Music & Arts)

Page 25. Le compositeur Igor Stravinski et le danseur de ballets Vaslav Nijinski, Paris, 1911. (Lebrecht Music & Arts/Corbis)

Page 26. Misia, habillée en homme, vers 1910. (Lebrecht Music & Arts)

Page 29. Le lieutenant Hans Günther von Dincklage et des compagnons officiers, vers 1917. (Avec l'aimable autorisation de Michael Foedrowitz)

Page 34. Chanel, 1920. (Pictures Inc./Time & Life Pictures/Getty)

Page 36. Serge de Diaghilev, imprésario, et le compositeur Igor Stravinski, Séville. (Hulton Archive/Getty Images)

Page 38. Jean Cocteau et Lydia Sokolova, Anton Dolin, Leon Woizikowski et Bronislava Nijinska, Londres. (Photo de Sacha. Hulton Archive/Getty)

Page 39. Le poète Pierre Reverdy, 1940. (Albert Harlingue/Roger-Viollet)

Page 41. Le grand-duc Dimitri, 1910. (RIA Novosti)

Page 44. L'emblématique flacon de Chanel N° 5 (Illustration du dessinateur Sem, Georges Goursat © Musée Carnavalet/Roger-Viollet)

Page 46. Pierre Wertheimer, 1928. (Keystone/Gamma Rapho)

Page 59. Bendor, duc de Westminster, et Chanel sur le champ de courses Grand National, mai 1924. (Hulton Archive/Getty)

Page 60. Chanel et Vera Bate, vers 1925.

Page 61. Chanel et sir Winston Churchill à Eaton Hall, manoir du duc de Westminster dans le Cheshire, 1929. (Collection Hugo Vickers)

Page 63. Chanel en tenue de chasse avec Winston Churchill et son fils, Randolph, France, 1928. (Hulton Archive/Getty)

Page 66. Lady Dunn avec Chanel et son chien Gigot. (Condé Nast Archive/Corbis)
Page 69. Serge Lifar joue Vestris dans un costume créé par Chanel, juin 1939. (Boris Lipnitzki/Roger-Viollet)
Page 78. Maximilienne von Schoenebeck, « Catsy », épouse du baron von Dincklage, vers 1932. (Photo de Walter Bondy. Bibliothèque municipale de la ville de Toulon, France, Fonds Bondy)
Page 79. Le lieutenant de vaisseau Charles Coton et sa femme Léa, au milieu des années trente, lors de leur mariage. (Photo de Walter Bondy, Bibliothèque municipale de la ville de Toulon, Fonds Bondy)
Page 86. Avec Ina Claire, Hollywood, 1931. (Bettmann/Corbis)
Page 89. Gloria Swanson dans *Ce soir ou jamais*. (United Artist/Photofest)
Page 90. Robert Greig et Gloria Swanson dans *Ce soir ou jamais.* (United Artist/Photofest)
Page 91. Mila Parély et Nora Gregor dans *La Règle du jeu*, 1939. (Cine Classics Inc./Photofest)
Page 92. Madge Evans, Ina Claire et Joan Blondell en 1932 dans le film *The Greeks Had a Word for Them.* (United Artists/Photofest)
Page 96. Suzanne et Otto Abetz avec René de Chambrun, septembre 1941. (Roger-Viollet)
Page 99. Baron von Dincklage, vers 1935. (Avec l'aimable autorisation de Mme Edmonde Charles-Roux)
Page 102. Paul Iribe, 1924. (Paramount Pictures/Photofest)
Page 103. Illustration tirée de *Le Témoin.* (*Le Témoin*, n° 50, 24 février 1935, illustration de Paul Iribe)
Page 111. « Spatz » von Dincklage et Hélène Dessoffy sur la Riviera française, vers 1938. (Photo tirée de *Them* par Francine du Plessix Gray)
Page 117. Les employées de Chanel en grève ferment boutique, 1936. (Keystone/Gamma-Rapho)
Page 122. Misia Sert, 1937. (Photo François Kollar. ADAGP/Ministère de la Culture-Médiathèque du Patrimoine, Dist. RMN)
Page 124. Le duc de Windsor et sa fiancée, Wallis Simpson, salués par Adolf Hitler, 1936. (Popperfoto/Getty Images)
Page 132. Salle à manger de l'hôtel Ritz, 1939. (Roger-Viollet)
Page 147. Le Führer Adolf Hitler devant la tour Eiffel, juin 1940. (Photo : Henrich Hoffmann, Time & Life Pictures/Getty Images)
Page 152. La croix gammée nazie flotte sur le ministère de l'Intérieur français, dans Paris occupé, juin 1940. (Ullstein Bild/Roger-Viollet)
Page 154. Officiers allemands à l'Opéra de Paris, en 1940. (Keystone France/Gamma-Rapho)
Page 156. Correspondance du quartier général allemand, Paris. (Archives nationales, Paris, AJ/40/871)
Page 157. Extrait d'une liste des civils autorisés à résider à l'hôtel Ritz. (Archives nationales, Paris, AJ/40/871)

Page 159. Des Parisiens affamés fouillent dans les poubelles à la recherche de nourritures et de déchets divers, septembre 1942. (LAPI/Roger-Viollet)
Page 168. Le protégé de Dincklage, le baron Louis de Vaufreland. (Archives nationales, Paris, Z/6/672, greffe 5559)
Page 169. Fiche des Renseignements généraux indiquant le nom de code et le numéro d'agent de Chanel dans l'Abwehr. (Préfecture de police, Paris, BA1990, « Chanel », tous droits réservés)
Page 173. Document français révélant que Vaufreland était « un ami intime de Mme Chanel ». (Coll. ministère de la Défense, Service historique armée de terre, cote 7NN2717, pièce 14)
Page 182. H. Gregory Thomas, Exposition internationale, New York, 1939. (Archives de l'exposition internationale de New York 1939-1940, Manuscripts and Archives Division, The New York Public Library, Fondations Astor, Lenox and Tilden)
Page 189. Theodor Momm, major de l'Abwehr, vers 1947. (Avec l'aimable autorisation de Michael Foedrowitz)
Page 194. Le comte Joseph von Ledebur-Wicheln, agent de l'Abwehr, en 1944. (Archives nationales du Royaume-Uni, Kew, KV2-159, « Lebedur »).
Page 199. Quartier général de la SS, Berlin. (Avec l'aimable autorisation de Michael Foedrowitz)
Page 201. Le général SS Walter Schellenberg, responsable du renseignement pour Himmler. (Avec l'aimable autorisation de Michael Foedrowitz)
Page 203. Extrait de la fiche de police de Chanel. (Préfecture de police, Paris, France, BA1990, « Chanel », tous droits réservés)
Page 204. Le capitaine SS Walter Kutschmann en civil. (Collection privée Michael Foedrowitz)
Page 206. Message de Henry Hankey communiquant une lettre de Chanel au secrétaire particulier de Winston Churchill, janvier 1944. (The Sir Winston Churchill Archive Trust, CHAR 20/198A/63)
Page 214. Officiers allemands prisonniers, Paris, août 1944. (Keystone/Getty Images)
Page 216. Deux femmes tondues avec une croix gammée dessinée sur le front. (Three Lions/Getty Images)
Page 220. Télégramme personnel top secret de Winston Churchill à Moscou, octobre 1944. (The Sir Winston Churchill Archive Trust, CHAR 20/198A)
Page 221. Dépêche top secrète adressée par un diplomate britannique, décembre 1944. (The Sir Winston Churchill Archive Trust, CHAR 20/198A)
Page 225. Dincklage, 1944. (Archives nationales suisses)
Page 227. Rapport du quartier général des Forces alliées, Paris, adressé à Londres, décembre 1944. (The Sir Winston Churchill Archive Trust, CHAR 20/198A)
Page 231. Fiche des Archives françaises portant le nom manuscrit de Chanel. (Archives nationales de France)
Page 232. Le *Sonderführer* Albert Notterman, 1947. (Collection privée)

Page 236. Procès au Palais de justice, Paris. (Albert Harlingue/Roger-Viollet)
Page 239. Le domaine Rosencrantz, près de Kiel. (Avec l'aimable autorisation de Michael Foedrowitz)
Page 243. Walter Schellenberg, 1945. (U.S. National Archives, domaine public)
Page 245. Chanel et Dincklage, Suisse, 1949. (Bridgeman Art Library)
Page 249. Dessin de Cecil Beaton. (National Portrait Gallery, Londres)
Page 250. Assise dans l'escalier en colimaçon de la rue Cambon, Chanel a chaussé ses lunettes pour regarder un défilé. (Photo 12/DR)
Page 254. L'escalier de la rue Cambon dans la comédie musicale *Coco*, 1970. (Cecil Beaton – Camera Press London)
Page 256. Claude Pompidou, 1962. (Jean Mounicq/Roger-Viollet)
Page 260. Delphine Seyrig dans *L'Année dernière à Marienbad*. (Astor Pictures Corp./Photofest)
Page 260. Jeanne Moreau dans *Les Amants* de Louis Malle, 1958. (Zenith International Films/Photofest)
Page 261. Romy Schneider dans *Boccace 70*. (Embassy Pictures Corp./Photofest)

INDEX

Remerciements

Toute ma reconnaissance va aux amis, collègues et soutiens qui m'ont aidé à découvrir des détails méconnus de la vie de Gabrielle Chanel. Si j'ai omis d'en remercier certains – qu'ils le soient ici et maintenant. D'autres, qui m'ont assisté dans ce travail, préfèrent rester anonymes : je leur offre un *Merci, messieurs* !* retentissant.

Je demande à tous leur indulgence : s'il y a des erreurs, elles doivent m'être imputées.

Je remercie tout particulièrement Edward Knappman et sa femme, Elisabeth, Ernst Goldschmidt et Charles Robertson, amis et collègues depuis de longues années. Leurs conseils et leur soutien ont été une bénédiction. À mes collègues de recherche, un merci chaleureux, et à Sally Gordon Mark, à Paris, Michael Foedrowitz, à Berlin, et Philip Parkinson, à Londres, un formidable *merci** pour leur approche minutieuse de la recherche historique aux confins labyrinthiques des archives nationales et familiales. Susannah Kemple, à New York, m'a été d'un grand secours avec ses excellentes traductions de Dincklage et des textes allemands.

Mon assistante à New York, Pamela Zimmerman, m'a aidé pour trois ouvrages désormais – alors, à Pam et à son mari, Gerry, merci mille fois. Merci également au Dr Alain T. Marty pour avoir partagé son œuvre monumentale et non publiée : « A Walking Guide to Occupied Paris : The Germans and Their Collaborators ».

La petite-nièce de Mlle Chanel, Mme Gabrielle Palasse-Labrunie, m'a offert une vision unique sur la créatrice. Son hospitalité chaleureuse et affable m'a permis d'apprécier et d'admirer l'œuvre de Chanel.

Mme Labrunie savait que je suivrais l'histoire de Chanel là où les documents me mèneraient.

Je dois des remerciements à mon avocat John Logigian ; à mon agent Tina Bennett chez Janklow & Nesbit ; et à mes conseillers juridiques. À Bennet Ashley, pour m'avoir aidé à gérer nombre de problèmes épineux. En France, je remercie plus particulièrement les avocats André Schmidt, Jean-Marc Baudel et Wallace Baker qui m'ont aidé à désamorcer des questions délicates soulevées par le droit français, à l'instar d'Yves Ozanam au Palais de Justice. Toute ma gratitude à mon ami et collègue du CUI, l'historien Pierre de Longuemar.

Mille mercis à Laura Starrett, ma correctrice, pour son travail remarquable. Je n'ai pas assez de mots pour remercier Carmel Johnson chez Alfred A. Knopf, pour son attention aux détails et son soutien durant les derniers mois de mon labeur.

Enfin, je serai éternellement redevable à Victoria Wilson, éditrice et vice-présidente de Alfred A. Knopf, pour son soutien sur le long chemin qui a permis de réviser et de terminer ce travail.

Je n'aurais pu écrire ce livre sans l'aide de ma femme, le Dr Phuong Nguyen, et de B.B.B.

TABLE

Composition : Nord Compo
Impression : Normandie roto en septembre 2012
Éditions Albin Michel
22, rue Huyghens, 75014 Paris
www.albin-michel.fr

ISBN : 978-2-226-24392-8
N° d'édition : 20129/01 – N° d'impression : 123513
Dépôt légal : octobre 2012
Imprimé en France